»Stories and characters have a powerful hold
on the human mind.
We translate the world
into narrative form.«
(Nick Lemann,
Columbia School of Journalism)

»Wer erzählen kann,
gewinnt Souveränität.«
(Axel Hacke,
»Zeit«-Kolumnist)

»Was den Menschen umtreibt
sind nicht Fakten und Daten,
sondern Gefühle, Geschichten und vor allem
andere Menschen.«
(Manfred Spitzer,
Hirnforscher)

»Zeitungen und Magazine können nur überleben,
wenn in ihnen gute Geschichten erzählt werden.«
(Reporter-Forum)

Marie Lampert arbeitet seit 2000 selbstständig als Journalistin und Trainerin für Medienprofis. Sie studierte Psychologie und Germanistik und volontierte beim HESSISCHEN RUNDFUNK in Frankfurt (Main). 1991 erhielt sie den Elisabeth-Selbert-Preis für ihr Hörfunk-Dossier »Sexuelle Gewalt gegen Kinder«. Bereits 1995 gab Marie Lampert den ersten Workshop »Storytelling« unter dem Titel »Erzählen im Journalismus«.

Rolf Wespe ist Studienleiter am »MAZ«, der Schweizer Journalistenschule in Luzern. Er hat Anglistik studiert und verfolgt seit langem die Entwicklungen im amerikanischen Journalismus. Wespe hat 20 Jahre als Redakteur, Reporter und Rechercheur beim Zürcher TAGES-ANZEIGER und beim SCHWEIZER FERNSEHEN gearbeitet. 1989 erhielt er den Zürcher Journalistenpreis.

Marie Lampert
Rolf Wespe

Storytelling
für Journalisten

UVK Verlagsgesellschaft mbH

Praktischer Journalismus
Band 88

Bibliografische Information der Deutschen Nationalbibliothek
Die Deutsche Nationalbibliothek verzeichnet diese Publikation in der
Deutschen Nationalbibliografie; detaillierte bibliografische Daten sind
im Internet über http://dnb.d-nb.de abrufbar.

ISSN 1617-3570
ISBN 978-3-86764-240-8

© UVK Verlagsgesellschaft mbH, Konstanz 2011

Einbandgestaltung: Susanne Fuellhaas, Konstanz
Titelfoto: Istockphoto Inc.
Lektorat und Satz: Klose Textmanagement, Berlin
Druck: fgb freiburger graphische betriebe, Freiburg

UVK Verlagsgesellschaft mbH
Schützenstr. 24 · 78462 Konstanz · Deutschland
Tel.: 07531-9053-0 · Fax: 07531-9053-98
www.uvk.de

Inhalt

Inhalt

Einleitung

Geschichten erzählen. Wer die beiden Wörter liest, denkt an Kindermärchen oder ans Erzählen von erfundenen Geschichten. Anders klingt das im Englischen. *Story* und *Storytelling* sind journalistische Begriffe. Darum steht im Titel des Buches der englische Fachbegriff *Storytelling*. Und was bedeutet Storytelling? Nichts anderes als Aufmerksamkeit holen und halten (siehe Kap. 1).

Dieses Buch ist ein Multimedia-Handwerkskasten für Journalisten, die *Aufmerksamkeit* auf ihre Story lenken wollen. Wir zeigen Beispiele aus der Praxis. Wir bieten Werkzeuge und Hilfsmittel fürs Geschichtenerzählen im Alltag. Bedienen Sie sich.

Aber halt! Bevor Sie in den Werkzeugkasten greifen, gilt es etwas zu klären. Was haben Geschichten in der Informationsvermittlung zu suchen? Wir haben als Journalisten gelernt, dass nur eine Minderheit der Medienkonsumenten Botschaften gerne abstrakt aufnimmt. Die Mehrheit will Neues in Form von Geschichten lernen. Wenn Sie dieses disperse Publikum (Gerhard Maletzke, siehe S. 192) vor Augen haben, wenn Sie sowohl dem Polizisten als auch der Professorin etwas bieten wollen, dann lesen Sie weiter.

Wir haben Aufmerksamkeitsstrategien zusammengetragen: aus der Literatur von Aristoteles bis Hitchcock. Besonders ergiebig waren die Publikationen der Nieman-Foundation (siehe Kap. 12). Wir geben einiges weiter, was wir selbst entwickelt oder weiterentwickelt haben. Verfahren, die im Unterricht auf gutes Echo gestoßen sind. Zum Beispiel: die Minigeschichte, die Leiter des Erzählers, die Storykurve und der Story-Punkt, das Oxymoron-Plot und die Leerstelle (vgl. die jeweiligen Kapitel).

Mit den Tipps im ersten Teil des Buches wollen wir Ihnen Werkzeuge vermitteln, mit denen Sie kürzere Texte und Beiträge attraktiver schreiben und gestalten können.

Nehmen Sie sich einige Minuten Zeit, bevor Sie zu schreiben oder zu produzieren beginnen, und überlegen Sie: Gibt es Elemente des Storytelling, mit denen Sie Ihre Botschaft attraktiver, lesbarer, hörbarer erzählen können?

Die Tipps *und* die Bauformen können Sie in den Rucksack packen, wenn Sie auf längere Erzählstrecken aufbrechen.

Genug der Einleitung, wir laden Sie ein in die Praxis, in medias res einzutauchen. Mehr Theorie finden Sie in der *Ausleitung*. Denn Einleitungen, das werden Sie bald sehen, sind gefährlich.

Ein Hinweis zur Sprache. Wir verwenden nicht konsequent die männliche und die weibliche Form. Wir wechseln ab. Das macht den Text lesbarer.

1 Was ist Storytelling?

Mit Storytelling strukturieren Journalisten das Chaos der Information. Das Ziel ist es, die Aufmerksamkeit des Lesers, Users, Hörers und der Zuschauerin auf die Story zu lenken und sie aufrechtzuerhalten. Und wenn das Publikum sich später an die Botschaft zu erinnern vermag und sie weitererzählt, dann hat die Autorin die Story besonders erfolgreich aufgebaut und vermittelt.

Wie lenken Sie die Aufmerksamkeit des Publikums dauerhaft auf Ihre Botschaft? Storytelling heißt eine Sprache finden, die gleichzeitig Hirn und Herz anspricht. Autoren müssen die Grammatik des Gehirns und der Gefühle lernen. Darin besteht die Herausforderung. Das Gehirn ist berechenbar logisch. Emotionen haben ihre eigenen Rhythmen. Meister der Erzählung beherrschen diese Kunst. Bob Dylan sagt:

> »It makes you feel and think at the same time.«

Dylans Satz bezieht sich auf den Schreibstil von Barack Obama. Man kann die Aussage verallgemeinern: Storytelling wirkt auf zwei Ebenen: Das Publikum denkt mit und fühlt mit. Storytelling ist eine Basistechnik. Erzählen funktioniert auf allen Kanälen ähnlich: Print, Radio, TV, Internet. Jedes Medium lenkt mit seinen eigenen Mitteln, dem Ton, dem Bild, dem Text, die Aufmerksamkeit auf sich. Wir sind überzeugt: Es gibt eine Grundstruktur, die sich auf allen Kanälen entfalten kann.

Und was ist mit den journalistischen Grundformen? Wir verzichten darauf, Storytelling auf die einzelnen journalistischen Genres herunterzubrechen. Am Beispiel des Interviews können wir den Zusammenhang zeigen. Sie können ein Interview mit der Storykurve (siehe Kap. 2.2) machen und testen. Sie brauchen einen starken Einstieg und einen überzeugenden Schluss. Dazwischen kommen die spezifischen Fähigkeiten des Interviewers zum Zug, z. B. das Zuhören. Und wenn Sie Ihr Gegenüber dazu bringen, anschaulich zu erzählen, dann sind wir wieder beim Storytelling. Ähnliches könnte für die Reportage und das Porträt oder die Nachricht gesagt werden. Schließlich tragen wir damit auch der Tatsache Rechnung, dass die Grundformen in der Realität stark vermischt auftreten. Eigentlich keine schlechte Entwicklung: Man verwendet jene Mittel der journalistischen Rhetorik, welche die Aussage am stärksten unterstützen. Aus der gleichen Haltung heraus haben wir das Buch geschrieben. Wir wollen keine neue Schule des Journalismus gründen. Wir stellen Angebote zur Verfügung und Sie bedienen sich.

> »Es gibt keine neuen und alten Medien, nur Werkzeuge, um Geschichten besser zu erzählen.«
> (Bruno Giussani, Upload – Magazin für digitales Publizieren)

Storytelling verarbeitet Informationsmenüs in überschaubaren Gängen. Und serviert die Information so, dass Leser, Hörer und Zuschauer Appetit bekommen. Der Koch im Restaurant bekommt sofort Feedback vom Kunden: versalzen, hervorragend, schwer verdaulich, ungenießbar. Die Journalistin erhält diffuse oder gar keine Rückmeldungen. Der Koch kennt den Geschmack der Gäste. Und diese wählen ein Restaurant nach ihrem Gusto: italienische, griechische, thailändische, gut bürgerliche Küche. Der Koch arbeitet für eine verhältnismäßig homogene Kundschaft. Die Journalistin schreibt nicht für eine klare Zielgruppe, sondern für ein sogenanntes *disperses* Publikum. Das fordert sie als Erzählerin. Besonders erfolgreich sind jene Autoren, die breite Zielgruppen in ihren Bann ziehen, z. B. Kinder und Erwachsene, wie Joanne Rowling mit Harry Potter oder Jonathan Swift mit Gullivers Reisen. Oder der Schweizer Troubadour Mani Matter mit seinen Liedern. Sie alle machen etwas richtig, das mit Storytelling zu tun hat.

Die Journalistin ahnt und lernt, dass es erfolgreiche Archetypen des Erzählens gibt. Storytelling kann Texte oder Beiträge verständlicher oder attraktiver machen. Und doch gilt es festzuhalten: Es gibt keine mathematisch berechenbare Erfolgsstory-Formel. Auch erfahrene Regisseure und Drehbuchschreiber können nicht mit Sicherheit voraussagen, ob ein Film die Millionen einspielt, die man investiert hat. Aber sie versuchen immer wieder aufs Neue gute Geschichten zu erzählen.

2 Werkzeuge des Storytelling

»Die journalistischen Grundformen (Bericht, Feature, Porträt, Reportage etc.) in Ehren – aber die Zukunft gehört der Innovation. Überlegt euch am Anfang stets, ohne aufs Korsett der Formen zu achten, wie eure Geschichte adäquat und packend/überraschend erzählt werden kann; und dann entwickelt eure eigene Erzählweise. Es kann ein wilder Mix sein – das freut und erfrischt den Leser, solange er euch folgen und die Form nachvollziehen kann. Und nie[,] nie vergessen: Die recherchierten Fakten sind bloss Bausteine – erst wenn ihr daraus eine Geschichte baut, ist es eine Geschichte.«

Das schreibt Andreas Dietrich, früher Magazinjournalist und heute Nachrichtenchef beim Zürcher TAGES-ANZEIGER in den Arbeitsunterlagen für den Kurs Magazinjournalismus an der Schweizer Journalistenschule. Storytelling meint eine Metastruktur, die von den Farben und Formen der einzelnen journalistischen Formen durchaus profitieren kann. Storytelling findet überall, auch beim Interview statt. Auch da sollen Sie fulminant einsteigen und zu einem klaren Schluss kommen.

Wir haben vom Hirnforscher Manfred Spitzer (2002) gelernt, dass der Mensch nicht durch theoretische Konzepte, sondern mit Beispielen lernt. Als Einführung bieten wir sechs praktische Tipps.

2.1 Die Leiter des Erzählers und der Erzählerin

Wie kommt man auf Geschichten? Gibt es ein Verfahren, eine Anleitung, wie man Geschichten entwickeln kann? Wir haben in der Aus- und Weiterbildung von Journalisten und Journalistinnen verschiedene Modelle ausprobiert. Sofort verstanden und erfolgreich umgesetzt wird die *Leiter des Erzählers*.

Wenn ich »Bett, Teppich, See, Berg« sage, dann produzieren die Leute Bilder im Kopf. Abstrakte oder komplexe Begriffe wie »Subprime-Papiere«, »Bereich«, »Konzept«, »onomatopoetisch«, »Philosophie« lösen in der Regel keine Bilder aus. Sie gehen oft beim einen Ohr hinein und beim andern wieder heraus.

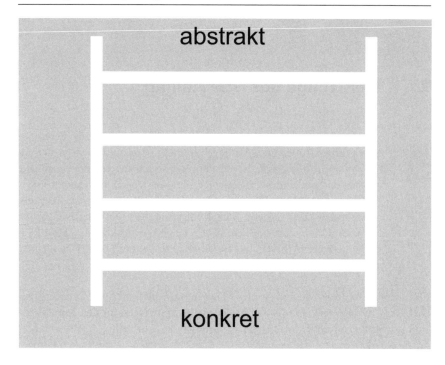

Leiter des Erzählers und der Erzählerin: vom Konkreten zum Abstrakten

Wie können wir abstrakte Themen mit bildhaften Wörtern vermitteln? Dazu bietet sich die Leiter des Erzählers an. Sie ordnet die Begriffe: Die abstrakten Wörter sind oben auf der Leiter. Je weiter wir heruntersteigen, umso konkreter und verständlicher werden Sie. In der Mitte sind halbabstrakte, nicht sinnliche Fakten. Es handelt sich um die Gefahrenzone, in der sich Journalisten gerne aufhalten.

Nehmen wir das Thema Landwirtschaftspolitik. Auf der untersten Sprosse finden wir die konkreten Elemente: die Bäuerin, der Misthaufen, die Kuh, die Milch und der Käse. Wenn ich so einsteige, entwickeln die Leser Bilder im Kopf und können leicht folgen. Jetzt kann ich aufsteigen zu mittleren Sprossen, wo ich Themen wie Fruchtflächen und Subventionen finde, und den Leser zu den immer abstrakteren Problemen der Agrarpolitik führen.

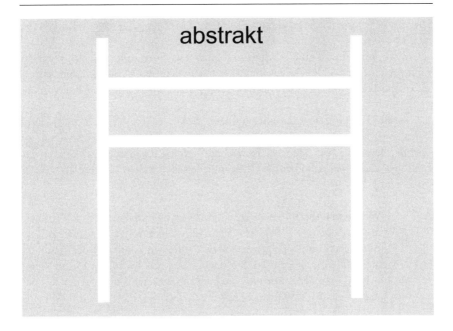

Fehlende Sprossen: Klimmzug ins Abstrakte

Spreche ich abstrakt über Agrarwirtschaft, steige ich für viele Leser zu hoch ein. Ich lasse die unterste Sprosse weg und zwinge die Leserin zu einem großen Schritt. Steige ich gar mehrere Sprossen weiter oben ein, verlange ich vom Leser gewissermaßen einen Klimmzug hinauf zum Thema. Viele verzichten auf diesen Kraftakt und wenden sich ab. Die Einschaltquote sinkt. Je mehr ich auf den Sprossen hinuntersteige, umso anschaulicher wird das Thema. Umso mehr kann ich Leser auf die Leiter locken. Beim Fernsehen ist dieses Verfahren üblich. Ich kann keinen abstrakten Beitrag über *die Landwirtschaft* filmen. Ich brauche Bilder und muss auf den Bauernhof, ich filme Bauern, Kühe, Felder. Auch die Boulevardpresse geht vor Ort. Als Printjournalist kann ich über das Thema schreiben, ohne das Büro zu verlassen. Der Preis der Bequemlichkeit ist oft eine langweilige Story.

»Die Leute zahlen nicht für Inhalte, sie zahlen für eine Erfahrung.«
(Chris Ahearn, Vorstandsvorsitzender der Nachrichtenagentur Thomson Reuter)

Schon eine Sprosse kann das Interesse steigern. Eine Frau sagt: »Wenn ich heirate, schenkt mir mein Vater eine Aussteuer.« Wenn sie eine Sprosse tiefer einsteigt, sagt sie: »Ein Spinnrad und eine Bettstatt und eine gescheckte Kuh, schenkt mir mein Vater zur Hochzeit.« Die Zeile stammt aus einem Schweizer Volkslied. Sie vermittelt eine farbige Ministory. Wir begreifen sofort, dass wir es mit einer Bauerntochter zu tun haben.

Gewiefte Kommunikatoren nutzen dieses Verfahren, wenn Sie ein breites Publikum erreichen wollen. Barack Obama, Präsident der Vereinigten Staaten, gilt als einer der besten Redner der Welt. Er wechselt bewusst die Ebenen. So können wir ihm folgen, auch wenn er über die Ökonomie der USA spricht (Leanne 2009: 200; Übersetzung R.W.):

> »Wir messen die Stärke unserer Wirtschaft nicht daran, wie viele Milliardäre wir haben. [...] Sondern daran, dass Leute mit guten Ideen ein Risiko eingehen und ein eigenes Geschäft aufbauen können. Oder daran, ob eine Kellnerin, die vom Trinkgeld lebt, einen Tag frei machen kann, wenn ihr Kind krank ist, ohne dass sie ihren Job verliert. Wir wollen eine Wirtschaft, welche die Würde der Arbeit respektiert.«

Man kann Obama zusehen, wie er sich elegant auf der Leiter bewegt, er steigt ab zu innovativen Geschäftsleuten auf den mittleren Sprossen und holt dann mit der Kellnerin und dem kranken Kind die Zuhörer ab. Mit der Skizze aus dem Alltag und den Sorgen einer Kellnerin ist er ganz unten. Dann geht's wieder hinauf mit einer Abstraktion: »die Würde der Arbeit«. Er hat klargemacht, wovon er spricht. Das Bild der Kellnerin bleibt hängen und wir sind bereit ihm zu folgen.

Eine gute Geschichte enthält beides: konkrete und abstrakte Inhalte. Ein perfektes Beispiel dafür lieferte der Astronaut Neil Armstrong:

> »That's one small step for a man, one gigantic leap for humanity.«

Bei Armstrong schwingt mit seinem ersten konkreten Schritt auf dem Mond die ganze abstrakte Perspektive der Raumfahrt und der Menschheit mit. Er ist gleichzeitig auf der untersten und der obersten Sprosse der Leiter. Er formuliert eine konkrete Geschichte mit *Echoraum*.

Erzählen und berichten

Mit der gleichen Leiter können wir einen wesentlichen Aspekt des Storytelling veranschaulichen: erzählen statt berichten. Szenen sehen, Details beobachten und sie schildern. Diese Fähigkeiten sind das Markenzeichen des Erzählers.

Das Wort Barmherzigkeit steht auf der oberen Sprosse der Leiter. Unten wartet der heilige Martin, der einen frierenden Bettler sieht, mit dem Schwert seinen Mantel teilt und die Hälfte seines Kleides dem Bettler schenkt. Die kleine Szene geht ins Gedächtnis und verankert die Bedeutung von Barmherzigkeit. Der Mensch lernt nicht abstrakt, sondern durch Beispiele.

> »Schauen, schauen, schauen. Und nie das »Erstaunen« vergessen. Wir sind nicht da zu richten. Wir sind da zu erzählen.«

Das Motto stammt von Friedrich Glauser. Die erzählende Journalistin sucht eine Szene, die genau das zum Ausdruck bringt, was sie vermitteln will. Szenisches schreiben präzisiert die Botschaft. Berichten verwischt sie ins Unscharfe. Berichten ist wie ein Bildausfall am Fernsehen. Die englischen Begriffe bringen das klar zum Ausdruck. Showing (für erzählen) heißt zeigen. Telling (für Berichten) heißt bloß sagen. Eine Szene spricht den Leser mit allen fünf Sinnen an. Es macht ihn zum ko-kreativen Beteiligten. Er kann das Ereignis rekonstruieren und fühlt sich ernst genommen, weil der Autor es ihm überlässt, Schlüsse zu ziehen.

Turnen Sie auf der Leiter herum. Entdecken Sie die Leichtigkeit der Schreibgymnastik. Wechseln Sie vom Konkreten zum Abstrakten und umgekehrt.

Zurück zur Leiter des Erzählens. *Leserführung* bekommt einen konkreten Sinn. Wir führen den Leser buchstäblich: Wir begleiten ihn die Sprossen hinauf und führen ihn vom Konkreten zum Abstrakten. Die gleiche Technik verwenden wir beim Interview. Wenn sich das Gegenüber in abstrakten Wolkengebirgen verliert, fordern wir ein Beispiel ein. »Step down« heißt das in der Interviewtechnik. Wenn wir prüfen wollen, ob der Interviewte mehr weiß, oder ob er nur ein gutes Beispiel auswendig gelernt hat, dann gilt die Devise »step up«, vom Konkreten zum Allgemeinen.

Mit »Können Sie mir ein Beispiel geben?« steigen wir die Leiter hinunter, mit »Was bedeutet das?« steigen wir sie hinauf.

Die Idee der Leiter stammt von Roy Peter Clark (2009). Er verwendet die »Leiter der Abstraktion«, um den Erzählprozess sichtbar zu machen. Dazu greift er zurück auf das Konzept der »ladder of abstraction« des US-Linguisten S. I. Hayakawa (Kramer/Call 2007: 70). Gibt man den Begriff bei Google ein, zeigt sich, dass die »ladder of abstraction« im englischen Sprachraum weit verbreitet ist. Erst mit der deutschen Übersetzung von Roy Peter Clarks Buch (2009: 153 ff.) wird die Leiter der Abstraktion in den deutschen Sprachraum gebracht.

Bewegen Sie sich auf den Sprossen, wenn Sie beim Erzählen stocken. Die Leiter hilft, Blockaden zu überwinden. Darum haben wir sie umgetauft in: die Leiter des Erzählers und der Erzählerin.

Wir fassen die Unterschiede zwischen berichten und erzählen in einer Tabelle zusammen. Die Idee stammt von Jack Hart (in: Kramer/Call 2007: 112). Wir haben sie adaptiert.

Berichten	Erzählen
Oben auf der Leiter des Erzählers	Unten auf der Leiter
Abstrakt	Konkret
Zeitlos	Leser erlebt mit, wie die Handlung sich entwickelt
Vom Thema her aufgebaut	In Szenen aufgebaut
Allwissender Erzähler	Spezielle, besondere, eigene Erzählperspektive
Autor schwebt über der Szene	Autor ist Teil der Szene
Thema ist das Resultat	Thema ist der Prozess

2.2   Die Storykurve

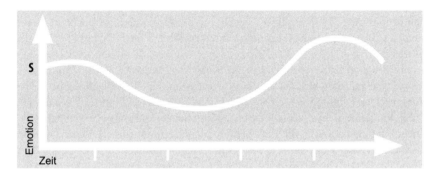

So erzählt man eine Geschichte: mit einem Höhepunkt einsteigen

Folgen Sie der Kurve auf der Grafik der Storykurve. So erzählt man eine Geschichte: Sie steigen mit einem Höhepunkt ein, liefern dann die Informationen, die es zum Verständnis des Geschehens braucht, und steigern die Geschichte auf einen – zweiten – Höhepunkt hin.

Mit der Storykurve holen und halten Sie Aufmerksamkeit. Die horizontale Achse stellt den zeitlichen Ablauf dar. Die vertikale Achse bildet die Stärke des emotionalen Appells einer Geschichte ab. Sie misst, wie stark die Amygdala oder der Mandelkern, das emotionale Zentrum des Gehirns, angesprochen wird.

Das Grundmuster ist alt. Aristoteles (siehe Kap. 12) hat es für die antiken Dramen beschrieben. Sie sind auf einen Höhepunkt hingeschrieben. Die Zuschauer werden durch Identifikation und Empathie hineingezogen. Sie durchleben die gleichen Gefühle wie der Protagonist. Sie verfolgen das Geschehen mit Mitleid, Angst und Furcht. Oft wissen die Zuschauer, was auf den Helden zukommt. Sie würden ihn am liebsten warnen, wie die Kinder beim Kasperletheater: Achtung, Kasperle, der Teufel ist hinter dem Vorhang! So entsteht die Spannung, diese merkwürdige Mischung aus Schmerz, Angst und Lust.

Auf dem Höhepunkt des Stücks werden die angestauten Emotionen befreit. Es herrscht Freude und Jubel, bei der Tragödie kommt es zur Läuterung der Seelen. Aristoteles spricht von Katharsis (siehe Kap. 12). Wenn der Höhepunkt mit einem Umschwung, einem Wendepunkt, einem Wechsel der Glücksumstände (Peripetie) oder einem Wandel des Helden verbunden ist, wird die emotionale Wirkung verstärkt.

Aristoteles liefert eine brauchbare Vorlage für den Bau von Geschichten. Es gilt in unseren Stoffen, die kleinen Höhepunkte zu suchen und die Story darauf hin zu bauen. Auch wenn wir es nicht jeden Tag mit einer Medea zu tun haben, die ihre eigenen Kinder tötet. TV-Journalisten bauen ihre Beiträge nach diesem Muster. Wenn eine Geschichte mehrere Höhepunkte anbietet, werden die Höhepunkte über den ganzen Beitrag verteilt.

Ein Problem hatte Aristoteles nicht. Wenn das Publikum mal im Amphitheater saß, war es bereit, sich auf ein Stück einzulassen. Das Gleiche gilt heute für Kinofilme. Das Publikum wartet im Dunkeln. Da genügt ein sanfter Einstieg. Das Publikum rennt nicht so schnell davon. Anders beim TV-Zuschauer oder beim Onlinepublikum. Da zeigen die Einschaltquoten, dass die Ansprüche an den Einstieg hoch sind. Dieses Publikum will Subito-Satisfaction. Sonst zappt es weg oder klickt weiter. Mehr dazu im folgenden Kapitel über den Story-Punkt.

2.3   Der Story-Punkt

Werfen Sie nochmals einen Blick auf die Storykurve. Der Einstieg auf der Emotionsachse soll möglichst hoch oben sein. Er soll dem Leser Lust machen weiterzulesen. Wir nennen das den Story-Punkt. Wer eine Botschaft in die Welt setzen will, muss erst die Aufmerksamkeit des Publikums wecken:

> Jahre waren das, da ging einer abends ins Bett und wusste nicht, ob er am Morgen aufwachen würde. Da ging er morgens aus dem Haus und wusste nicht, ob er abends heimkehren würde.

So beginnt Kai Strittmatter in der SÜDDEUTSCHEN ZEITUNG einen Artikel über »den schmutzigen Krieg der Türkei gegen die PKK« und zieht die Leser förmlich in den Text hinein. Oder nehmen Sie diesen Einstieg:

> »Mama, soll ich dir Unterhosen bringen?« Mein Sohn lehnte am Türrahmen und schenkte mir ein John-Wayne-Lächeln.

Die Autorin Angelika Overath spielt mit der Fantasie des Lesers. Sie schildert, dass ihr kleiner Sohn beobachtet hat, wie sie – in der schwierigsten Phase des kreativen Prozesses (siehe Kap. 12: Inkubation), wenn sie nicht mehr weiterschreiben konnte – aus dem Wäschehaufen Unterhosen nahm und sie zusammenlegte und bügelte. Mit dem skurrilen Angebot wollte der Sohn seiner Mutter über die Kreativitätskrise hinweghelfen. Story-Punkt hoch (in: Herrmann 2006: 21)!

Wir sehen täglich viele Beispiele in der Fernsehwerbung. Ein Elefant legt mit seinem Rüssel Blumen ins Grab eines Verstorbenen. Mit dem Spektakel wird Aufmerksamkeit geholt. Dann kommt die Botschaft: »Denken Sie in Ihrem Testament an wohltätige Organisationen.«

Entwickelt hat die Storykurve Peter Züllig (1998; siehe »Die sieben Boulevardkriterien«). Der Grundgedanke: Ein emotionales Erlebnis schafft die Bereitschaft, Information aufzunehmen. Es entsteht ein sogenannter Nachhall. Die meisten Werbevideos sind so angelegt. Mit dem Erlebnis wird eine Tür geöffnet. Und jetzt öffnet sich ein Raum, um die Einleitung, die notwendigen Informationen für die Charakterisierung und Orientierung unterzubringen. Der erste Höhepunkt stammt aus der Erlebnisdramaturgie, der zweite aus der Erzähldramaturgie. Züllig hat die beiden kombiniert. Im Rahmen der klassischen Erzähltheorie haben Franz Lang (1645–1725) und Gustav Freytag (1816–1895) Dramaturgiekurven gezeichnet.

Körpertest

Wie kann ich wissen, ob ein Einstieg emotional wirkt? Die israelische Firma »weCU« (we see you) will einen Detektor entwickeln, der Gefühle scannen kann. Er soll an Flughäfen eingesetzt werden und Terroristen erkennen. Ein solcher Gefühlsscanner wäre praktisch, um Anfänge zu testen. Der weCU-Detektor soll laut TAGES-ANZEIGER auf kleine Veränderungen reagieren: Die Temperatur der Haut steigt um Hundertstel Grad Celsius. Die Atemfrequenz steigt, die Pupillen weiten sich, die Stimme vibriert in einer andern Frequenz. Stellen Sie sich vor, Sie lesen den Einstiegsentwurf einem Kollegen vor. Der Detektor meldet sofort: Story-Punkt hoch, Story-Punkt tief. Das ist leider eine Utopie. Wir müssen selber eine Sensibilität für die Stärke der Anfänge entwickeln. Christopher Vogler, Drehbuchberater in Hollywood, achtet bei der Lektüre eines Drehbuches auf seine eigene emotionale Reaktion. Er nennt das *Körpertest*: »Eine wirksame Geschichte packt deine Eingeweide, schnürt dir die Kehle zu, beschleunigt den Puls, bringt dich zum Schnaufen« (Vogler 2007: S. X, Vorwort, übersetzt vom Verf.). Vogler hört auf seinen Körper und wenn er nicht mit mehreren Körperorganen auf ein Drehbuch reagiert, rät er davon ab, es zu verfilmen (siehe Kap. 12).

Mit geringem Appell an die Emotionen, mit tiefem Story-Punkt, beginnen oft Berichte auf den Kultur- oder Feuilletonseiten der Zeitungen. Zum Beispiel in einem Artikel der SÜDDEUTSCHEN über die Briefe Sigmund Freuds an seine Kinder:

> Der Briefeschreiber Sigmund Freud ist dem Publikum erstmals durch die Auswahl bekannt geworden, die sein Sohn Ernst und seine Schwiegertochter Lucie 1960 herausgegeben haben.

Wen will dieser Text als Leser gewinnen? Insider oder neugierige Leser, die er mit dem Einstieg abholt? Das Potenzial wäre vorhanden: Was war Freud für ein Vater? Das interessiert nicht nur die Psychoanalytiker. Mit der engen Einleitung für Insider wird diese Chance vertan.

Zugegeben, es gibt Kulturthemen, die kaum mehrheitsfähig sind. Wer liest einen Artikel über Madame de Staël in der NEUEN ZÜRCHER ZEITUNG? Aber wenn da gleich am Anfang stünde: Napoleon fürchtete sich vor dieser reichen Bankierstochter. Oder: Mme. de Staël hatte fünf Kinder von vier Vätern. Das weckt Interesse. Dem entgegen steht offenbar die Angst der Akademiker vor dem Boulevard. Aber auch den Akademikern ist gedient, wenn sie auf einen interessanten Text auf Anhieb aufmerksam werden und ihn verstehen. So lockt eine Buchkritik im TAGES-ANZEIGER den Leser:

> »Liebe Mom ich bin im Seh [See, Anm. d. Verf.] viele Grüse Andy«: Der kleine Lausbub legt den Zettel auf den Tisch, schleicht sich aus dem Haus, springt ins Wasser – und ertrinkt.

Mit diesem Zitat aus dem Roman *Unsichtbar* von *Paul Auster* steigt Alexandra Kedves fulminant ein. Die Minigeschichte aus dem Roman reißt die Leser mit. Das Beispiel markiert einen neuen Trend. Die Kultur- und Feuilletonseiten waren lange Friedhöfe der abstrakten Kommunikation. Zaghaft hält auch das journalistische Storytelling in die Kulturberichterstattung Einzug.

Das ist gut so, denn lange einleitende Erklärungen schläfern das Publikum ein. Kurt Tucholsky hat das auf humoristische Weise auf den Punkt gebracht (1985: 290):

> »Fang nie mit dem Anfang an, sondern immer drei Meilen vor dem Anfang!«

Das schreibt er in »Ratschläge für einen schlechten Redner«. Ebenso gilt dies auch für Schreiber/Radiomacher und Online- und TV-Journalisten. Einleitungen provozieren, dass das Publikum weiterblättert oder abschaltet. Es zappt weg. Dramatisieren Sie also den Anfang. Schildern Sie eine Szene. Wenn Sie die Aufmerksamkeit haben, dann können Sie jene Informationen über die Charakterisierung und Orientierung bringen, die für die Entwicklung der Geschichte wichtig sind.

Vergessen Sie die Einleitung. Damit vertreiben Sie das Publikum. Wenn Sie es nicht lassen können: Langweilen Sie Leser in der Ausleitung.

Falls es notwendig ist, mehr zu erklären, machen Sie das später. Dann haben Sie die wichtige Botschaft bereits untergebracht. Die treuesten Fans bleiben vielleicht bis zum Schluss. Am Ende englischer Romane stand jeweils: »to the happy few«.

Woher kommt der unwiderstehliche und fatale Drang zur Einleitung? Er kommt aus der privaten Kommunikation. Dort ist sie sinnvoll. Wenn Sie ohne Gruß und ohne Kontakt oder Aufwärmsatz auf eine Mitarbeiterin zugehen und sagen »Frau Martinez, geben Sie mir bitte die Unterlagen«, dann zeugt das von einem Mangel an privater Kommunikationskompetenz. In der öffentlichen Medienkommunikation ist ein starker Auftritt gefragt. Da fallen Sie mit der Tür ins Haus.

Ausgerechnet der große Kommunikator Tony Blair, Englands ehemaliger Premierminister, soll die Ebenen der langsamen privaten und schnellen Medienkommunikation durcheinandergebracht haben. Seine Frau Cherie hat englischen Medien erzählt, er habe ihr den Heiratsantrag gemacht, als sie das WC putzte. Das ist Subito- und nicht persönliche Kommunikation. Funktioniert hat es offenbar trotzdem.

2.4   Die Minigeschichte

Storytelling ist nichts für mich, sagen manchmal Studenten. Junge Zeitungsleute meinen, Storytelling sei etwas für Dokumentarfilmer und helfe nicht beim Artikelschreiben. Radioleute finden, es bringe nichts, kurze Meldungen als Storys aufzumachen.

Wir sind überzeugt, dass auch kurze Beiträge mit Elementen des Storytelling mehr Aufmerksamkeit erzielen können. Storytelling ist Kleinarbeit, wir denken vorerst nicht an jene Kollegen, die einen Monat lang an einer Magazingeschichte schreiben. Schon mit wenig Storyarbeit können Sie Texte, Radiobeiträge und Videoarbeiten klarer und verständlicher machen. Gehen wir ans Werk. Wie finden Sie diesen Medientext des Schweizer Bundesamtes für Umwelt?

> Die Internationale Rheinschutzkommission (IKSR) führt ihre jährliche Plenarversammlung in der Schweiz durch. Die IKSR, die sich aus Behördenvertretern der Rheinanliegerstaaten Schweiz, Deutschland, Frankreich, Luxemburg und den Niederlanden sowie der EU zusammensetzt, behandelt die grenzüberschreitenden Probleme auf der Rheinstrecke zwischen dem Bodensee und der Mündung in die Nordsee. Aktuelle Themen an der 70. Plenarversammlung der IKSR sind die Belastung des Rheins mit chemischen Stoffen, die Wiederherstellung der Durchgängigkeit des Rheins für Wanderfische.

Fakt ist: Die Anrainerstaaten haben mit großen Anstrengungen die Wasserqualität des Rheins verbessert. Sie haben den verschmutzten, fast toten Fluss in ein lebendiges Gewässer verwandelt. Die Kaligruben im Elsass und die Chemie in Basel leiten ihre Abwässer nicht mehr ungeklärt in den Strom. Dieser politische Erfolg ist schwer zu vermitteln, wenn er so abstrakt daherkommt. Wenn ein Journalist mit den zuständigen Leuten spricht und nach zusätzlichen Fakten fischt, stößt er auf lebendige Informationen: Der Lachs schwimmt wieder bis nach Basel. Jetzt können wir eine Ministory erzählen:

> Der Lachs schwimmt und springt im Rhein stromaufwärts fast bis nach Basel. Mehrere hundert Lachse leben wieder im Rhein.

Die Leser sehen den Lachs vor ihrem inneren Auge springen und interessieren sich für die Zusammenhänge. Wir haben aus einer amtlichen Mitteilung eine Geschichte herausgefischt. Wir nennen das eine Minigeschichte. Sie bringt ein abstraktes Thema in eine konkrete Form. Wir haben die Story gewissermaßen »animal-ifziert«. Das Wort haben wir in Anlehnung an die Formulierung »person-ifziert« gebildet.

Kurze Meldungen kommen manchmal auch online schwerfällig daher. Beispiel aus TAGESANZEIGER.CH. Es meldet unter dem Titel:

Diese Lebensmittel kommen neu in die Schweiz

> Ab kommender Woche können die ersten sechs Lebensmittel nach dem Cassis-de Dijon-Prinzip in die Schweiz eingeführt werden. Diverse Produkte wurden auch abgelehnt. Das Bundesamt für Gesundheit (BAG) hat erste Gesuche gutgeheissen, z. B. für Fruchtsirup mit geringerem Fruchtsaftanteil. Das Cassis-de-Dijon Prinzip gilt seit dem 1. Juli.

Die Meldung wurde aus der Perspektive des Amtes, nicht aus der Sicht des Konsumenten geschrieben. Die sofort verständliche Minigeschichte lautet:

> Dünner Fruchtsaft und dünner Obstwein dürfen seit Kurzem in der Schweiz verkauft werden.

Die Ministory öffnet die Pforten der Wahrnehmung. Der Autor hat das Interesse geweckt. Jetzt kann er die Leser mit den komplizierteren Verästelungen des Problems bekannt machen. Erst jetzt sollten Sie erklären, warum die Schweiz verdünnte Säfte und andere Ware aus Europa wegen dem Cassis-de-Dijon-Prinzip neu über die Grenzen lassen muss. Nebenbei gesagt: Cassis-de-Dijon ist ein Johannisbeerlikör, über den der Europäischen Gerichtshof 1979 einen Präzedenzentscheid gefällt hat.

Produkte, die in einem Mitgliedsland vorschriftsgemäß hergestellt wurden, dürfen überall in der EU verkauft werden.

Geschichten gefallen den Lesern. Das hat Carlo Imboden mit seiner Readerscan-Methode herausgefunden:

> »Wir können feststellen, dass ein Leser jene Beiträge am besten nutzt, die er als Geschichten weitererzählen kann. […] Dort, wo ein Journalist aus einem Wirtschaftsstoff, aus einem Politikstoff eine Geschichte macht, hat er eine hohe Chance, dass er auch gelesen wird. Demgegenüber sind die klassischen Agenturmeldungen geradezu leserfeindlich« (Jahrbuch 2009: 20).

Interessanterweise sieht auch der frühere Chef der Deutschen Presse-Agentur (dpa), Wilm Herlyn, dass sich die Presselandschaft stark verändert. Dem MEDIUM MAGAZIN sagte er:

> »Zeitungen sind dabei, sich von der klassischen Nachricht zu trennen. Sie sind täglich erscheinende Magazine, welche die News vom Vorabend noch aufnehmen, aber veredeln, dem Leser erklären, was sie bedeuten.«

Wie sehr auch Agenturen auf die Verständlichkeit ihrer Meldungen achten, zeigt die Meldung der Agentur AP (in: NEUE LUZERNER ZEITUNG) zum Tod des Aldi-Mitbegründers Theo Albrecht:

> Billige Butter, preiswerte Konserven und kostengünstiger Sekt haben Theo Albrecht zu einem der drei reichsten Deutschen gemacht.

AP erklärt das erfolgreiche Geschäftsmodell des Discounters in einem Satz. Eine Wirtschaftsmeldung, die jeder Viertklässler versteht. Und das auf der Wirtschaftsseite, wo die Autoren oft erwarten, dass die Leser einige Semester Ökonomie studieren, damit sie mithalten können. Der Einstieg macht Lust zum Weiterlesen. Und gleich wird eine weitere Minigeschichte angeboten: Die Aldi-Erfolgsstory begann in Mutters Lebensmittelladen.

Wie wirkt eine Minigeschichte? Das ist schwer einzuschätzen. Es sei denn, sie wird vor einem Publikum vorgetragen. Die deutsche Journalistin und Schriftstellerin Angelika Overath hielt am 1. August 2010 die Ansprache zum Schweizer Nationalfeiertag in ihrer Wahlheimat, dem Unterengadiner Bergdorf Sent. Dabei schilderte sie eine Begegnung zwischen den eingewanderten Intellektuellen und den einheimischen Bauern:

> Mein Mann und ich leben hier als Schreibende, wir arbeiten mit Büchern, die wir lesen und aus denen wir Artikel oder andere Bücher machen. [...] Kurz nach unserm Umzug brachte unser Sohn eine Schulkameradin mit, ein Mädchen mit blauen Augen und braunen Locken. Das Kind betrat unsere Wohnung und sah sich um. Es sah langsam über die hohen Wände mit den sehr vielen Büchern, und ich sah, dass es vielleicht noch nie so viele Bücher auf einmal gesehen hat. Aber das Mädchen sah, dass ich das sah. Da schlug es die großen Augen auf und sagte: Und mein Vater hat 200 Schafe! (Quelle: Manuskript der Rede)

Das Publikum unterbrach die Rednerin und applaudierte spontan. Hier zeigt sich ein weiterer Aspekt der Minigeschichte: Mit dem kindlichen Schafe-Bücher-Kultur-Vergleich ist ein Funke von der Rednerin zum Publikum gesprungen. Sie führt zu einer Verbrüderung der Autorin mit dem Publikum. Erfahrene Redner oder Erzähler versuchen aktiv diese Brücke zum Publikum zu schlagen. Ob's gelingt, lässt sich im direkten Kontakt sofort feststellen. Der Effekt ist vergleichbar mit der Verschmelzung der Gedanken oder sogenannten Hirnkoppelung, die Hirnforscher beobachten, wenn Menschen sich wirklich verstehen. Dann passiert in ihren Gehirnen etwas Erstaunliches: Die Denkorgane zeigen nahezu deckungsgleiche Aktivitätsmuster.

JFK: Meister der Minigeschichte

Das ist John F. Kennedy gelungen. Er hat die wohl erfolgreichste Minigeschichte kreiert. »Ich bin ein Berliner«, sagte der US-Präsident am 26. Juni 1963 in Berlin. Der Satz ist ins kollektive Gedächtnis eingegangen. Warum? Die Stadt war im Kalten Krieg von kommunistischen Staaten umgeben und rundherum durch eine Mauer isoliert. Kennedy bzw. sein Redenschreiber, Ted Soerensen, hat die Erzählperspektive und die Sprache gewechselt. Am Ende einer abstrakten, in seiner Muttersprache gehaltenen Rede hat sich der amerikanische Präsident mit dem Publikum identifiziert und sich rhetorisch eingebürgert: »Ich bin einer von Euch«. Er hat mit einer emotionalen Ministory – mit nur vier Wörtern! – die amerikanische Berlin-Politik erklärt.

Der Küchenzuruf

Kennedy hat die Kernaussage seiner Rede auf populäre Weise formuliert. Henri Nannen, der ehemalige Chefredakteurr des Magazins STERN hat seinen Journalisten eingebläut, dass jeder Text eine Kernaussage haben müsse. Nannen verwendete dafür ein patriachalisch geprägtes Rollenbild. Der Mann sitzt in der Stube und liest den STERN; die Frau arbeitet in der Küche.

»Mensch Grete, die in Bonn wollen schon wieder die Steuern erhöhen«, fasst der Patriarch den Artikel zusammen. Nannen prägte dafür den Begriff »Küchenzuruf«. Nannen will damit unterstreichen, dass Artikel eine Kernaussage brauchen (siehe Kap. 3.3). Der Küchenzuruf ist das boulevardisierte Konzentrat der Geschichte. Die Minigeschichte ist etwas anderes. Sie ist der Versuch, aus einer komplexen Geschichte etwas Erzählbares herauszuholen. Das kann – muss aber nicht – die Kernaussage sein. »Die USA wird Berlin unterstützen«, lautet die Kernaussage von Kennedys Rede. Die Minigeschichte ist: »Ich bin einer von Euch.« »Dass Wasser des Rheins ist wieder sauber«, lautet die Kernaussage des Berichts über die Rheinkonferenz. Die Minigeschichte mit dem Lachs ist der schwimmende Beleg dafür.

2.5 Inseln der Verständlichkeit im Meer der Abstraktion

Manchmal müssen wir uns als Journalisten mit Themen und Stoffen herumschlagen, die schwer zu vermitteln sind. Bei komplizierten Recherchen, mit denen man eigentlich etwas bewirken möchte, kommt das oft vor.

Das ist eine Chance für den Journalisten, sagt Nicholas Lemann (in: Kramer/ Call 2007: 114):

> »Vielleicht ist er [der Journalist] der erste, der etwas Komplexes aus der Welt der Spezialisten in eine breite Öffentlichkeit bringt [Übers. v. Verf.].«

Wie kann man schwierige Stoffe vermitteln? Unser Tipp: Suchen Sie nach Inseln der Verständlichkeit. Dann setzen Sie diese Rettungsinseln so, dass der Leser von Insel zu Insel schwimmen und sich dort wieder erholen kann. Dann taucht er wieder ein ins Meer der Abstraktion. Lassen Sie ihn nicht zu lange schwimmen. Er sollte stets die nächste Insel der Verständlichkeit vor Augen haben. Ärzte beispielsweise pflegen sich abstrakt auszudrücken. Das hat Folgen für die Einschaltquote. In einer Medizinsendung des Schweizer Fernsehens sank die Quote, wenn die Mediziner lange sprachen. Der Moderator sorgte für eine ausgeglichene Quote, indem er jeweils so bald wie möglich dem Patienten das Wort erteilte. Der Patient übernahm die Rolle der Insel der Verständlichkeit.

Inseln der Verständlichkeit ins Meer der Abstraktion setzen

Ein Musterbeispiel für die konsequente Produktion von Verständlichkeit liefert DER SPIEGEL in einem Artikel über die Machenschaften des US-Versicherungskonzerns AIG mit dem Titel »Die gefährlichste Firma der Welt«. Der Leser schwimmt in einem Meer von abstrakten Wörtern aus der Finanzwelt. Der Spiegel achtet darauf, dass man immer wieder bei einer Insel der Verständlichkeit landen kann. Zum Beispiel durch Personalisierung: Ermittler und Bösewicht werden klar charakterisiert. Schließlich werden Begriffe wie Collateralized Dept Obligation (COD) durch Vergleiche veranschaulicht:

> CDOs: Es bleibt schwer darüber griffig zu reden, aber es hilft, an eine russische Puppe zu denken, wobei die kleinste Puppe im Kern die eigentlichen Schulden wären. Die nächste Puppe verkörperte die verbrieften Schulden, und die nun jeweils nächstgrößeren Puppen wären ein immer neuer CDO, das […] bedeutet, das man über die inneren Werte der Puppen immer weniger weiß.

Sitzungen, bei denen über kaum zu vermittelnde Transaktionen zur Rettung des morbiden Konzerns verhandelt wird, werden auf der untersten Sprosse der Erzählleiter beschrieben:

> Alles dreht sich um einen großen Konferenztisch. Wasserflaschen und Kaffee in Thermoskannen darauf, Klimaanlagen darüber. Blackberrys liegen da und Sakkos hängen über den Stuhllehnen.

Der SPIEGEL-Artikel ist ein spezielles Lehrstück für den Umgang mit einem schwierigen Stoff. Die Finanzwelt agiert auf der obersten Sprosse der Erzählleiter. Und doch ist es wichtig, dass nicht nur die Finanzexperten begreifen, was da abgeht. Mit der

Inseltechnik kann es gelingen, nicht nur Fachleute mitzunehmen. Solange sie nicht im Meer der Abstraktion untergehen, kämpfen sie darum, zu verstehen, was da abgeht, und lesen weiter. Das Problem stellt sich bei der Veröffentlichung von Recherchen. Wenn die Ergebnisse vorliegen, lautet die Frage: Wie erzähle ich das? Wenn dieser Schritt vergessen wird, sagt man, der Autor habe seine Recherchen verfilmt.

Abstrakte Botschaften impfen

Man kann das Bauen der Inseln auch mit einem andern Beispiel illustrieren: Wenn ein Forscher eine Flüssigkeit dazu bringen will, Kristalle zu bilden, braucht er *Kristallisationskeime*. Ähnliches geschieht im Prozess des Aufbaus der Aufmerksamkeit. Was können wir tun, damit die Aufmerksamkeit nicht flüchtig (oder eben flüssig) bleibt? Wir müssen dem Publikum einen Keim, einen Aufhänger, einen Punkt, oder eben eine Insel anbieten, um den herum sich das Interesse entwickeln kann. Forscher impfen Flüssigkeiten mit Kristallisationskernen, um den Prozess in Gang zu bringen. Diese Methode kann auf das Storytelling übertragen werden. Impfen Sie abstrakte Botschaften mit konkreten, greifbaren Minigeschichten.

2.6   Die Gerümpeltotale und das Detail

Zu den häufigsten Fehlern beim Storytelling gehört das Erzählen aus der Totale, eben der Gerümpeltotale. Gerümpel bedeutet: Es liegt zu viel ungeordnetes, nicht brauchbares Material herum. Der gewählte Kameraausschnitt zeigt eine Panoramaaufnahme, die zwar alles zeigt, aber nicht auf das wichtige Thema oder Detail fokussiert. Beispiel Porträtfotografie: Von der Schuhsohle bis zum Scheitel müssen sie aufs Foto – Vater, Mutter, Schwester, Bruder. Und dann muss noch möglichst viel von der Umgebung aufs Bild. So knipsen Amateure Bilder für das Familienalbum. Die Fotos werden in der Totale, der Gerümpeltotale geknipst. Dabei würde eine Nahaufnahme auf die Schuhe mehr von der Situation vermitteln und eine Nahaufnahme aufs Gesicht mehr von der Stimmung wiedergegeben.

Die Wahrnehmung schärfen – Checkliste von Tom Wolfe

Worauf gilt es zu achten? Tom Wolfe gibt in seinem Manifest für den New Journalism Hinweise (Wolfe 1973: 32). Man kann seine Tipps als Checkliste für die Schärfung der Wahrnehmung lesen. Gefragt ist der Blick für die symbolischen Details, die über das Lebensmuster, das Verhalten, über Hab und Gut der Protagonisten Auskunft geben. Wolfe nennt das »status details«, die Beobachtung der Menschen in all ihren Manifestationen. Dazu gehören alltägliche Gesten und Gewohnheiten, Umgangsformen, das Essen, der Reisestil, das Verhalten gegenüber Kindern, Erwachsenen, Untergebenen, Vorgesetzten, Blicke und Gesichtsausdruck, Posen, Laufstile. Wenn es darum geht, Räume zu schildern, empfiehlt er das Vorbild Honoré de Balzac. Der französische Schriftsteller führt den Leser in den Salon der Protagonisten, beschreibt ihn und führt eine »soziale Obduktion« (Wolfe) durch. Geschildert werden die Möbel und die Innendekoration und die Kleiderstile.

> Der Amateur schwelgt in der Gerümpeltotale. Der Profi zoomt auf das sprechende Detail.

Der Journalist ist auf der Jagd nach der Nahaufnahme, nach dem Detail. Er beobachtet genau wie Sherlock Holmes und überlässt es dem Publikum, seine Schlüsse zu ziehen. Welche Szene, welches Detail bringt das zum Ausdruck, was ich vermitteln will? Das Heranzoomen, der Fokus auf das Charakteristische fehlt oft in Berichten. Induktion ist gefragt. Vergessen Sie als Journalist die Deduktion, die Herleitung aus dem Abstrakten. Wenn Sie eine Person vorstellen wollen, beginnen Sie nicht bei den Andromedanebeln:

> Weltall
> Sonnensystem
> Erde
> Europa
> Deutschland
> Niedersachsen
> Hannover
> Altstadt
> Ballhofplatz
> Marie Lampert

Gehen Sie direkt auf die Person und öffnen Sie dann die Perspektive:

Rolf Wespe
Lindengarten
Obergrund
Luzern
Schweiz
Europa
Erde
Sonnensystem
Weltall

Die zentralen Aussagen werden mit Nahaufnahmen vermittelt. Mit Fokus auf den Waschküchenschlüssel beschreibt Hugo Loetscher (1983) die Stimmung in einem Schweizer Mehrfamilienhaus. Die Art und Weise, wie über den Schlüssel zur gemeinsamen Waschküche gestritten wird, bringt uns die enge Welt im Wohnblock näher.

Sozialarbeiterinnenprosa

Peinlich und störend wirkt es, wenn Autoren bei starken emotionalen Ereignissen nicht auf die Fakten fokussieren. Margrit Sprecher hat das bei ihren Reportagen über die Todesstrafe in den USA unter extremen Bedingungen erlebt (Hermann/Sprecher 2001). Begriffe wie »empörend, unvorstellbar, grauenhaft«, so Sprecher, »nehmen einem Text jegliche Kraft«. Sie verwendet dafür den Begriff »Sozialarbeiterinnenprosa«. Wenn sich im Todestrakt »die Willkür derart ungestraft austoben darf«, ist anderes gefordert:

»Vielmehr muss man die eigenen Mordgelüste, die einen befallen, zum Nutzen der Sache in distanzierte Kälte umwandeln und sachlich darlegen, dass im Todestrakt das Frühstück nachts um drei serviert wird, das Mittagessen um zehn Uhr morgens, und das Nachtessen nachmittags um drei, damit der Tag der Gefangenen recht lang wird. Man muss beschreiben, dass beim Duschen der Strahl bald eiskalt aus der Decke stürzt, bald siedend heiß, ohne dass die Männer die Wassertemperatur regeln können« (ebd.: 99).

Details machen Geschichten. Details können auch Geschichte schreiben.

Wenn Journalisten genau beobachten und recherchieren, bewegen ihre Geschichten die Leser und die Welt. Die Medien haben berichtet, dass die USA Tonnen von Napalmbomben über Vietnam abgeworfen haben. Bewegt hat nicht die allgemeine Meldung, sondern ein einzelnes Bild. Ein nacktes, vom Napalm verbranntes Mädchen rennt um sein Leben. In einer prägnanten Sekunde des 8. Juni 1972 drückt Fotograf Nick Ut ab. Er zeigt die neunjährige Vietnamesin Kim Phuc mit schmerzverzerrtem Gesicht und vermittelt das Entsetzen. Ein Ausschnitt, ein Moment, ein Augenblick festgehalten, vermittelt eine Story, eine Botschaft explodiert. Fotoreporter Nick Ut fotografiert eine Szene, einen Mikromoment. Daraus wird eine Makrogeschichte über das Grauen des Krieges.

»Unmenschlichkeit ist weder durch grausige Beweise noch durch Zahlen schon fühlbar. Sie wird es nur als Geschichte.«
(Sten Nadolny)

Im Irakkrieg gab es über hunderttausend Tote und noch viel mehr Verletzte. Dieses namenlose Leid nimmt man zur Kenntnis. Bewegt hat das Schicksal eines Einzelnen, von Ali. Eine Bombe hat seine Eltern getötet und er hat die Arme und die Beine verloren. Ali gab den zivilen Opfern des Krieges ein Gesicht, schrieb der GUARDIAN. Nachdem seine Geschichte weltweit in den Medien erschienen war, spendeten die Leser spontan. Das Geld reichte, um auch für zahlreiche weitere, unbekannte Opfer Prothesen zu kaufen.

»The most political decision you make is where you direct people's eyes.«
(Wim Wenders)

Ein Detail beeinträchtigte den Ruf der deutschen Gesundheitsministerin Ulla Schmidt. Sie fuhr mit ihrem Dienstwagen in die Ferien nach Spanien. Das flog auf, weil der Wagen gestohlen wurde. Die TAZ relativierte den Verlust und den daraus resultierenden politischen Skandal. Die TAZ fand es unangemessen, dass sich die öffentliche Meinung in Deutschland derart massiv über den gestohlenen Wagen entrüstete. Dasselbe Land hatte 850.000-mal mehr Geld in eine marode Bank gesteckt. Das hatte bedeutend niedrigere Wellen geschlagen.

102 Milliarden Euro Staatshilfe bei der Hypo Real Estate

geteilt durch 120.000 Euro für Schmidts Wagen = 850 000 Stück

Die Rechnung der TAZ belegt, dass Details eine starke Wirkung haben können.

Das Detail zieht seine Kreise ähnlich einem Stein, den ich ins Wasser werfe. Sie bewegen sich in alle Richtungen. Ähnlich löst das richtige Detail Assoziationen, Emotionen, Kritik und Empathie aus.

Erstaunlich, wie wenig bisher über die Macht und die Magie der Details geforscht und publiziert wird. Über Details in der Dichtung nachgedacht, hat der Schriftsteller Wilhelm Genazino. Er vergleicht die Konzentration auf kleine Dinge mit der Wahrnehmung von Kindern, die lange bei einzelnen Gegenständen verweilen können. Ähnlich nehme der Schriftsteller Kontakt mit Dingen und Details auf. Sie können für Genazino (2006: 21) eine *Epiphanie* auslösen.

Ihr Ergebnis tönt, schwebt, vibriert.

Unter Epiphanie versteht man das Aufscheinen des Göttlichen in alltäglichen Dingen. Säkular formuliert: Das Detail wirkt. Das Banale wird zum Bemerkenswerten im Nebel des Allgemeinen und Abstrakten.

Zu viele Details?

Oft fehlen die Details. Manchmal kommen auch zu viele vor. Zu viele Einzelheiten verstellen die Geschichte, lenken ab, irritieren, führen den Leser auf Nebengleise. Schießen Sie die überflüssigen, von der Kernaussage ablenkenden Informationen ab. Lesen Sie das nicht als verfehlte gewalttätige Metapher, sondern als Anspielung auf die *Schrotflintenregel* von Anton Tschechow (Kramer 2007: 236).

> Wenn im ersten Akt eines Theaterstücks eine Schrotflinte über dem Kamin hängt, muss spätestens im dritten Akt damit geschossen werden.

2.7 In Szenen denken – mit Szenen lenken

»Es gibt nur eine Kunst: das Weglassen! Oh, wenn ich nur das Weglassen beherrschte, ich würde sonst nichts wissen wollen.«
(Robert Louis Stevenson)

Details wirken stark, wenn es gelingt, sie in Szenen einzubetten. Geschichten erzählen heißt Szenen sehen, in Szenen denken und Szenen skizzieren. Wenn Sie über ein Künstlerpaar berichten, das gemeinsam Bilder malt, dann gibt es eine Kernszene: Sie zeigt, wie Mann und Frau gemeinsam am Werk sind. Wenn Sie über den letzten Wächter der verlassenen Militärfestungen am Gotthard schreiben, dann interviewen Sie den Festungswächter nicht im Büro. Zeigen Sie den Mann im Stollen, wo das Wasser von den Felsen tropft und die Kanonen verrosten.

Geschichten erzählen heißt Szenen sehen, in Szenen denken und Szenen skizzieren.

Zerlegen Sie Ihren Stoff in viele Episoden. Als ob Sie ein Filmer wären oder ein Regisseur, der den Stoff auf die Bühne bringen muss. Autor Rolf Wespe arbeitete 17 Jahre für Printmedien. Dann wechselte er zum Fernsehen. Jetzt reichte es nicht mehr, intuitiv Reportagen zu schreiben. Der TV-Journalist muss Szenen planen. Was er am Morgen nicht gefilmt hat, kann er am Abend nicht auf dem Bildschirm zeigen. Wenn es gelingt, Kernszenen zu schildern oder zu vermitteln, dann leben die Geschichten, auch im Print, Internet und Radio. Szenen sind die Moleküle, die Bausteine einer Geschichte. Eine Szene ist eine dreidimensionale Erzählung. Der Autor ist nah am Ort des Geschehens und damit auch der Leser.

Übungsbeispiel

Ein Journalist besucht eine Schule im abgelegenen Dorf Tabriza in Dolpa im Westen Nepals. Jetzt will er darüber schreiben. Er ist angekommen, wird durch die Schule geführt und geht wieder.

Was für Szenen hat er gesehen? Er lässt ein Dutzend Szenen vor seinem inneren Auge Revue passieren. Und wählt dann Kernszenen für seine Erzählung aus.

Wie ist er angekommen? Mit sieben Maultieren und einer Crew von fünf Begleitern ist er über Täler und Berge des Himalajas getrekkt. So entsteht ein Bild.

Wenn er noch nähert heranzoomt, was sieht er dann für eine Szene?
»Ein letztes Mal zurrt Rasu, unser Horseman, dem stärksten Muli den Seesack auf den Rücken. Darin sind Schweizer Bilderbücher, Heidi von Johanna Spyri, Schälle-Ursli von Alois Carigiet, Springseile, Basketbälle und Solarlämpchen.« Jetzt nimmt die Expedition klare Gestalt an. Weitere Szenen werden hinzugefügt. Zum Beispiel die sechs- bis 15-jährigen Schüler, die am Fluss knien und ihre Kleider und ihr Wäsche auf den Steinen schrubben. Eine weitere Szene taucht sofort auf: Auf dem Schulhof sitzen zwei Betreuerinnen. Sie kämmen die Haare, welche ihnen die Kinder auf den Schoß legen. Sie suchen Läuse und töten sie. Und wenn sich der Besuch am andern Tag verabschiedet, spielen die Kinder auf dem Schulhof mit den Springseilen und den Bällen.

Wenige Szenen vermitteln ein lebendiges Bild des Schauplatzes.

Joanne Rowling, eine der erfolgreichsten Autorinnen der Gegenwart, hat laut Newsweek die Szenen von Harry Potter erst gezeichnet und dann geschrieben.

Wer in Szenen denkt und schreibt, der lenkt auch die Aufmerksamkeit des Publikums.

Überlegen Sie: Gibt es Kernszenen in Ihrer Erzählung? Der letzte Hüter der Alpenfestungen im tropfenden Stollen, das Malerpaar beim gemeinsamen Gestalten eines Bildes. Schildern Sie diese Szenen.

Die sieben Boulevardkriterien

Peter Züllig

Der Boulevard bietet die Möglichkeit, möglichst viele Menschen anzusprechen und ans Medium zu binden. Erstens durch die Wahl der Themen aufgrund der sogenannten sieben klassischen Boulevardkriterien, die ein Höchstmaß an Interesse garantieren. Zweitens indem Themen emotional gestaltet werden, so dass sie ein Höchstmaß an Erlebniswert zulassen.

Boulevard wird oft auf die Inhalte reduziert, auf Sex and Crime. Ich verstehe ihn wertfrei als Strategie, um Aufmerksamkeit zu gewinnen. Boulevard bezieht sich auf sensorielle und nicht auf kognitive Informationsaufnahme. Anders ausgedrückt: Boulevard aktiviert persönliche Erfahrungen und Gefühle und stellt das Erlebnis vor die Informationsvermittlung. Diese Zieländerung wird heute mehr und mehr vom Journalismus erwartet. Nicht Weltwissen vermitteln, sondern Erlebniswelten anbieten, um aus ihnen allenfalls lernen zu können.

Die Frage nach dem Charakter eines Themas ist mittlerweile genauso wichtig wie die journalistische Frage nach der gesellschaftlichen, wirtschaftlichen, politischen, sozialen und kulturellen Relevanz. Wenn ich die Aufmerksamkeitsstrategien des Boulevards systematisiere, komme ich auf sieben Kriterien.

1. Die News oder die Neuigkeit

Ihre Wirkung basiert auf der Neugier des Menschen, der fast alles genau wissen will, solange er es noch nicht weiß. Eine News, unabhängig vom Inhalt, ist allerdings nur einen Augenblick wirksam, nämlich bis der Rezipient/die Rezipientin die News kennt.

Die Neuigkeit als Boulevardkriterium enthält die Aspekte Aktualität und Exklusivität. Aktuell sind Ereignisse, die soeben stattgefunden haben und denen grundsätzlich öffentliche Aufmerksamkeit zukommt. Dabei geht es immer um die Reduktion der Zeitspanne zwischen dem Ereignis und der Veröffentlichung. Exklusiv heißt: was ich zuerst oder exklusiv weiß, unabhängig davon, wann es stattgefunden hat.

Das Fernsehen hat – zusammen mit dem Radio und den Onlinemedien – im Bereich der Aktualität echte Boulevardchancen. Die Printmedien haben nämlich das Rennen um die zeitliche Aktualität weitgehend aufgegeben und sich der Exklusivität zugewandt.

2. Der erweiterte Tabubereich

Das klassischste aller Boulevardkriterien ist der Tabubereich. Alles was in einer Gesellschaft verschwiegen, verheimlicht, nicht öffentlich gemacht wird, stößt auf größtes Interesse. Es ist die Neugierde des Menschen, die auch hier unmittelbar angesprochen wird. Aber auch das Wesen des Tabus selber ist geheimnisvoll und interessant, weil es im ursprünglichen Sinn etwas Unantastbares darstellt: Geht es um Sexualität, zeigt sich deutlich, wie Tabus in kurzer Zeit aufgebrochen und die Grenzen verschoben werden. Weil Tabus oft mit gesellschaftlichen Konsequenzen verbunden sind, ist ihre Wirkung unmittelbar, fast magisch und meist auf unsere Sinnlichkeit bezogen, indem sie Triebhandlungen, Ängste oder Freuden auslösen.

Man spricht vom erweiterten Tabubereich, weil z. B. auch die Darstellung von Kindern und Tieren ähnliche Gefühle, Ängste und Wünsche auslösen können wie die Tabus.

3. Das Dabeisein

Das Massenmedium kann stellvertretend dort anwesend sein, wo man als gewöhnlicher Mensch nicht sein kann, nicht sein darf, aber sein möchte. Die Reportage basiert auf diesem Prinzip, indem die Reporterin stellvertretend am Ort des Geschehens ist und darüber berichtet. Unter dieses dritte Boulevardkriterium fällt auch die klassische Schlüsselloch-Situation, die vor allem durch das Fernsehen lebensnah und fast echt ermöglicht wird. Dorthin zu sehen (und zu gelangen), wo man sonst nie hinkommt und hinsehen kann, dies befriedigt offensichtlich ein Urbedürfnis des Menschen.

4. Der Nahbereich

Zu den Boulevardkriterien gehört auch der Nahbereich. Alles was den Rezipienten direkt berührt und betrifft, ist von höchstem Interesse. Dies mag rein geografisch die nächste Umgebung sein. Es ermöglicht etwas zu erfahren, das dem eigenen Alltag sehr nahe kommt. Alles was einem selber passieren könnte, hat höchste Priorität in der Aufmerksamkeit. Themen, über die man

Bescheid weiß und die man selber erlebt hat, sind die beliebtesten Gesprächs-inhalte jeder Konversation (wie z. B. Militär, Schule etc.).

5. Die Prominenz

Das fünfte Boulevardkriterium richtet sich wieder direkt an die meist unaus-gesprochenen Träume und Wünsche der Rezipienten und Rezipientinnen: Es ist die Sehnsucht nach Vorbildern, Idolen und Berühmtheiten. Aber auch die Existenz von Feinden, Bösewichten und Schuldigen. Sie alle stehen stellver-tretend für Menschen, die nie ins Rampenlicht treten, sich aber an den Figu-ren des Rampenlichts orientieren. Bewusst oder unbewusst.

6. Der Pranger (Schandpfahl)

Das sechste Boulevardkriterium betrifft die öffentliche Zurschaustellung von Versagen, Verfehlungen, Irrtümern etc. Schon im Mittelalter erreichte der Pran-ger die höchste Aufmerksamkeit und stellte damit eine der schrecklichsten Strafen dar.

7. Die Personifizierung

Das siebte und letzte Boulevardkriterium besteht in der Personifizierung. Jede Mitteilung und jeder Bericht ist in personifizierter Form besser und unmittel-barer nachzuempfinden als abstrakte Faktenaufzählung. Ein Boulevardmedi-um versucht deshalb immer die Menschen handeln, erleben und erzählen zu lassen. Die Fakten haben Namen, Altersangaben, Berufsbezeichnungen etc. Es sind Menschen, die jede Art von Identifizierung und Abgrenzung zulassen.

Peter Züllig war Reporter, Redakteur und Sendeleiter beim Schweizer Fernsehen. Er arbeitet als Ausbilder und hat sich mit dem Phänomen Boulevard intensiv auseinandergesetzt, u.a. als Dozent an der Universität Fribourg/Schweiz.

3   Wie finde ich eine Geschichte?

Das *Thema* ist noch nicht die *Story*.

> Völksen. »Der Abend lohnt sich«, sagte Eckhart Liss, Geschäftsführer des Vereins Kunst und Begegnung Hermannshof. Mit diesem Versprechen begrüßte er am Mittwochabend vor Konzertbeginn die mehr als 200 Besucher im Haus im Park. Liss behielt recht.

Der Einstieg der Kollegin vom DEISTER ANZEIGER verrät kaum mehr als das *Thema* ihres Artikels: Konzert in Völksen. Jawohl, die Regionalbeilage der HANNOVERSCHEN ALLGEMEINEN ZEITUNG hat auch diesen Abendtermin besetzt. Der Veranstalter hat, nicht unerwartet, vor Konzertbeginn seine Gäste begrüßt. Im dritten von neun Absätzen kommt die *Story* zum Vorschein:

> […] als die beiden Festivalleiter Gerd Kespohl und Christoph Sure die vier Künstler vom Kölner Flughafen abholten, stellten Maika und Sara Gómez entsetzt fest, dass ihr Instrument versehentlich nicht im Flugzeug mitgekommen war.

Die *Story* dieses Abends: Die Musikerinnen haben eine Megapanne gemeistert. Ihre Txalaparta, eine Art Xylofon, das nur im Baskenland gespielt wird, ist im Flugzeug aus unerfindlichen Gründen nicht mitgekommen. Sie spielten das Konzert trotzdem. Improvisierten auf einem Instrumentenersatz, den sie sich am Nachmittag aus Baumarktholz gebastelt hatten. Eine Superstory. Nur leider wird sie so nicht erzählt.

3.1   Vom Thema zur Story

Die Weisung der Lokalredaktion hieß vermutlich: Mach was über das Konzert in Völksen. Das war das *Thema*. Ob eine *Story* drin steckt und welche, kann die Reporterin erst sagen, wenn sie das Konzert besucht hat. Und selbstverständlich gilt es nach dem Konzert, die Notizen zu sortieren und zu gewichten. Wer aber in die Redaktion zurückkommt und dann chronologisch vom Blöckchen abschreibt, kann nur immer wieder mit dem »Grüß Gott« des Veranstalters einsteigen.

Lösen Sie sich von Ihrem *Thema*, sobald Sie die *Story im Thema* finden. Folgen Sie dann der Geschichte.

Jede Leserin kann nachfühlen, wie es den Musikerinnen ging, als sie den Verlust entdeckten. Jedem Leser ist schon der Schreck in die Glieder gefahren, wenn er im Ausland bemerkte: Im Geldbeutel steckt die abgelaufene Kreditkarte. Die Neue ist daheim geblieben. Die Entdeckung des Verlusts wäre ein fabelhafter Einstieg in die Konzertstory. Ein prima Story-Punkt mit Angst und Schrecken.

Nach so einem Einstieg müssen wir weiterlesen. Wir wollen wissen, wie die Schwestern sich geholfen haben. Wie sie Ersatz gebastelt haben. Wie es war, auf einem improvisierten Xylofon aus Baumarktholz zu musizieren. Und wie der Akkordeonist und der Schlagzeuger damit zurechtkamen, dass diesmal alles anders war. Das wäre die Geschichte gewesen, die die Autorin nicht erzählt. Die obligatorischen Informationen – Zahl der Besucher, Stimmung, musikalische Würdigung des Konzerts – lassen sich in so eine Story mühelos einfügen. Sie bilden aber nicht das Zentrum der Geschichte. Was jetzt niemand mehr wissen will: Es gab CDs zu kaufen, das Wetter war schlecht, die Bratwürste lecker.

Am Ende des Kapitels 3 finden Sie eine Tabelle von »Thema« über »Fokus« und »Story-Punkt« und »Casting« bis »Story«. Darin haben wir einige Beispiele aufgedröselt.

3.2 Der Fokus

Die Serie heißt »Mitmenschen«, bei der OBERHESSISCHEN PRESSE. Oder »Frauengestalten« bei der PASSAUER NEUEN PRESSE (PNP). Porträtserien über Menschen, die bekannt sind im Ort oder nicht so bekannt. Die jedenfalls Nähe schaffen sollen im Lokalen. Die Hauptfiguren heißen z. B. »Ursula Müller« oder »Hilde Steinhagen«. Die *Story* und den *Fokus* im Leben der Protagonistin gilt es zu finden.

Elke Zanner, die Autorin eines PNP-Porträts, findet einen Wendepunkt im Leben ihrer Heldin, den sie ins Zentrum ihrer Geschichte stellt. Zanner erzählt, wie die 79 Jahre alte Hilde Steinhagen, früher Wirtin des alteingesessenen Passauer Wirtshauses »Rose«, mit ihrem Leben als Pensionärin zurechtkommt.

Etwa zehn Jahre ist es her, dass Hilde Steinhagen das Wirtshaus aufgeben musste, weil das Haus verkauft wurde. Sie hatte drei Monate Zeit zu gehen. Wann der letzte Tag in der »Rose« war, weiß sie nicht mehr genau:

»Da war ich tot, da hat bei mir alles ausgesetzt«, sagt sie. Die »Rose« war ihre Heimat, über dem Wirtshaus hat sie auch gewohnt. »Das hätte ich gemacht, bis ich umgefallen wäre«, sagt sie. Bis heute hat sie keinen Fuß mehr in die Rosengasse gesetzt.

Das ist Lokalgeschichte vom Feinsten mit Gefühl und Zusammenhang. Die Geschichte von Hilde Steinhagen geht ans Herz. Darüber hinaus zeigt sie die Entwicklung einer Stadt, und nicht nur der Stadt Passau, deren Wirtshäuser immer öfter von amerikanischen Fastfoodketten betrieben werden.

Wer als Geschichtenerzähler recherchiert, fahndet nach Emotionen, sucht das Unterhaltsame, das Menschelnde, das Außergewöhnliche, das gleichzeitig ermöglicht, die relevanten Informationen zu transportieren.

Das Porträt der alten Wirtin hat einen Subtext, der heißt »Abschied«. Hilde Steinhagen hatte einen Abschied zu verkraften, der fast über ihre Kräfte ging. Aber auch die Passauer hatten und haben einen Abschied zu verschmerzen, den allmählichen Abschied von ihrer Wirtshauskultur. Die »Rose« ist ja kein Einzelfall, davon können Bewohner von Städten und Dörfern ein Lied singen. Die Wirtin, die Wirtschaft, die spezielle Art von familiärer Gaststätte verabschieden sich stetig und leise aus unserem Leben.

> Zeigen Sie das Allgemeingültige im Besonderen.

Wenn das Besondere der Geschichte Ihnen nicht vor die Füße fällt, wenn die Protagonistin Ihrer Lokalgeschichte von sich aus keinen Wendepunkt auf dem Präsentierteller darbietet – suchen Sie danach. Hier sind Fantasie und Einfühlung gefragt.

Ursula Müller spielt eine tragende Rolle im Vereinsleben von Gladenbach. Volkstanz, Trachtengruppe, Heimatmuseum, Denkmalpflege. Ostermarkt, Weihnachtsmarkt-Verlosung, Blockflötenspiel – ohne Ursula Müller geht nichts. Die Aufzählung der Autorin der OBERHESSISCHEN PRESSE ist akribisch und vermutlich vollständig. Was ihrem Text fehlt, sind Emotion und Zusammenhang. Was treibt Ursula Müller zu ihrem Engagement? Was bedeutet es ihr? Warum gerade Brauchtumspflege? Emotion erhält die Autorin, wenn sie Ursula Müller bittet, ihr ihren Kleiderschrank zu zeigen und ihre Trachten vorzustellen. Oder sie zum Tanzen begleitet. Oder sich von ihr das Museum zeigen lässt. Wenn sie eine *dynamische Handlung* inszeniert, kann sie darüber die Leidenschaften der Protagonistin sichtbar machen und erhält gleichzeitig Struktur für ihren Text (siehe Kap. 4.2).

41

Emotion und Zusammenhang verstecken sich in einem Detail des Lebenslaufs, das die Autorin zwar referiert, aber nicht weiter verfolgt:

> Geboren wurde die Kaufmannstochter 1919 in der Ostsee-Hansestadt Colberg, dem heutigen polnischen Badeort Kolberg. Nach den Kriegswirren begegnete ihr 1951 in Gießen auf einem Tennis-Ball ihr Glück in Gestalt des Gladenbacher Kaufmanns Friedrich Wilhelm Müller.

Als Ursula Müller nach Hessen kommt, ist sie fast 30 Jahre alt. Das Brauchtum, dem sie ihr weiteres Leben widmet, ist eben nicht das Brauchtum ihrer Jugend und ihrer Heimat. Vielleicht aber ist es ihr Anker in der neuen Heimat Gladenbach. Dieser Zusammenhang wäre interessant. Und wäre er beleuchtet, dann stünde Ursula Müllers Porträt vielleicht sogar stellvertretend für das Schicksal einer ganzen Generation von Vertriebenen. Sie hat es geschafft, in einer neuen Heimat Wurzeln zu schlagen. Andere beklagen bis heute ihr Schicksal.

In der Vita von Ursula Müller schimmert ein Reflex deutscher Geschichte. Aus der Sicht der Protagonistin ein Schmerz, aus der Sicht der Geschichtenerzählerin ein Schatz. Den gilt es zu heben, zu polieren und zu zeigen.

Spüren Sie Emotionen auf. Fahnden Sie nach Zusammenhängen.

Manche Menschen laufen über eine Wiese und finden sofort vierblättrige Kleeblätter. Das sind die geborenen Geschichtenfinder. Die meisten von uns sind das nicht. Wir müssen uns bücken, genauer hinschauen, über Gräser streichen, die Stängel von Nahem prüfen, einen pflücken, wieder wegwerfen – um dann an anderer Stelle wieder mit der Suche zu beginnen. Manche treten die Vierblättrigen versehentlich um.

3.3　Die Kernaussage

Der Fokus grenzt das Thema ein. Man kann sich den Fokus als Scheinwerfer vorstellen: Er leuchtet einen bestimmten Ausschnitt des Geschehens oder einer Biografie aus. Ist der Fokus gesetzt, geht es noch immer nicht los mit dem Schreiben. Die entscheidende Frage gilt es noch zu beantworten: Was will uns die Reporterin sagen?

Die Kernaussage in unserem Verständnis umfasst mehr als den nachrichtlichen Kern eines Textes oder Beitrags. Die News – oder der neue Aspekt ist in der Regel der Anlass, eine Geschichte zu schreiben. Die Story bietet darüber hinaus Hintergrund und Zusammenhang. Sie ermöglicht dem Publikum, die Bedeutung eines Ereignisses, eines Sachverhalts oder eines Datums zu ermessen.

Für dieses Herzstück eines Beitrags gibt es verschiedene Begriffe. Sie heißen:

- Botschaft,
- Quintessenz,
- Kernaussage oder
- Aussagewunsch.

Aussage*wunsch* deshalb, weil eine Autorin sich nur wünschen kann, dies oder das auszusagen. Über das Gelingen ihrer Absicht entscheiden die Hörer, Leser, Zuschauer. Der Begriff wird vor allem beim Schweizer Fernsehen und an der Schweizer Journalistenschule verwendet.

Ein Rezept empfehlen Journalismusdozenten landauf und landab. Es lautet:

Mach dir klar, was du sagen willst. Formuliere deine Aussage kompakt in zwei bis drei Sätzen. Mach das schriftlich. Bringe diese Aussage gut sichtbar an deinem Arbeitsplatz an und orientiere dich daran beim Schreiben.

Die Dozenten sagen das oft mit leise verzweifelter Stimme. Sie wiederholen sich ja dauernd, und sie tun das ungern. Doch so sehr sie auch predigen – unsere Zeitungen, Tageszeitungen zumal, zeigen, dass das Rezept wenig beherzigt wird.

Eine klar formulierte Aussage weist den Weg zur Form. Sie lässt sich nutzen wie ein Magnet. Führt man sie über das recherchierte Feld, zieht sie die entscheidenden Späne an und richtet sie aus. Späne oder Rechercheergebnisse, die auf ihr Kraftfeld nicht reagieren, gehören nicht dazu. Man kann sie weglassen.

Die Aussage ist das Ziel, zu dem wir unsere Leserinnen hinführen wollen. Aus der Perspektive dieses Ziels lassen sich wesentliche Entscheidungen treffen. Was ist mein roter Faden? Wer sind Haupt-, wer Nebenpersonen? Welche Reihung ergibt eine organische Abfolge von Anfang, Mitte und Ende? Was kann ich weglassen? Wen und was muss ich herausheben und also detailliert beschreiben? Was ist die angemessene Sprache? Wer seine Aussage nicht kennt, wird sein Ziel nicht erreichen.

Weil die Aussage zentral ist für alles, was Sie gestalten, nehmen wir dieses Thema immer wieder auf. Tipps für das Finden und Formulieren Ihrer Aussage geben wir in den Kapiteln vier, fünf und sieben.

Wenn Sie sie haben, die Kernaussage, können Sie einen packenden Vorspann damit schreiben.

> Formulieren Sie den Vorspann für Ihre Geschichte. Platzieren Sie dort Ihre Kernaussage. Sagen Sie Ihren Lesern damit, warum sie sich jetzt für Ihren Text Zeit nehmen sollen.

Hier sind einige Beispiele für Kernaussagen im Vorspann. In Klammern haben wir den nachrichtlichen Kern als »Küchenzuruf« formuliert.

- Warum Philipp Mönch wurde und in seiner bayerischen Heimat ein buddhistisches Kloster eröffnete. Eine Geschichte über Sinn. (In Freising hat einer ein buddhistisches Kloster aufgemacht!)
- Kurt Steinmann, frühpensionierter Gymnasiallehrer aus Reussbühl bei Luzern, erntet für seine Übersetzung der »Odyssee« Hymnen. Nun sitzt er an der »Ilias« – und pflegt seine Mutter, die er noch nie verließ. (Du, da wohnt einer mit 64 noch bei seiner Mutter, ein supergescheiter Übersetzer!)
- Sie sehen aus wie die Frau oder das Mädchen von nebenan, aber sie sind obdachlos. Sie leben in Not, aber sie tun alles, damit man es nicht merkt. (Stell dir vor, es gibt Frauen, die leben wie Penner, und du merkst es nicht!)

Der Aussagewunsch einer Fernsehautorin:

- Ich will den Zuschauern bewusst machen, was es heißt, einen Angehörigen durch Suizid zu verlieren. Sie sollen Symptome einer Suizidgefahr besser erkennen. (Da hat sich einer umgebracht. Jetzt macht seine Frau einen Film darüber!)

3.4   Vom Thema zur Form

Peter Leonhard Braun, Pionier der Radiogeschichte, hat in der Sendung »Zwischentöne« im Deutschlandfunk im August 2007 erzählt, wie er systematisch nach Vierblättrigen sucht. Wie er vom *Thema* zur *Story* und zur *Form* findet. Sein Beispiel hat Mediengeschichte geschrieben. Es entstammt dem Jahr 1970, der Titel: »OP III, Hüftplastik«. Peter Leonhard Braun erzählt vom Making-of:

»Ich hatte einen Freund, der war Arzt im Virchow-Krankenhaus Berlin in der Ambulanz, in der Notaufnahme. Und der sagte zu mir: Mensch, das musst du mal machen: Die Leute kommen ohne Kopf. Notaufnahme, das ist DAS Thema.

Naja, das ist ja kein Ansatz für ein Thema. Ich habe mich dann umgehört und habe folgende Information bekommen: Die größte Operation, die man damals durchführen konnte, war das Ersetzen eines Hüftgelenks. Der Geschmäckler oder der Amateur, der sagt: »Mensch, Operation – ich mache eine Herzoperation!« Das ist natürlich völliger Quatsch. Herz, das ist ja was ganz Unhörbares, klick, klick, klick …, eine OP mit kleinen feinen Bewegungen.«

Braun prüft: Welcher Aspekt des *Themas* ist für mein *Medium* Radio am besten geeignet? Wie *fokussiere* ich das Thema Operation?

»Aber eine Hüftplastik: Das ist toll. Da wird gesägt, gehämmert, da wird das ganze Inferno der großen chirurgischen Disziplin entfacht. Und ich habe mich nach einem Tag umentschieden.«

Die Entscheidung für den Fokus entsteht hier – wie oft – während der Recherche. Der *Fokus* »Hüftplastik« ist für das Medium Hörfunk am interessantesten, weil dabei schreckliche Geräusche entstehen. Jetzt steht noch die Frage: Wie komme ich vom *Fokus* zur *Story*? Wo sind Emotionen, wo finde ich eine zusammenhängende Handlung? Braun beantwortet sie so:

»Ich mache jetzt nicht, wie ich zunächst wollte, einen Operationsvormittag, sondern ich gehe auf eine einzige Operation. Und dazu brauche ich zwei Dinge. Erstens einen Operateur, der spricht, also keinen Schweiger. Zweitens brauche ich einen Patienten, der interessant ist.«

Braun entwickelt die Idee für eine Form und *castet* dann seine *Hauptdarsteller*. Der »Operateur, der spricht« soll szenische Elemente in das Stück bringen. Die Patientin bringt ihre Leidensgeschichte mit, den *Zusammenhang*, der einer Hüft-OP vorausgeht.

»Sie müssen sich das so vorstellen: In einer Operation liegt eine waagerechte Figur und die wird repariert wie ein Auto. Da werden Ersatzteile gewechselt. Und wie bei einem Auto interessiert, wie viel Kilometer hat der Patient runter, wie alt ist er, wie ist der Allgemeinzustand und so weiter. Und ich mache also Folgendes, dass ich diese stumme, waagerechte – in diesem Fall Patientin – während der Operation zum Leben erwecke. Ich hab das ganze Krankenhaus abgesucht, bis ich Saima Nowak gefunden hatte. Das war eine 70jährige Berliner Dame, die diese ganze Leidensgeschichte durchlaufen hatte, bis du dir eine Hüftplastik machen lässt: Gehen am Stock, nachts nicht schlafen können vor Schmerz, drehst dich hierhin, drehst dich dahin, Schlaftablette, der Kampf ums Bett, bis du dran bist – diese Operation wurde damals alle 14 Tage gemacht, nur vom Oberarzt. Und dann hatte ich alle Ingredienzien zusammen.«

Saima Nowak liefert die *Perspektive* und – ganz wichtig – die *Emotionen* der Patientin. Braun plant also seine Form, seinen Perspektivwechsel zwischen Operation und Patientin, lange bevor er auf den Aufnahmeknopf drückt.

»Was wir hier machen, ist Folgendes. Wir machen eine Sendung ohne jeden Text. Nur aus drei Komponenten:
Die Patientin, die die Stationen ihres Werdeganges, ihres Leideganges schildert.
Die Operation selbst, das sind vier bis fünf Leute, die um das Operationsfeld rumstehen. Ich habe das Mikrophon waagerecht parallel zum Körper geführt und mit Mull abgedeckt, sie müssen also alle in meine Anlage reinsprechen.
Und das Dritte ist ein uraltes Diktiergerät, an das während der Operation der Assistenzarzt herangeht und die entsprechend laufende Operationsphase reindiktiert.
Und das war der große Geschichtsabschnitt der Radiogeschichte. Das war der erste akustische Film.«

Beim akustischen Film ist das Drehbuch, wie beim visuellen Film, vor Drehbeginn fertig. Die Recherchen sind abgeschlossen, die Form, die Aussage stehen fest. Braun hat für 55 Radiominuten geplant. Der Prozess seiner Storyfindung ist exemplarisch. Er entwickelt aus dem *Thema* Krankenhaus über den *Fokus* Operation und die *engere Fokussierung* Hüftoperation über das *Casting* von Ärzten und Patienten seine *Story* »Wie Saima Nowak eine neue Hüfte bekommt«.

Checkliste: Die Story finden und bauen

1. Fokussieren Sie das Thema mit Blick auf Ihr Medium.
2. Suchen Sie die Emotion, den Story-Punkt.
3. Entwickeln Sie eine Aussage auf der Basis des Story-Punkts.
4. Casten Sie Ihre Protagonisten, sofern sie nicht gegeben sind.
5. Geben Sie der Geschichte eine Form, die Ihr Publikum anspricht und Ihre Aussage transportiert.

Beachten Sie: Die Reihenfolge dieser Schritte kann variieren. Mitunter müssen Sie zurück auf *fokussieren*. Oder auf *casten* (siehe Kap. 7).

Wie wir den *Story-Punkt*, den Punkt der stärksten Emotion im Thema, suchen, fahndet Peter Leonhard Braun nach dem *Kraftfeld*:

> »Ich habe mir meine Stoffe immer so gesucht, dass sie ein Kraftfeld haben. Das ist für mich der Kernbegriff. Ein Thema muss eine so starke Kraft bergen, dass ich sie mit verhältnismäßig einfachen Mitteln zu nutzen in der Lage bin. Eine Quelle, die so einen Druck hat, dass sie ausbrechbereit ist« (Zindel/Rein 2007: 86).

Thema	Fokus	Story-Punkt	Casting	Aussage der Story
Weltmusik-Konzert eines baskischen Quartetts in Völksen DEISTER-ANZEIGER (HANNOVERSCHE ALLGEMEINE ZEITUNG)	*Ist:* kein Fokus *Potenzial:* Das Instrument der Schwestern Gomez ist auf dem Flug verloren gegangen. Sie spielen deshalb auf Baumarktholz.	Böse Überraschung: Zwei Musikerinnen stehen plötzlich ohne Instrument da.	gegeben: Vier Musiker Hauptfiguren: zwei Schwestern ohne Instrument	*Ist:* chronologischer Bericht *Potenzial:* Wie zwei Musikerinnen nach einer bösen Überraschung im doppelten Sinn bravourös improvisieren.
Porträt Hilde Steinhagen PASSAUER NEUE PRESSE Serie »Frauengestalten«	Hilde Steinhagens Leben als Wirtin vom Gasthaus »Rose«	Hilde Steinhagen verliert ihr Gasthaus	gegeben: Hilde Steinhagen	Doppelter Wendepunkt: Die Wirtin verliert ihr Wirtshaus und Passau seine Wirtin.
Porträt Ursula Müller OBERHESSISCHE PRESSE Reihe »Mitmenschen«	*Ist:* Ursula Müller als Schlüsselfigur der Brauchtumsszene von Gladenbach. *Potenzial:* Die Funktion der Brauchtumspflege im Leben von Ursula Müller.	nicht deutlich	gegeben: Ursula Müller	*Ist:* nacherzähltes Leben ohne Fokus *Potenzial:* Eine Vertriebene beheimatet sich im Brauchtum der Fremde. Wie sie es macht und wie es sich anfühlt.
Ein Schauplatz: Das Virchow-Krankenhaus in Berlin SENDER FREIES BERLIN	Hüftoperation/ Die OP von Saima Nowak	Saima Nowak kann und will nicht mehr. Sie ist reif für eine Operation.	gesucht: der Operateur die Patientin	Wie Saima Nowak eine neue Hüfte bekommt. Rückblick auf eine Leidensgeschichte und Protokoll einer Operation

Vom Thema zur Story

4 Was brauche ich?

Man nehme einen Helden, einen Ort und eine Handlung. Dieses Rezept empfiehlt Aristoteles in seiner Schrift »Poetik«. Er hat um 300 v. Chr. Tragödien und Dramen seiner Zeit untersucht, um herauszufinden, was das Publikum fasziniert und Stücke haltbar macht. Sein Rezept für gute Dichtung wirkt noch immer. Es gilt für Print- und Radiostücke, Internet und für Filmbeiträge.

4.1 Der Held

Ein Held muss nichts Großartiges vollbracht haben, um Protagonist einer Geschichte zu sein. Ein Held im Sinne der Dramaturgie ist ein Mensch, der uns emotional in Verbindung bringt mit einem Thema. »Held« im Sinne der Dramaturgie bezeichnet also die Funktion der Person für unser Stück. Der Protagonist oder die Hauptfigur spielt eine tragende bzw. dienende Rolle. Es geht nicht immer um die Persönlichkeit oder das Charakteristische dieser Hauptperson, sondern oft auch um ihre Vermittlerfunktion. Wenn das Thema heißt »Ursachen für das horrende Haushaltsdefizit Griechenlands«, dann bewegt uns das noch nicht unbedingt. Wenn aber der 72 Jahre alte Grieche Leandros Rakintzis auf die Bühne tritt, wird es interessant:

> Mit 72 Jahren hat Leandros Rakintzis auch das neue griechische Rentenalter schon um sieben Jahre überschritten. Der Mann hat aber eine Mission. Er ist der oberste Kontrolleur für den öffentlichen Dienst seines Landes, und in diesen Tagen hat er eher gute Laune. Weil Griechenland tut, was es schon lange hätte tun müssen. Es zählt erstmals alle Staatsdiener.

Christiane Schlötzer erzählt diese Geschichte in der SÜDDEUTSCHEN ZEITUNG. Rakintzis hätte schon immer gerne die Zahl der Staatsdiener in Griechenland gekannt. Erst das Haushaltsdefizit und der Druck der EU versetzen ihn in die Lage zu ermitteln, wie viele Griechen in welchen Funktionen auf der Gehaltsliste des Staates stehen und damit in »gute Laune«. Er gibt dem Thema ein Gesicht und eine Geschichte. Und uns einen Einblick, wie gewirtschaftet wurde im Staate Griechenland. Rakintzis ist der Held. Die Überschrift der sz verweist sogar auf einen Halbgott. Sie lautet:

Herkulestat. Ein Grieche zählt erstmals die Staatsdiener seines Landes.

Man könnte sagen: Jahrzehntelang hat Rakintzis in seiner Behörde das Leben eines Sisyphos geführt und sich vergebens bemüht. Bis die Staatskrise kam und er mit ihrer Hilfe sein Ziel erreichte.

Ein *Held* im dramatischen Sinne geht auf Reisen, gerät in Gefahr, besteht Prüfungen, trifft Entscheidungen, erfährt eine Wandlung. Am Ende der Reise ist er ein anderer. Solche *Heldenreisen* begegnen uns in Epen und Sagen, in der Mythologie und im Hollywood-Kino. Drehbuch-Lehrbücher klassifizieren die Varianten von Handlungsmustern, z. B. in »20 Masterplots«. In diesen Grundmustern geht es um Themen wie Abenteuer, Rettung, Rivalität, Grenzerfahrung, Aufstieg und Fall etc. Mitunter treffen wir auf die Spuren solcher Storymuster bei journalistischen Recherchen. Dann kommt es darauf an, sie zu identifizieren und entsprechend zu nutzen.

In preisgekrönten Texten stecken häufig Archetypen literarischer Stoffe nach dem Muster der Heldenreise. Bartholomäus Grill erhielt 2006 den Egon-Erwin-Kisch-Preis für seinen ZEIT-Text »Ich will nur fröhliche Musik«. Es ist die Geschichte eines Helden, der gegen viele Widerstände ans Ziel seiner Wünsche gelangt. Grill schreibt über den Weg seines krebskranken Bruders zum selbstbestimmten Tod.

> »Geschichtenerzählen ist Umgehen mit der Zeit, und dass wir unser Leben als Zeit erleben, hat damit zu tun, dass unser Leben endlich ist und auch damit, dass das Leben unserer Freunde endlich ist. [...] Geschichtenerzählen hat etwas damit zu tun, Trauer anzunehmen. Die selbstverständliche Traurigkeit der Menschen macht sie zu Geschichtenerzählern.«
> (Peter Bichsel)

Wer ist ein wahrer Held?

In journalistischen Stücken gibt es *wahre* und *künstliche Helden*. Die *wahren Helden* sind diejenigen, deren Geschichte um des Helden willen erzählt wird. Sie verkörpern die Aussage eines Textes. Birk Meinhardt erzählt in der SÜDDEUTSCHEN ZEITUNG eine solche Geschichte. Der afghanische Kosmonaut Abdulahad Momand umkreiste die Erde 1988 im sowjetischen Raumschiff Sojus TM-6. Das Vorspann kündigt an:

Er ist der einzige Afghane, der je ins All fliegen durfte. Von dort oben sah Abdulahad Momand die Erde und war sehr stolz auf sie. Zurück auf dem Boden aber musste er aus seiner Heimat fliehen – und sich durch die deutsche Welt kämpfen.

Eine Heldenstory nach dem Muster Aufstieg und Fall. Die Lebensgeschichte des Helden Momand dient nicht der Illustration eines politischen Datums, auch nicht primär der Darstellung eines bestimmten Zusammenhangs. Wenngleich es nicht ausbleibt, dass man sich beim Lesen Hintergründe aus dem sowjetisch-afghanischen Krieg vergegenwärtigt. Meinhardt deklariert seinen Text ausdrücklich:

> Und vielleicht ist dies die Quintessenz aus Momands Geschichte: Dass einem das Beste, was man vollbracht hat, nichts nützt, wenn es am falschen Ort oder unter falscher Flagge geschah, denn die Erde, die ist nun mal kein Ganzes und wird auch nie eines werden.

Diese Heldenstory kann man unter der Rubrik »unverdientes Leid« einordnen, der nach Aristoteles stärksten und erschütterndsten Form des Dramas. Der wahre Held, der Kampfpilot und einzige Kosmonaut seines Landes, verlässt die Heimat und fällt dabei – trotz aller Demut und Tapferkeit – so tief, dass er dem Reporter seine heutige Tätigkeit schamhaft verschweigt.

Künstliche Helden sind diejenigen, die vom Autor oder von der Autorin eingeführt werden, um einem Thema Spannung, Authentizität und Relevanz zu verleihen. Eigentlich geht es aber nicht um die Person des Helden, sondern um das Thema. Der Held hat eine dienende Funktion. Dienende Helden erkennt man oft daran, dass sie am Ende eines Textes nicht verwandelt sind. Sie haben ein Thema, einen Zusammenhang illustriert, aber sie haben keine Heldenreise absolviert.

Ein solcher künstlicher Held ist der Mörder Anthony S. Er spielt Handball in der Justizvollzugsanstalt Mannheim. Im Verlauf eines Textes in den WEINHEIMER NACHRICHTEN hat er fünf Auftritte. Anja Treiber stellt den Vollzugs-Sportclub Mannheim vor, in dem fast die Hälfte aller Inhaftierten aktiv ist (siehe Kap. 11: vollständiger Text). Anthony S., ihr roter Faden, sitzt seit 14 Jahren. Er sagt:

> »Wenn ich hier ohne Sport sein müsste, würde ich wahnsinnig werden.«

Held oder Heldin stehen in möglichst enger Verbindung mit dem Thema. Eng verbunden heißt emotional verbunden.

Anthony S. ist ein *künstlicher Held*, weil er in seiner Funktion für den Text austauschbar ist. Er illustriert das Thema. Ersetzbar, wenn auch deutlich schwieriger, ist der griechische Herkules Leandros Rakintzis. Er bringt uns den Skandal des griechischen

Haushaltsdefizits nahe. Nicht austauschbar in seiner Funktion ist der afghanische *wahre Held* Abdulahad Momand. Ohne ihn existierte auch diese Geschichte nicht.

Was bringt ein Held?

Heldin und Held sind der kürzeste Weg zur Aufmerksamkeit des Lesers und des Hörers. Menschen sind interessanter als Haushaltsdefizite oder Justizvollzugsanstalten. Unsere *Spiegelneuronen* sorgen dafür, dass wir unmittelbar mitfühlen oder mitschwingen, wenn uns Menschen nahekommen. Der Hirnforscher Manfred Spitzer stellt fest:

> »Was den Menschen umtreibt, sind nicht Fakten und Daten, sondern Gefühle, Geschichten und vor allem andere Menschen« (Spitzer 2002: 160).

Wenn wir uns mit Helden identifizieren, sind wir gefangen. Wir sind an ihrer Seite, wenn sie sich mühen, ihr Leben auf die Reihe zu kriegen, zu entscheiden, Konflikte zu klären, wenn sie kämpfen, siegen oder verlieren. Gut gewählte Helden können unser Interesse wecken für Themen, die weit weg sind – oder scheinen. Li Qiang, ein junger Mann aus Peking, bekommt sein erstes Auto. Henrik Bork erzählt im TAGES-ANZEIGER, was das für Qiang, für Peking, für China bedeutet:

> Li Qiang muss jetzt los. Er wird drei Freunde abholen. Im Auto werden sie kettenrauchend und fröhlich plaudernd zu einer Spritztour aufbrechen. Nach Huairou vor den Toren Pekings. Mit Vollgas über die Autobahn. Wenn nicht gerade wieder Stau ist.

Es braucht nicht viel Fantasie, um sich vorzustellen, was es für das Weltklima heißt, wenn jetzt die Chinesen beginnen, so närrisch Auto zu fahren, wie Europäer es tun. Ein junger Mann, der vom Heiraten träumt – das Auto ist ein wichtiger Trumpf in seinem Kalkül – macht uns klar, wie wenig uns egal sein kann, was anderswo passiert. 13.000 Autozulassungen pro Woche in Peking.

> Ein guter Text kommt nicht ohne Helden aus. Lieber ein künstlicher Held als gar keiner!

Ein Held bringt *Perspektive* in mein Stück. Jedes Thema stellt uns vor die Frage: Wie soll mein Zugang aussehen? Aus welcher Perspektive möchte ich erzählen? In Nachricht und Bericht wählen wir den Standpunkt oft nicht bewusst, wir nehmen eine scheinbar neutrale, objektivierende Haltung ein. Wie z. B. Gerd Höhler in der HANNOVERSCHEN ALLGEMEINEN ZEITUNG vom 31. März 2009:

Staatsanwalt ermittelt nach Trinkgelage in der Türkei

Istanbul. Fünf Tage nach dem Tod eines 21-jährigen deutschen Schülers bei einem Trinkgelage im südtürkischen Badeort Kemer schweben zwei Mitschüler des Verstorbenen in Antalya immer noch in Lebensgefahr. »Wir könnten sie jeden Moment verlieren«, sagte Krankenhausdirektor Irfan Erdogan am Montag. Erdogan sagte, der am Freitag gestorbene 21-Jährige habe etwa sieben Promille Alkohol im Blut gehabt.

Am selben Tag erscheint zum selben Thema ein Text in der SÜDDEUTSCHEN ZEITUNG. Christiane Langrock-Kögel beginnt den Text aus der Perspektive eines Schuldirektors:

Tödliches Komasaufen auf der Klassenfahrt

Hamburg. Das ist der Fall, vor dem sich jeder Schuldirektor fürchtet. Er schickt elf Schüler, drei Mädchen und acht Jungen auf Klassenfahrt in die Türkei. Eine Woche dürfen sie im Urlaubsort Kemer nahe Antalya bleiben. Gebucht sind Zimmer in einem All-inclusive-Hotel am Meer. Vier Tage nach Abflug ist einer der elf Schüler des Berufsbildungszentrums Mortzfeld in Lübeck tot, sechs seiner Mitschüler liegen im Krankenhaus.

Die beiden Texte unterscheiden sich unwesentlich in ihrem Newsgehalt. Sie unterscheiden sich aber wesentlich darin, wie viel Emotion, wie viel Einfühlung sie schon mit dem ersten Satz ermöglichen. Die Perspektive des Schuldirektors ist einladender als der nachrichtliche Einstieg. Durch seine Brille betrachten und erleben die Leser den Fall eindrücklich und neu, obwohl sie die Faken bereits kennen.

Die Perspektive führt ohne Umschweife ins Thema. Monika Held hat in einer Reportage für BRIGITTE in ihrem ersten Absatz ihre Heldin, deren Schlafplatz und den verhüllten Aussagewunsch untergebracht:

Sechs Gründe sprechen für das Damenklo als Nachtquartier: Das Häuschen ist offen – auch nachts. Es wird täglich geschrubbt und riecht nach Zitrone. In der Nacht brennt weißes Neonlicht. Es gibt ein Waschbecken und Wasser. Die Klotüren lassen sich verriegeln, und – darauf legt Edith Steimker besonderen Wert – das kleine Haus hat Gleisanschluss. Es steht direkt neben der U-Bahn-Station Ostendstraße.

Obdachlose Frauen, das ist ein Ergebnis der Recherche, wollen mit ihrer Obdachlosigkeit am liebsten unsichtbar bleiben – anders als obdachlose Männer, denen in der Regel egal ist, wer was bemerkt. Die Perspektive von Edith Steimker auf das Damenklo bündelt den Aspekt der Not – Damenklo als Nachtasyl – und den Aspekt der weiblichen Sicht – das saubere und geschützte Quartier.

Wie finde ich den Richtigen?

Die Journalistin hat die Wahl. Sie kann potenzielle Hauptfiguren casten und sich für diejenige entscheiden, die ihrer Geschichte Tiefe gibt. Wer kann gut erzählen und die eigenen Gefühle und Gedanken direkt mitteilen? Wer ermöglicht einen neuen, originellen Blick auf ein ausgelutschtes Thema? Wer ist typisch – am Beispiel des Vollzugs-Sportclubs Mannheim – für die inhaftierte und sportbeflissene Klientel? Die Person Anthony S. dient dem Thema, macht es anschaulich, gibt ihm Farbe. Sie ist aber im Prinzip austauschbar. Die Wahl eines anderen Helden würde die Aussage des Beitrags nur unwesentlich verändern. Beliebig ist die Person deswegen nicht. Sie muss sorgfältig eingeführt, ausgestattet und verabschiedet werden.

Ein *Casting* ist sinnvoll, wenn das Thema seine Hauptfigur nicht von vornherein mitbringt. Nach der Wahl eines Bundespräsidenten ist ein Porträt fällig, das Casting des Helden erübrigt sich. Allenfalls ist zu fragen, wer dem Bild des Staatsoberhauptes zusätzliche interessante Aspekte anfügen kann, welche Nebenfiguren auftreten sollen.

Beim Thema »Seniorenresidenzen in der Stadt« gibt es jede Menge potenzielle Hauptpersonen. Frauen oder Männer, die den Umzug schon länger hinter sich haben und fidel und aktiv residieren; solche, die mitten im Umzug stecken; solche, die noch auf der Suche nach dem richtigen Wohnheim sind; oder solche, die den Zeitpunkt verpasst haben, an dem sie einen Auszug noch selbstbestimmt hätten bewerkstelligen können; und – eher als Nebenfiguren – Töchter und Söhne, die ihren Eltern dankbar sind, dass sie ins Wohnstift gegangen sind; Bridgedamen oder Kneippianerinnen, die allabendlich ihre Runden im Wasserbecken drehen; Heimleiterinnen natürlich usw.

Das gilt auch für das Thema »Fußgängerüberweg über die Aare bleibt gesperrt«. Das Thema betrifft den Bauunternehmer und die Leute vom Tiefbauamt, aber auch Schulkinder, Hundebesitzer und Angler. Und natürlich die Menschen, die in der Nähe der Brücke wohnen.

Checkliste

- Wer hat/hatte mit dem Thema hautnah zu tun?
- Wer ermöglicht einen bisher unbekannten Blick aufs Thema?
- Wer kann und will darüber sprechen?
- Hat er oder sie eine Entwicklung durchlaufen?
- Ist ein Treffen am Schauplatz/am Ort machbar?
- Mit wem können sich Leser identifizieren?
- Wer kann notwendige Sachinformationen verständlich darstellen?

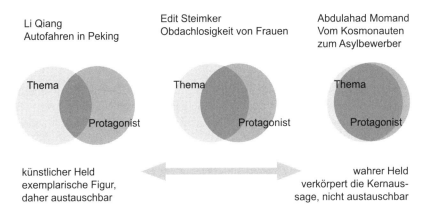

Künstliche und wahre Helden

Manchmal begegnen uns Personen, die so wunderbar erzählen, dass wir unsere Themen um sie herum stricken müssen. Wenn ich im Stoffladen einem Verkäufer begegne, der als 14-Jähriger Stoffdruck gelernt hat, vor 45 Jahren – genau hier, in diesen Räumen, die damals Fabrik waren –, und wenn der mit profunder Kenntnis und ungebrochener Leidenschaft seine Textilien beschreibt, dann kann, dann muss ich mit ihm als Helden eine Geschichte erzählen. Ohne Casting. Sie steht in der Zeitschrift ECHT:

> Wir haben noch mit Modeln gedruckt. Das ist was extrem Teures. Der Stoff wurde auf dem Tisch aufgeklebt, damit er sich nicht verziehen konnte, und dann wurden die Model ganz vorsichtig in Farbe eingesetzt,

> ausgesetzt und zweimal draufgeschlagen [...] Der blanke Horror, wenn
> man mit 50 Modeln auf diesem Stoff rumkajohlt hatte. Dann hat man ir-
> gendwann den Überblick verloren. Wir haben ne Zigarette geraucht, ein
> Bier getrunken und weitergemacht. Das war die schönste Handarbeit,
> die ich je gemacht habe.

Der Ausgangspunkt ist die Hauptperson. Gesucht wird der Aufhänger, das Thema, der Fokus, mit dem ich sie in meinem Medium strahlen lasse.

Ein wesentliches Kriterium für die Wahl meines Helden: Ich muss wissen, was Sinn und Funktion meines Textes sein soll. In der Regel gibt es einen Anlass. Beispielsweise: Der Schweizer Nationalrat berät über eine parlamentarische Initiative zur Schulbildung chronisch kranker Kinder. Die Autorin will deutlich machen, worum es dabei geht. Sie sucht also Kinder, die im Krankenhaus von einer Hospitallehrerin unterrichtet werden. Idealerweise kommt ein Kind aus Zürich, wo die Kosten vom Kanton übernommen werden, und eines aus einem Kanton, der die Kosten nicht bezahlt:

> Der fünfzehnjährige Luis lebt im Kanton Zürich. Seine Wohngemeinde
> bezahlt die Kosten der Spitalschule in Form von Versorgertaxen (120
> Franken pro Tag). Weil damit nicht alle Kosten gedeckt sind, übernimmt
> der Kanton das Defizit.

Die Autorin kann über die Auswahl ihrer Hauptfiguren präzise und anschaulich zeigen, worüber das Parlament berät, für wen das wichtig ist und warum. Sie holt zuerst Aufmerksamkeit für ihr Thema, indem sie es anschaulich macht. Sie zeiget, wie gern kranke Kinder die Lehrerin sehen und wie bereitwillig sie Hausaufgaben machen. Offensichtlich sind die Zuwendung der Lehrerin, die Abwechslung und die Perspektive des Lernens im Krankenhaus geradezu gesundheitswirksam. Dann erst erklärt sie die verwaltungstechnischen und finanziellen Hintergründe.

Der oder die richtige Heldin ist die Figur ...

* die Leser ins Zentrum eines Themas führt und emotional anspricht,
* die den Aussagewunsch illustriert/verdeutlicht/transportiert/unterstützt,
* die ermöglicht, die notwendigen Informationen organisch einzuführen, und
* die dem Thema angemessene Stimmung oder Haltung gibt.

Der Held, die Heldin spielen tragende Rollen. Damit ihre Geschichten glaubwürdig und emotional packend werden, müssen wir, die Autoren, sie mögen. Henning Sußebach von der ZEIT begibt sich mit Vorliebe an die Seite scheinbar unbedeutender Protagonisten. Er sucht die Exotik des Alltäglichen, das Allgemeingültige im Einzelfall. Dem Casten seiner Hauptdarsteller widmet er große Aufmerksamkeit. Sie müssen erzählen können und dürfen nicht zu geltungsbedürftig sein.

>>Am wichtigsten aber ist: Der Protagonist sollte mir halbwegs sympathisch sein. […] Ich bin sicher, ein Reporter hat bei der Recherche einen längeren Atem, wenn er seine Zeit eher gern mit dem Menschen verbringt, über den er später schreiben möchte. Wenn er sich zumindest ehrlich für ihn interessiert, auf ihn einlassen möchte, das Überraschende in seinem Leben entdecken<< (REPORTER-FORUM.DE).

Der Schweizer Journalist Ruedi Leuthold fordert diese Haltung positiver Eingenommenheit auch gegenüber den tollen Helden, den Abenteurern und Weltbewegern. Denn ohne unsere Sympathie können wir von der Leistung, dem Heldenweg unserer Protagonisten, nicht glaubhaft erzählen. Nur wenig übertrieben und in Anlehnung an einen Tipp zum Verschlanken unserer Stücke empfehlen wir daher:

Kill your darlings. Love your heroes.

Wobei es eine Differenzierung zu treffen gilt. Es kann sein, dass wir es mit Schurken zu tun bekommen, mit Verbrechern. Die müssen wir nicht mögen. Doch einlassen werden wir uns müssen, wenn wir etwas herausfinden wollen. Auch auf Kriegsverbrecher.

Der verstorbene Filmemacher Eberhard Fechner hat Interviews mit ehemaligen SS-Angehörigen, Aufsehern des nationalsozialistischen Konzentrations- und Vernichtungslagers Majdanek geführt. Es ist ihm gelungen, dass sie sich ihm öffneten und erzählten, wie sie die Zeit im Lager erlebten, er hat Geständnisse aufgezeichnet, die die Angeklagten vor Gericht nicht über die Lippen brachten, weil kein Richter sie so gefragt hat, wie er, Fechner, das tat. Seine TV-Dokumentation >>Der Prozess<< zum Majdanek-Verfahren zeigte Eberhard Fechner in einem Kurs der Evangelischen Medienakademie. Eine Teilnehmerin fragte, wie er es fertiggebracht habe, in den Interviews mit vielfachen Mördern so eine intime Gesprächsatmosphäre herzustellen. Fechner sagte: >>Ich wollte wissen, wissen, wissen.<< Seine Gabe, Menschen aufzuschließen, ließ ihn eine Erfahrung machen, die er so beschreibt: Das Bedürfnis der Menschen, von ihrem Leben zu erzählen, ist unvorstellbar groß. Wenn sie merken, dass sie nicht benutzt werden, und wenn man sie nicht in eine Richtung drängen will, dann sind sie bereit, ohne Hemmungen zu erzählen (Lampert 1992: 24).

Porträts sind so alt wie die Menschheit

Sylvia Egli von Matt

Praktisch alle Menschen interessieren sich für Ansichten, Erlebnisse, Talente und Marotten – für die Geschichte anderer Menschen. Deshalb sind Porträts so alt wie die Menschen – das erste große Werk ist das Gilgamesch-Epos, das vom König von Uruk handelt, der die Götter herausfordert, und wo es um Kampf und Tod, Liebe und Verzweiflung geht. Und auch die Bibel ist voller Porträts. Der Mensch braucht Geschichten wie Essen, »gute Geschichten lesen wir, verdauen sie und können sie mit eigenen Worten erzählen«, sagt der Kinderbuchautor Helme Heine in DAS MAGAZIN (50&51 2010).

Gute Porträts können Identifikation schaffen, Klischees brechen, komplexe Themen veranschaulichen, neue Zugänge zu bekannten Themen bauen, Hintergründe ausleuchten, Geschichte lebendig machen. Sind sie aber schlecht gemacht, können sie auch Klischees bestätigen, gesellschaftliche Realitäten ausblenden, Emotionen anheizen, simplifizieren und verführen, trivialisieren und pauschalieren, Menschen instrumentalisieren.

Doch was zeichnet ein gutes Porträt aus? Es lässt mich als Leserin teilhaben an der Begegnung, ich lerne jemanden kennen und kann mich mit einem Teil seiner Welt auseinandersetzen; ich bin im Gespräch nahe dabei. Zu Beginn des Schreibens steht idealerweise gründliches Nachdenken – nicht nur über die Protagonisten, die Recherche und die Dramaturgie, sondern auch über unsere eigene Haltung, unser Motiv und unsere Rolle. Ich halte es mit Jürgen Leinemann: »Wir sollten, wenn wir über Menschen schreiben, immer daran denken, dass wir zwei Leuten hinterher noch ins Gesicht schauen müssen – uns selbst im Spiegel und dem, über den wir geschrieben haben.«

Sylvia Egli von Matt ist Direktorin vom MAZ – Die Schweizer Journalistenschule. Sie arbeitete viele Jahre als Journalistin bei Tages- und Wochenzeitungen sowie bei RADIO DRS und war Inland-Korrespondentin des TAGES-ANZEIGERS. Sie ist Koautorin des Buches »Das Porträt« (UVK 2008), Mitherausgeberin des »Schweizer Journalist« , Gründungspräsidentin des Vereins Qualität im Journalismus, Jurymitglied diverser nationaler und internationaler Journalismuspreise und war Vizepräsidentin der European Journalism Training Association.

Müssen Helden Menschen sein?

In menschliche Protagonisten können wir uns einfühlen. Das ist am einfachsten zu schreiben. Wir können auch anders. Peter Borgen hat sich für SÜDDEUTSCHE ZEITUNG MAGAZIN in eine Kakerlake versetzt.

> Ich bin vier Monate alt. Das heißt, spätestens in zwei Monaten werde ich sterben. Älter als ein halbes Jahr kann ich definitiv nicht werden. Ich weiß, für Menschen ist ein halbes Jahr nichts. Aber für uns ist es normal. […]
>
> Vielleicht sollte ich zum besseren Verständnis von mir erzählen. Ich befinde mich zur Zeit auf dem ledernen braunen Einband eines alten Buches, das in einem Regal steht, in dem schätzungsweise tausend Bände untergebracht sind. Es ist mein Lieblingsplatz. Ich gelte bei meinem Volk als die Bücherschabe, als intellektueller Sonderling, bei einigen missgünstigen Geistern auch als kleine Klugscheißerin […].

Borgens Erzählung läuft über fast drei Seiten, ist voller biologischer Details über das unbekannte Wesen Kakerlake und bietet reizvolle und kluge Reflexionen über das sonderbare Tier namens Mensch. Eine überraschende Perspektive. Mutig und erhellend. Die alljährlich fällige Geschichte zur Eröffnung des Weihnachtsmarktes könnte etwa aus der Perspektive des Pferdes erzählt werden, das immer dabei ist. Oder weniger radikal: Mit der Perspektive des Pferdes könnte ein Text oder Radiobeitrag beginnen und enden.

Es lohnt sich, über Alternativen zu den erstbesten Hauptpersonen nachzudenken. Die Universitätsbibliothek Basel digitalisiert ihre Bestände. Die Kollegin vom BASLERSTAB hat sich für die Leiterin des Digitalisierungszentrums als Hauptfigur entschieden. Die Leiterin kann das Prozedere des Digitalisierens erklären. Das Kollegenteam im Kurs Storytelling empfahl der Autorin alternativ ein Buch als Hauptdarsteller. Denn das Buch erlebt die Handlung gewissermaßen am eigenen Leib.

Auch dann, wenn die Hauptperson ein Buch ist: Das Casten nicht vergessen. Denn natürlich eignet sich das Matrikelbuch der Universität Basel von 1460 besser als ein wissenschaftliches Werk aus dem Jahr 1960, um die Bedeutung des Buchdigitalisierung-Projekts vorzustellen. Die Handschrift ist einzigartig, hat Flair und Patina, die Digitalisierung ist aus konservatorischen Gründen wichtig. Und mit Glück lassen sich Familiennamen von Studenten des Jahres 1460 entziffern, die in der Stadt Basel noch immer geläufig sind. Charmant und ungewöhnlich wäre die Perspektive eines Folianten, der seit Jahren im Magazin schlummert, nun aber ans Licht geholt und von der Kopiermaschine geblendet wird und seine Geheimnisse preisgeben muss.

Wie beschreibe ich meine Helden?

Die Frage lässt sich nur beantworten, wenn mein Stück eine Kernaussage hat. Nur wenn ich weiß, was ich sagen will, kann ich entscheiden, was hinein gehört und was nicht. Es passt ins Bild und verdichtet die Aussage, wenn Anthony S., der Protagonist des Textes über den Sportverein der JVA Mannheim, »in Shorts und Basketballstiefeln« aus seiner Zelle kommt.

Tanjev Schultz schreibt in der SÜDDEUTSCHEN ZEITUNG über Bernhard Bueb, den früheren Leiter des Internats Salem im Zusammenhang mit den Missbrauchsfällen an der Odenwaldschule. Bueb hat mit seinem Buch »Lob der Disziplin« starke Diskussionen ausgelöst. Jetzt geht es um die Frage, wie Bueb zu seinen Weggefährten Becker und von Hentig aus der Reformpädagogik steht. Der Autor schreibt:

> Bueb kontrolliert nicht nur gern die Schüler, er ist auch selbst ein eher kontrollierter Mensch« [...] »Bernhard Bueb wirkt größer als er ist, er ist sehr schlank, fast asketisch. Jeden Tag macht er einen Waldlauf am Ufer des Bodensees entlang. Das hält ihn in der Balance, und diese Balance ist nun durch die Enthüllungen zur Odenwaldschule in Gefahr geraten.

Die Beschreibung »er ist sehr schlank, fast asketisch« stützt die Behauptung, dass Bueb selbst sehr diszipliniert lebt. Der »tägliche Waldlauf« leitet über zur Balance, die in Gefahr geraten ist. Denn Bueb ist erschüttert über die sexuellen Übergriffe des alten Freundes Gernot Becker.

Das Magazin der Deutschen Bahn MOBIL porträtiert Udo Jürgens. Im dritten Absatz erfahren wir:

> Udo Jürgens – sandfarbenes Sakko, blaues Hemd, dunkle Jeans und braune Slipper – lädt an diesem sonnigen Tag in den Garten ein.

Was soll ich damit anfangen? Der Text sagt: Das Musical »Ich war noch niemals in New York« steht vor der Premiere. Und der nette Udo Jürgens ist noch immer beseelt von seinem musikalischen Schaffen. Die Details seines Outfits bringen in diesem Zusammenhang keinen Mehrwert. Sie zeugen weder von Geschmacklosigkeit noch von Eitelkeit. Die Unauffälligkeit der Kleidung wäre allenfalls an Thomas Gottschalk interessant. Denn der trägt in der Regel ziemlich exaltierte Klamotten. In einem Text der SÜDDEUTSCHEN ZEITUNG über den Niedergang der Porzellanfirma Rosenthal aus Selb kommt der Bürgermeister der Stadt zu Wort und ins Bild:

> Der rundliche 50-jährige Christsoziale mit der akkurat gekämmten Frisur und der randlosen Brille regiert eine Stadt im Umbruch.

Die randlose Brille eines christsozialen Bürgermeisters ist unspezifisch, und die Funktion des Mannes für den Text besteht darin, Strukturdaten über die Stadt mitzuteilen. Dafür braucht er die Brille, die Leser brauchen sie nicht.

> Beschreiben Sie typische, charakteristische Merkmale Ihrer Helden, und nur dann, wenn sie zur Aussage Ihres Textes beitragen.

Adrian Kreye stellt uns einen Stahlbaumonteur vor, der in Manhattan Gerüste zusammenschraubt:

> 40 Jahre ist er alt, ein Meter zweiundneunzig groß, Angehöriger des Irokesenvolks der Mohawks aus dem Kahnawake-Reservat bei Montreal in Kanada. Beauvais hat das Kreuz eines Gewichthebers, den Haarschnitt eines Infanteriesoldaten und den Teint eines Surfchampions.

Davon abgesehen, dass die Aufzählung im letzten Satz illuster klingt und schön rhythmisiert ist, ist sie auch inhaltlich berechtigt. Denn Kreye erzählt in seiner Sommerloch-Geschichte für die SÜDDEUTSCHE von den Stahlbauarbeitern in Manhattan. Der Fotograf Lewis Hines hat ihre Vorfahren auf einem Foto von 1928 verewigt. Elf Bauarbeiter, die auf einem frei hängenden Stahlträger sitzen und ihre Beine in der Mittagspause über der Skyline baumeln lassen. Weil's so schön war, noch mal:

> Beauvais hat das Kreuz eines Gewichthebers, den Haarschnitt eines Infanteriesoldaten und den Teint eines Surfchampions. Das trifft auch ungefähr die Aura seines Alltags, denn Stahlbaumonteur ist eine eher prosaische Berufsbezeichnung für einen Job, der so anstrengend ist wie Hochleistungssport, zu den fünf gefährlichsten Berufen der Welt gehört und im ganzen Land von niemandem so beherrscht wird wie von der eingeschworenen Gemeinde von Spezialisten, die sich aus den vier Mohawk-Reservaten an der amerikanisch-kanadischen Grenze rekrutieren und von Großbaustelle zu Großbaustelle über den Kontinent ziehen.

Wenn die Aura Ihres Protagonisten etwas mit Ihrem Thema zu tun hat: Machen Sie etwas daraus!

Wie viele Menschen verträgt eine Geschichte?

Eine Geschichte verträgt einiges Personal. Entscheidend ist, dass der Autor den Überblick behält und seinem Publikum auch dazu verhilft. Im Prinzip dürfen es viele Menschen sein. Man muss nur bedenken, dass eine Geschichte emotional umso dichter und packender wird, je weniger Personen mitspielen und je enger die handelnden Personen aufeinander bezogen sind.

Das Porträt eines Soldaten, der aus Afghanistan mit einer posttraumatischen Belastungsstörung (PBS) zurückkehrt, geht Lesern mehr unter die Haut als ein ordentlich recherchiertes Stück mit drei Soldaten, einem Brigadegeneral, der Oberstabsärztin und einem spezialisierten Psychiater. Das Porträt lässt mich intensiver und detaillierter miterleben, was ich mir unter PBS vorstellen kann. Die personalintensivere Variante hingegen macht eher deutlich, wie die Bundeswehr mit ihren psychisch verwundeten Kämpfern verfährt. Sie, der Autor, müssen wissen, was Sie sagen wollen. Dann können Sie entscheiden, wer in Ihr Stück passt und wer nicht.

In jedem Fall gilt es, Leserinnen und Hörer zu führen. Orientierung schaffen kann heißen, die Protagonisten zu Beginn des Stückes vorzustellen, lange bevor sie auftreten. Es kann heißen, ihre Beziehungen zueinander zu erklären. Es kann heißen, ihnen Attribute zuzuweisen, die leichter wiederzuerkennen sind als ihre Namen. Ein junger Mann im Skipullover, Besucher einer Vernissage, ist als »der Skipullover« markant gekennzeichnet und für Leser gut wiederzuerkennen (siehe S. 106).

Stellen Sie Wegweiser auf.

Michele Coviello stellt in einem Text der AARGAUER ZEITUNG mehrere ehrenamtliche Moderatoren fremdsprachiger Radioprogramme vor. Sein Wegweiser steht in der Unterzeile:

> Sie sind Raumpflegerinnen, Dachdecker oder Lageristen – und einmal die Woche Radiomoderatoren.

Damit zeigt der Autor an, dass wir in dem Text mehrere Personen kennenlernen. Wir wundern uns nicht, wenn ein Togolese, ein Bosnier, eine Tessinerin nacheinander auftreten – nur durch Absätze voneinander getrennt, miteinander verbunden.

Definieren Sie Haupt- und Nebenfiguren.

Der Auftritt einer lokalen Band ist anzukündigen, ein Vorbericht in 90 Zeilen für den SEETALER BOTEN. Fünf Bandmitglieder müssen namentlich erwähnt werden, so ist das im Lokalen:

> »Am Anfang hatten wir eine Sängerin, die Fabian Huwyler kannte und ihn anfragte. Und Fabian spielte zusammen mit Keyboarder Andi Troxler in einer Band, und so ergab das eine das andere«, so der 22-jährige Andi Koch. Bassist Fritz Hochstettler (20) fanden sie mittels eines Inserats. Und als schließlich die Sängerin die Band wieder verließ, entschloss sich Matt Sägesser, den Gesangspart zu übernehmen.

Zu Hilfe, Autor! Wer soll da noch mitkommen? Bitte Ordnung schaffen. Zur Hauptfigur mache ich entweder den Gründer der Band, der profund zur Historie der Gruppe Auskunft geben kann. Oder den Sänger, der alle Herzen bricht. Oder den Gitarristen, der nach Jahren im Ausland wieder mit seiner Combo vereint spielt. Die Hauptfigur führt durch den Text, oder kommt zumindest mehrfach vor, die Mitspieler kann ich über sie oder mit Bezug zu ihr vorstellen.

Suchen Sie Zusammenhänge und Verbindungen – benennen Sie sie ausdrücklich.

Ein Turn- und Sportverein ist zu würdigen – 80 Jahre TSV. Die Vereinschronik bietet mehr als 80 Namen, potenziell interessante Funktionäre und Sportler. Statt die derzeitige Vorsitzende und den Vorgänger und den Vorvorgänger groß herauszubringen, suche ich nach Familiengeschichten. Garantiert gibt es mindestens eine Familie im Ort, deren Sprösslinge, Mutter, Großvater und Urgroßvater im Verein aktiv waren. Aus der Perspektive einer solchen beispielhaften Familie lässt sich ein Vereinsjubiläum anschaulich erzählen. Der Text wird schlüssiger, als wenn Protagonisten aus drei Generationen auftreten, die nur über den Verein verbunden sind. Wenn es zwischen Ihren Personen keine solche Verbindung gibt, fragen Sie nach gemeinsamen Erlebnissen von A, B und C. So erhalten Sie möglicherweise Informationen, mit denen Sie Ihre Übergänge organisch gestalten können (siehe Kap. 5.6).

Darf die Autorin die Heldin ihrer Geschichte sein?

Sie darf, wenn es einen guten Grund gibt. Wenn sie eine wahre Heldin ist z. B. Nicht austauschbar. Wenn sie ihre Geschichte verkörpert.

Variante 1: Die Autorin erlebt etwas Spektakuläres – ungeplant

Sonja Gruhn, seinerzeit Volontärin beim WESTFALEN BLATT in Bielefeld, wurde Zeugin eines schweren Autounfalls. Ihr Erste-Hilfe-Kurs liegt Jahre zurück. Angesichts eines eingeklemmten, blutenden Fahrers erinnert sie sich an den Rettungsgriff. Sie zaudert, überwindet ihre Unsicherheit und hilft mit den Mann zu bergen. Dann kümmert sie sich um eine verletzte Frau:

> Die Frau windet sich, schlägt die Augen auf, verdreht sie. Bitte durchhalten, flehe ich im Stillen und versuche, ihr Halstuch zu lockern. Sie braucht Sauerstoff. Die Wunde an der Stirn beginnt zu bluten. Sie schreit. Druckverband, schießt es mir durch den Kopf. »Ich brauche einen Verbandskasten.« Irgendjemand holt einen. Wieder blicke ich auf. Sehe diesmal eine Frau auf uns zukommen, die sich Aidshandschue überstülpt. Meine Hände sind bis zu den Gelenken mit Blut verschmiert.

Die Volontärin hat ein Leben gerettet. Die Aussage ihres Textes ist: Ich habe einen schweren Unfall miterlebt und habe helfen können. Das war ein großes Glück. Im Text steckt unausgesprochen der Appell: Leute, kümmert euch darum, dass ihr euer Ersthelfer-Know-how auffrischt. Ihr könnt es eines Tages sehr plötzlich brauchen.

Variante 2: Der Autor inszeniert einen Selbstversuch

Roland Mitterbauer, Volontär der PASSAUER NEUEN PRESSE, fädelt sich ein in ein Firmenseminar zur Mitarbeitermotivation. Mit den Kollegen auf Zeit schwört er sich ein für den Lauf über glühende Kohlen:

> Praktische Übungen stehen an. Es wird Vertrauen unter den Teilnehmern aufgebaut. »Die Gruppe soll euch später über das Feuer tragen«, erklärt der Seminarleiter. Kurz darauf ist Generalprobe: Ich stehe auf einem 1,5 Meter hohen Podest und soll mich rückwärts fallen lassen. Augen zu und durch – tatsächlich fängt mich die Gruppe. Jeder ist mal dran. Das Adrenalin sorgt für Euphorie, die Teilnehmer sind gut drauf. Der Teamgeist ist geweckt.

Einige Stunden später ist es soweit:

> Meine Stimme der Vernunft schweigt, mein Bauchgefühl entscheidet. Jetzt gehe ich für Familie und Beruf über glühende Kohlen. Und ich spüre keinen Schmerz.

Variante 3: Der Weg der Recherche ist der rote Faden

Die Journalistin ist auf der Suche nach Erkenntnis. Der Fortgang der Recherche und der Reflexion ist der rote Faden. Der Heldenweg besteht darin, eine Frage zu beantworten oder einen Zusammenhang zu verstehen. Die Protagonistin ist am Ende ihres Wegs eine andere, sie ist nämlich schlauer als vorher. Leserinnen und Zuschauer werden mitgenommen auf die Expedition.

Im SPIEGEL ist Redakteurin Susanne Beyer auf der Suche nach der verlorenen Muße. Ihr Text heißt: »Ich bin dann mal off. Über die Kunst des Müßiggangs im digitalen Zeitalter«. Sie besucht ein Day Spa in Berlin und vereinbart – zeitsparendes Timing – in Berlin gleich noch einen Interviewtermin. So schafft sie eine Rahmenhandlung, in die sie längere Strecken der Reflexion einfügt. Die Stationen heißen Black-

Berry, Hirnforschung, iPhone, Stand-by, Burn-out, Goethe, Faust, Ackerbau, Max Weber, Adel, Kommunismus, Antike, Schopenhauer, Arbeitsverdichtung, »Internetsabbath« »Slow Cities« etc. Susanne Beyer ist die Heldin ihrer Reise, die äußere per Bahn, die innere im Kopf. Die Heldin bewältigt ihren Weg ohne »ich«. Dennoch besteht kein Zweifel, dass Reporterin und Protagonistin identisch sind. Zu Beginn des Textes steht eine Frage, am Schluss eine überraschende Handlung

Anfang: Die Forschungsfrage der Protagonistin.	Gibt es noch Muße in der Welt der E-Mails, der iPhones und der BlackBerrys, des permanenten elektronischen Bombardements? Ist Muße leicht oder schwer?
Mitte: Selbstversuch im Day Spa mit Entspannung und ohne Mails.	Es ist langweilig … Es ist immer noch langweilig … Nach der Meditation zurück in die Suite. Aus dem Dunkel der Handtasche, die am Eingang steht, leuchtet das Lämpchen des Black-Berrys: neue Nachrichten. Wie herrlich wäre es, jetzt die Nachrichten zu öffnen …
Ende: Die Forschungsreise und Reflexionen münden in eine Handlung.	Der IT-Techniker, der den Black-Berry erklärt hatte, als man ihn bekam, hatte gesagt, man solle das Gerät nicht so oft ausschalten, der Black-Berry möge das nicht, der Akku werde zu schnell leer. Der BlackBerry mag es nicht? Macht nichts. Ausschalten. Jetzt.

Wie sorge ich für gute Informationen, Szenen und Zitate?

Angenommen, der Ausgangspunkt der Story ist ein Ort, das Kloster Fürstenzell, das jüngst an einen Pharmakonzern verkauft wurde. Dann suche ich für den Abgesang auf die Klosterschule einen Protagonisten, dessen Leben mit der Geschichte des Klosters verwoben ist. So wie Pater Mersmann, der 50 Jahre dort gelebt hat. Tanja Rometta von der PASSAUER NEUEN PRESSE hat mit dem Pater einen letzten Rundgang unternommen.

> Durch einen Notausgang geht's über eine Steintreppe wieder hinunter. »Früher war die aus knarzendem Holz. Wenn ich abends nach meinen Schülern schauen wollte, hab ich mich immer schon vorher verraten.«

Als Journalistin inszeniere ich die Begegnung mit meinen Hauptfiguren. Wenn möglich, treffe ich sie an einem Ort, der für sie mit Erinnerungen verknüpft ist. Oder ich begleite sie dorthin. Mit der Wahl eines bedeutsamen Schauplatzes bringe ich Protagonisten in Bewegung, äußerlich und innerlich. Sie sprechen anders, sie öffnen sich anders, sie schenken mir eindrücklichere Sätze oder Szenen. Inszenierung kennt viele Varianten. Ich kann meine Protagonisten auch mit Fotos konfrontieren. Mit Aussagen von Dritten. Oder mit Menschen, die für das Thema wichtig sind.

Gibt es ein Requisit, das in Ihrem Gesprächspartner Erinnerungen und Gefühle auslöst? Präparieren Sie sich, so wie Karin Steinberger von der SÜDDEUTSCHEN ZEITUNG sich präpariert hat. Wenn Sie mit dem Kupferstecher der Bundesdruckerei verabredet sind, denken Sie unbedingt daran, einen 50-Euro-Schein in der Börse zu haben. Denn der Mann hat das Tor auf dem Schein gestochen:

> Manchmal, wenn er einen Fünfziger ausgibt, denkt er daran. Oft nicht mehr. Als man einen Schein auf den Tisch legt, fährt er mit dem Finger über sein Tor, Stichtiefdruck, da liegt die Farbe wie ein Gebirge auf dem Papier, sagt der Kupferstecher. Es sieht aus, als würde er den Schein streicheln.

Wer	Aussage des Textes	Funktion der Heldin/ des Helden	Fokus
Leandros Rakintzis, 72 Jahre, oberster Kontrolleur für den öffentlichen Dienst in Griechenland SÜDDEUTSCHE ZEITUNG	Einer der Gründe für das Haushaltsdefizit des Staates Griechenland besteht darin, dass die Zahl der Staatsdiener bislang nicht zu ermitteln war. Damit ist jetzt Schluss.	Rakintzis gibt dem trockenen Thema ein Gesicht. Er erzählt, wie er immer wieder gescheitert ist bei dem Versuch, die Zahl der Staatsdiener zu ermitteln. Gibt eine Idee davon, wie Griechenland und seine Staatskrise funktionieren.	Rakintzis Berufsethos: Er arbeitet noch, obwohl er längst in Rente sein könnte. Ein Sisyphos unserer Tage. Nur als Berufsmensch sichtbar. *Entwicklung:* Vom Sisyphos zum Herkules. Der einsame Rufer erfährt spät Bestätigung und ist darüber höchst zufrieden.
Anthony S., inhaftiert in der Justizvollzugsanstalt Mannheim WEINHEIMER NACHRICHTEN	Der Sportverein der Justizvollzugsanstalt (JVA) Mannheim hat einen hohen Stellenwert im Leben der Häftlinge. Infos über die Abläufe in der JVA vor dem Hintergrund des Sportangebots.	Stellvertreter für die sportbegeisterten Inhaftierten. Szenengeber für die roter Faden durch den Text. Fünf Auftritte inkl. Anfang und Ende. Nebenfiguren: Drei Angestellte der JVA, die das Freizeit- und Sportangebot der Anstalt mitgestalten.	S. wird als begeisterter Handballspieler und Kotrainer im Basketball vorgestellt. Er ist wegen Mordes seit 14 Jahren in Haft. *Keine näheren Infos zur Person* *Künstlicher Held, keine Entwicklung*
Li Qiang, 23, stolzer (Neu)Autobesitzer in Peking TAGES-ANZEIGER	In Peking werden wöchentlich 13.000 Autos neu zugelassen. Vorbild für die Automobil-Branche ist das Entwicklungsmodell des Westens. Ein verkehrspolitischer Wehnsinn.	Stellvertreter für 13.000 Autoneubesitzer. Was bedeutet das Auto für ihn? Fünf Auftritte inkl. Anfang und Ende.	Der Protagonist und sein Auto. Das Auto als Kindertraum, als Vehikel zur Arbeit, als Prestigeobjekt, für den Freizeitspaß und die Brautschau. *Darüber hinaus keine Infos zur Person* *Künstlicher Held, keine Entwicklung*

Wer	Aussage des Textes	Funktion der Heldin/des Helden	Fokus
Bernhard Bueb, Pädagoge. Verfasser des umstrittenen Pädagogikbestsellers »Lob der Disziplin« SÜDDEUTSCHE ZEITUNG	Nach den Missbrauchsvorwürfen an der Odenwaldschule stellt der Pädagoge fest: Er war zu gutgläubig und nachsichtig mit den Weggenossen.	Bueb ist Altersgenosse, enger Freund und Weggefährte von Gernot Becker, dem Missbrauch von Schülern vorgeworfen wird. Kann er verstehen, erklären, was geschah? Bueb ist Insider der Reformpädagogen-Szene und zugleich Stellvertreter der Fassungslosen.	Sehr dichte Beschreibung: Wie es Bueb geht, wie nah es ihm geht, dass seine alten Freunde in Missbrauchsvorwürfe verstrickt sind. *Entwicklung:* Bueb geht auf Distanz zu alten Freunden und befragt sich selbstkritisch.
Edit Steimker, 59, und Jasmin Cruse, 17, wohnsitzlose Frauen BRIGITTE	Wie eine alte und eine junge Frau ohne festen Wohnsitz leben und was das Spezifische ist an weiblicher Obdachlosigkeit	Typische Vertreterinnen wohnsitzloser Frauen. Die Autorin sagt: »Mich interessieren sie nicht als hilflose Opfer, sondern als Menschen, die die Stärke haben, dieses Leben auszuhalten. Und zu schwach sind, um das Leben auf der Straße zu beenden.«	Ein Tagesablauf mit Edith Steimker einschließlich Arztbesuch (Blasen, Fußpilz, Hühneraugen) und Jasmin Cruse einschließlich ihrer Kindheitsgeschichte. *Entwicklung:* Nicht bei den Protagonisten, aber bei den Leserinnen. Sie verstehen die Situation der Frauen und dass eine Wohnung ihre Probleme wohl nicht lösen kann.
Abdulahad Momand SÜDDEUTSCHE ZEITUNG	Das Leben kann sehr, sehr ungerecht sein. Warum ein afghanischer Astronaut und stellvertretender Minister seines Landes als Asylant in Deutschland nichts mehr werden konnte und wie er das mit Würde trägt.	Momand ist ein wahrer Held – er steht für sich – und ein Beispiel für eine tragische Lebenskurve.	Der Autor kommt dem Protagonisten so nah, wie man einem scheuen und stolzen Menschen kommen kann. Die Biografie – von der Herkunft über den Raumflug und den Abstieg zum Asylbewerber. Entwicklung auf zwei Ebenen: *Äußere Handlung:* Aufstieg und Fall – eine Lebensgeschichte. *Innere Handlung:* Der Protagonist nimmt sein Schicksal an.

Die Heldengalerie

(Foto: WDR/Simin Klanmehr)

Rauskitzeln, nein. Beobachten, ja

Sabine Brandi

Richtige Nachrichten kann ich nicht. Rauskitzeln, dass einer was sagt, was zur Meldung taugt. Aufreger produzieren. Hab lange gedacht, ich bin gar keine richtige Journalistin, weil mir diese Fähigkeit, diese Lust am Negativen, fehlt.

Ich kann nur hinhören, was Andere sagen, hinsehen, was passiert – in meinem Alltag – und weitererzählen, was ich absurd oder lustig oder rührend finde. Den Vater, der zusammen mit seinem Fünfjährigen einen öffentlichen Spazierweg drainiert. Bei Regen. Oder den Fahrgast, der dem leeren Sitz seine Monatskarte hinhält. Weil der Busfahrer grade am Kiosk Zigaretten kauft.

Meinen Stil durchzuhalten ist nicht immer einfach. Denn manche Kolleginnen und Kollegen mögen nicht so viel Persönliches in der Moderation. »Selbstbeweihräucherung« lautet der Vorwurf, das ist entmutigend. Aber die Zustimmung vieler Hörerinnen und Hörer und anderer Kollegen gibt mir Zuversicht. Ich will weiter eine achtsame Vermittlerin kostbarer Momente sein.

Sabine Brandi ist Moderatorin bei WDR5, dem Wort- und Informationsprogramm des WESTDEUTSCHEN RUNDFUNKS. Dort moderiert sie die Sendungen »Neugier genügt« und »Tagesgespräch«. Ihr Beitrag »In meiner Dortmunder U-Bahn« (vgl. Kap. 5.2, 5.3, 11) lief im Morgenmagazin des WDR. Ihre journalistische Laufbahn begann bei einer Tageszeitung – mit dem Volontariat beim HELLWEGER ANZEIGER in Unna.

4.2   Die Handlung

Ein Kammerjäger legt Rattengift im Keller eines Wohnhauses aus. Die Ratte kommt und frisst und liegt zwei Tage später tot im Keller. Das ist eine Handlung. Hinterher ist etwas anders als vorher. Handeln im Sinne der Dramaturgie kann auch heißen, dass ein Mensch im Wohnwagen sitzend Erlebnisse und Erfahrungen ausbreitet. Nur ist das dann im Vergleich zur dynamischen Rattenhandlung eine statische Handlung. Handlung ist gekennzeichnet durch das Nacheinander und den *kausalen Zusammenhang* einzelner Sequenzen. Der Hochseilartist, der seine Kunststücke und einen lebensgefährlichen Absturz nacherzählt, und die Zuhörerin, die nachvollzieht, wie sich dieses Nacheinander zugetragen hat und welche Zusammenhänge der Protagonist sieht, erleben eine statische Handlung.

Aristoteles verlangt von einer Handlung, dass sie aus drei Teilen bestehe, die notwendig aufeinanderfolgen. Eine Handlung hat demnach Anfang, Mitte und Ende, und diese Bestandteile sind nicht untereinander austauschbar.

> »Ein **Anfang** ist, was nicht mit Notwendigkeit auf etwas anderes folgt, nach dem jedoch natürlicherweise etwas anderes eintritt oder entsteht.
>
> Eine **Mitte** ist, was sowohl auf etwas anderes folgt als auch etwas anderes nach sich zieht.
>
> Ein **Ende** ist, was natürlicherweise auf etwas anderes folgt, und zwar notwendigerweise, während nach ihm nichts andres mehr eintritt.«
> (Aristoteles, Poetik)

Der Dreiteiler erzählt von einem Zusammenhang. Beim Film heißt der Handlungszusammenhang »Plot«. Auch ein Ereignis oder ein Erlebnis bestehen aus Anfang, Mitte und Ende, oder anders gesagt: Es gibt ein Vorher und ein Nachher. Und das Nachher unterscheidet sich vom Vorher.

Wer beim Stichwort »Handlung« an »Reportage« denkt, liegt richtig. Ereignis und Erlebnis, definitionsgemäß der Gegenstand von Reportagen, sind auch für das Storytelling von zentralem Interesse.

Wofür brauche ich eine Handlung?

Die Handlung liefert zwei wesentliche Aspekte für die Geschichte. Zum einen gibt es Bewegung und Spannung, die aus dem Vorher und Nachher entsteht. Dieses Muster erzeugt Resonanz beim Publikum. Auf einer tieferen Ebene geht es bei der Handlung um das Herstellen von *Sinn*. Das Wort *Zusammenhang* ist nur ein anderes, harmloseres Wort als der große Begriff vom »Sinn«, dem immer etwas Metaphysisches anhaftet, weswegen wir uns mitunter scheuen, davon zu sprechen. Menschen wollen verstehen, in welcher Welt sie leben, und machen sich auf alles, was ihnen begegnet ihren Reim. Schon wenn wir an der Supermarktkasse einem gesetzten Herrn mit einem Schulkind begegnen, steht kurz die Frage: Ist das der Opa? Der Vater? Wie gehören die zwei zusammen?

Wenn wir Gespräche mit dem Handy mithören müssen, fühlen wir uns extrem gestört. Warum? Weil wir unwillkürlich unsere Aufmerksamkeit darauf richten und versuchen, den Zusammenhang zu erfassen. Das ist anders, als wenn wir Tischnachbarn im Lokal miteinander reden hören. Unser Hirn richtet seine Aufmerksamkeit eher auf einen ungeklärten Zusammenhang (mit wem telefoniert der Mensch bloß?) als auf einen offensichtlichen. Tischnachbarn, die sich über Wanderwege in Südtirol unterhalten, können wir gut ausblenden.

Menschen sind Sinnsucher. Ehe sie sich mit offenen Fragen arrangieren, konstruieren sie Zusammenhänge. Sie konstruieren eher unlogische oder unsinnige Zusammenhänge, als dass sie auf Zusammenhang verzichten. Die Arbeit von Psychotherapeuten besteht zu einem guten Teil darin, ihren Klienten Zugang zu gesunden Konstruktionen und Überzeugungen zu ermöglichen und einschränkende Sinnkonstruktionen zu ersetzen.

Wenn Sie ihrem Publikum eine schlüssig gebaute Handlung anbieten, bedienen Sie sein Bedürfnis nach Sinn, nach dem Verstehen der Welt. Das Verständlichmachen von Widersprüchen oder Konflikten ist dabei oft Leistung genug. Auflösen müssen wir sie nicht.

Wie finde ich eine Handlung?

Wenn Sie über ein Ereignis zu berichten haben, ist die Frage: Für wen oder aus welcher Perspektive enthält das Ereignis oder der Termin eine Handlung? Gibt es eine Figur, die durch die Geschichte führen kann, die Anfang, Mitte und Ende trägt? Auch eine Gemeindeversammlung oder eine Verwaltungsratssitzung kann so ihren Reiz haben:

> Um 19.50 Uhr zeigte sich Stephan Vögeli noch siegessicher. Der Verwaltungsratspräsident der Gebnet AG war zusammen mit 356 Stimmberechtigten in der Mehrzweckhalle Lohn-Amannsegg aufgekreuzt. Die Gemeinde sollte über den Verkauf ihres eigenen Stromnetzes befinden.

Die Gemeindeversammlung stimmt ab über den Verkauf ihres Stromnetzes. Ein Pflichtthema für die Lokalredaktion der MITTELLAND ZEITUNG. Die Handlung ist schon inbegriffen. Denn eine Abstimmung hat selbstverständlich Anfang, Mitte und Ende. Autor Christoph Ramser sucht sich einen Protagonisten, Stephan Vögeli, – den Verwaltungspräsidenten eines potenziellen Käufers.

Diese Perspektive verheißt Spannung. Geht das Stromnetz an die Gebnet AG? Tatsächlich verkauft die Gemeinde an einen anderen Interessenten. Die Kopplung der Handlung an einen potenziellen Käufer ist ein gelungener Kunstgriff, der später gescheiterte Held eine wunderbare Dreingabe. Er verleiht der Entscheidungsfindung der Kommune Emotion und Spannung.

> Wenn eine Handlung gegeben ist: Suchen Sie einen Protagonisten, für den diese Handlung bedeutsam ist.
>
> Wenn die Hauptfigur gegeben ist: Suchen Sie einen für sie bedeutsamen Handlungsablauf.

Ein anderes Beispiel: Ein Kunstverein bestellt ein Hörstück für seinen Audioguide. Der historische Garten des Vereins wird restauriert. Als Interviewpartnerin gesetzt ist die Landschaftsarchitektin, die den Entwicklungsplan für das Gelände konzipiert und die Arbeiten fünf Jahre lang begleitet hat. Wo ist die Handlung, wo die Spannung? Die Gartenarchitektin spricht sachlich, fast technisch über das Gartendenkmal. Natürlich gibt es Handlung, Gärtner, die graben, Bagger, die schieben, und Gärtnerinnen, die Äste sägen. Die Aussage des Stückes aber soll heißen: Hier wird ein Garten wachgeküsst, der Jahrzehnte des Dornröschenschlafs hinter sich hat. Das lässt sich mit Momentaufnahmen von Gartenarbeiten nicht besonders gut zeigen.

Wählen Sie eine Zeitspanne, die den Ablauf einer Handlung, das Vorher/Nachher sichtbar macht.

Die Lösung unter dem Aspekt der Handlung bringt der Hausherr. Er spricht voller Enthusiasmus über seine ersten laienhaften Aktionen mit Machete und Kettensäge:

> »Hier war Urwald. Hier war Wald, Fichten, Pappeln, alles durcheinander, überhaupt keine Struktur ... Mit der Machete musste man durchgehen.«

Vor diesem Hintergrund gewinnt die Erklärung der Landschaftsarchitektin in ihrer sachlichen Professionalität Farbe und Bedeutung:

> »Es ist sehr selten bei einer Gartenanlage, dass man einen 80, 90-jährigen Garten in der Anfangsphase dokumentiert. Aus Fotodokumenten und einem Plan von 1931 kann man sehr schön auf Spurensuche gehen und kann herausfinden, was heute nach 80 Jahren Wildwuchs an Resten, an alten Elementen noch vorhanden ist.«

Die Neuigkeit wird sichtbar durch den Kontext, das Vorher-Nachher-Prinzip und den Kontrast der Temperamente. Der Beitrag schließt mit einem Statement des Hausherrn, der die neue Ordnung begeistert begrüßt. Vorsicht: So ein Rückgriff muss Tempo haben, der Bezug zum Heute sofort klar werden. Historische Ausflüge laufen Gefahr, am Zielpublikum vorbeizugehen.

Meiden Sie die Adam-und-Eva-Falle. Wenn Sie über früher sprechen, tun Sie es kurz, pointiert und mit klarem Bezug zum Heute.

Wie inszeniere ich eine Handlung?

Wenn das Thema keine Handlung mitbringt, können Sie eine inszenieren. Ulf Poschardt hat im Magazin der SÜDDEUTSCHEN ZEITUNG ein Paradebeispiel für die Kunst der Inszenierung kreiert. Wofür steht die SPD heute – das war 1995 die Frage:

> Heute weiß fast niemand mehr, wofür die SPD steht. Anscheinend am allerwenigsten die SPD selbst. Deshalb habe ich eine Reise durch die Partei angetreten, mit einem Bild im Gepäck, das einen der letzten großen Identifikationsmomente der SPD zeigt – und das mich nie verlassen hat. Das Bild, die Photographie vom Kniefall Willy Brandts vor dem Mahnmal im Warschauer Ghetto, Dezember 1970.

Mit seinem spontanen Kniefall ehrte der deutsche Bundeskanzler Willy Brandt damals die Aufständischen des Warschauer Ghettos – und setzte ein Zeichen in der Ostpolitik. Der Journalist und spätere SPD-Politiker Egon Bahr erklärt zum beim Jahrestag 2010: Der politische Kern des Besuches sei gewesen, dass ein deutscher Kanzler erstmals die Oder-Neiße-Grenze akzeptierte. Brandt habe den Mut gehabt, seinen Landsleuten die Illusion zu nehmen, sie könnten verlorene Gebiete in Polen eines Tages zurückerhalten. Der Kniefall vor dem Mahnmal habe sicher dazu beigetragen, dass Brandt den Friedensnobelpreis erhielt.

Mit diesem Foto reist Poschardt durch die Republik und befragt die sogenannte »Enkelgeneration«: Rudolf Scharping, Johannes Rau, Günter Gaus, Gerhard Schröder, Hans Koschnick, Oskar Lafontaine, Heidemarie Wieczorek-Zeul und Egon Bahr. Poschardt selbst ist der Held seiner Reise – er erzählt auch in der ersten Person – und seine Reise zielt auf Erkenntnis. Wofür steht die SPD? Kann ich diese Leute wählen?

Seine dramaturgische Idee ermöglicht es ihm, eine oberlangweilige Umfrage unter den damaligen Hoffnungsträgern der Partei mit Spannung zu laden. Tatsächlich eignet sich das inszenierte Fotoquiz, um die Geister zu scheiden und Haltungen anschaulich zu machen. Der spätere Kanzler Schröder beispielsweise ist der einzige Befragte, der den Kniefall falsch datiert. Rudolf Scharping, der spätere glücklose Verteidigungsminister hingegen, zeigt sich als wahrer Enkel:

> »Ich habe letztes Jahr einen Besuch in Polen gemacht und an ebendiesem Denkmal in Warschau einen Kranz niedergelegt. Dabei ging mir ständig dieses Bild des knienden Brandt durch den Kopf. Alles, was man danach tut, kommt einem unzureichend vor.«

Thema/Anlass	Handlung	vorher/nachher
Gemeindeversammlung Abstimmung über den Verkauf des gemeindeeigenen Stromnetzes MITTELLAND-ZEITUNG	Wie ein Verwaltungsratspräsident eine Niederlage erfährt und ein anderer den Zuschlag bekommt. (dynamische Handlung)	Stephan Vögeli siegessicher → Stephan Vögeli als Verlierer
Landschaftsgärtnerarbeiten in einem Kulturdenkmal Audio-Guide Kunstverein Hermannshof	Wie der Hausherr das Gelände sieht: vom Urwald zum rekultivierten Landschaftsgarten (statische Handlung)	Ein Urwald → Das Gartendenkmal mit Landschaftskunst
Ein Parteitag steht bevor: Wofür steht die SPD heute? (1995) SÜDDEUTSCHE ZEITUNG MAGAZIN	Ulf Poschardt reist durch die Lande und konfrontiert das Führungspersonal der SPD mit einem Foto vom Kniefall Willy Brandts vor dem Mahnmal im Warschauer Ghetto 1970. (dynamische Handlung, inszeniert)	SPD-Führungskräfte sind nicht unterscheidbar in Bezug auf ihr sozialdemokratisches Herzblut. → Scharping, Rau, Gaus, Koschnik und Bahr haben den »echte-Sozis-Test« bestanden. Gerhard Schröder eher nicht.

Thema/Anlass	Handlung	vorher/nachher
Der Hamburger Dom, ein Volksfest wird eröffnet (Vorankündigung). DIE WELT	Der Steilwandfahrer Hugo Dabbert wird prominent vorgestellt und verschwindet nach der Hälfte des Textes in der Versenkung. (statische Handlung, unvollendet)	Kein vorher/nachher
Auto-Land China 13.000 neu zugelassene Fahrzeuge wöchentlich in Peking TAGES-ANZEIGER	Li Qiang unternimmt die erste Fahrt im eigenen Auto und macht später eine Spritztour mit Freunden. (dynamische Handlungen in der Einstiegs- und Schlussszene)	Li Qiang ist einer von vielen jungen Chinesen auf Brautschau. Mit dem Auto hat er super Chancen auf dem Heiratsmarkt.
Die Schriftstellerin Agota Kristof SCHWEIZER FERNSEHEN	Der Autor begleitet Agota Kristof in ihre Heimat Ungarn, aus der sie 1956 geflohen ist und bringt sie zum damaligen Fluchtweg an der Grenze. (dynamische Handlung, inszeniert)	Agota Kristof als kühle, distanzierte Person Agota Kristof von Erinnerungen überwältigt, erzählt von dem Wendepunkt ihres Lebens. Geschichte wird fühlbar.

Die Handlung

Ein aktuelleres Beispiel: Der niedersächsische Landtag hat 2010 den Abriss seines denkmalgeschützten Plenarsaals in Hannover beschlossen. Die HANNOVERSCHE ALL-GEMEINE ZEITUNG bringt eine Serie zu dem erstaunlichen Umstand, dass ein Land-tag sich über die Denkmalbestimmungen – des Gesetzgebers, also seine eigenen Be-stimmungen – hinwegsetzt. Conrad von Meding inszeniert eine Handlung. Er fährt an die Hochschule nach Hildesheim und besucht dort ein Seminar des bundesweit einzigen Studiengangs Baudenkmalpflege. Er macht seine Frage zum Gegenstand des Seminars. Was sagen eigentlich Denkmalpfleger in spe zu der Praxis des Gesetz-gebers in Niedersachsen?

Geht es auch ohne Handlung?

Ohne Handlung geht es schlecht. Besonders schlecht geht es, wenn eine Handlung sich anbahnt und im Rohr krepiert. DIE WELT, Ausgabe Hamburg, liefert ein Beispiel.

Der Hamburger Dom, ein Volksfest steht bevor. Die Autoren steigen ein mit ei-nem Steilwandfahrer. Kurz darf er aus seinem bewegten Leben erzählen:

> Durch eine Wette kam Dabbert 1959 zu seinem Beruf: Ein Fahrgeschäft in Heilbronn bot demjenigen Zuschauer 500 Mark, der zehn Runden an der Wand schafft. Hugo Dabbert lag nach wenigen Metern unter seiner verbeulten Zündapp [eine Marke legendärer Motorräder, die bis 1984 hergestellt wurden, Anm. d. Verf.]. Dennoch engagierte der Betreiber das hoffnungsvolle Talent.

> Noch schrauben die Schausteller an den Fahrgeschäften und geben ihren Attraktionen den letzten Feinschliff, bevor morgen der Frühlings-dom von der Zweiten Bürgermeisterin Birgit Schnieber-Jastram (CDU) und dem dänischen Generalkonsul Niels Stehen Hoyer eröffnet wird.

Kaum hat Dabbert sein erstes Engagement, geistern schon Bürgermeisterin und Ge-neralkonsul durch den Text. Später folgen noch Wildwasser- und Achterbahnen, Gondeln und Superlative. Und fertig! Doch der Text stellt keinen Zusammenhang her, erzählt keine Geschichte. Kein Anfang, kein Ende, kein Plot. Der Steilwand-fahrer kann nichts dafür. Er hat das Zeug zum Helden. Die Autoren haben nichts aus ihm gemacht.

Dabei hätten sie ihn so schön inszenieren können. Wären sie mit Hugo Dabbert über den Platz geschlendert und hätten seine Erinnerungen eingesammelt. Hätten sie ihn gefragt, wie der Dom aussah vor 38 Jahren – solange kennt er nämlich das Volksfest –, welche Schausteller, welche Sensationen, welche Prominenten er schon gesehen hat – sie hätten einen feinen roten Faden gehabt und hätten all ihre schönen Informationen aus dem Pressematerial daran anknüpfen können.

4.3 Der Ort

Orte sind häufig Stiefkinder in journalistischen Beiträgen. Die Kraft und Aussage eines Schauplatzes bleiben ungenutzt. Außer natürlich beim Fernsehen. Da geht es nicht ohne Ort. Ein gut gewählter und knapp beschriebener Schauplatz kann ins Zentrum des Textes und zur Aussage führen. Orte bringen Menschen zum Sprechen, weil sie Erinnerungen auslösen.

> »Einen Edelstein betrachte in seiner Fassung, einen Menschen in seiner Wohnung. Denn nur dort beginnt er zu funkeln.«
> (Kaukasisches Sprichwort)

Der Ort einer Handlung oder einer Person zeigt ein Milieu, eine Atmosphäre, einen Kontext. Wenn wir fotografieren oder drehen, gilt unser zweites Augenmerk dem Hintergrund. Wir wählen eine Umgebung, die das Hauptmotiv untermalt, stützt oder ergänzt. Wir suchen das inhaltlich stimmige Bild zu unserer Aussage. Psychoanalytiker haben als Attribut oft eine Couch oder doch zumindest den Ohrensessel. Orchideenzüchter kriegen Pflanztöpfe ins Bild gesetzt.

> Buchs. Im Lädchen am Rebenweg riecht es nach frischer Seife. Und es ist kalt. Oskar Bärtschi, 55, möchte nämlich keine Zentralheizung, auch aus ökologischen Gründen. »Vor zwölf Jahren war es hier drin noch kälter. Im Winter jeweils sechs Grad, weil die Isolation schlechter war«, erzählt er. Da stand Bärtschi dann eben in Skimontur in seinem Bioladen.

Zur Adresse »Rebenweg« liefert Gian Ehrenzeller im WERDENBERGER UND OBERTOGGENBURGER zwei sinnliche Merkmale des Ladens: Es duftet nach Seife und es ist kalt. Das Ambiente weckt Assoziationen wie »Bio, Öko, Holzregal«. Es leuchtet ein, dass wir den Protagonisten Oskar Bärtschi hier im Laden treffen. Er sucht Gleichgesinnte für ein alternatives Geschäftshaus. Der alte, ungenügende Ort ist ein stimmiger Ausgangspunkt für die Geschichte.

Prüfen Sie, ob der Ort Ihrer Handlung Ihre Aussage stützt und verdichtet. Falls ja, lenken Sie die Aufmerksamkeit entsprechend.

Was bringt der Ort?

Charlotte Frank hat das Flair von Schauplätzen für ihren Text über verfolgte Homosexuelle ausgenutzt. Ihr Thema sind Asylbewerber in Deutschland, die aufgrund ihrer sexuellen Orientierung in den Heimatländern verfolgt werden. Sie trifft zwei Protagonisten an zwei Treffpunkten. Einer ist Ken aus Nigeria:

> Der 31-Jährige wartet in einem Café am Bahnhof einer sehr grauen Stadt im Ruhrgebiet. Obwohl es sehr kalt ist, wählt er einen Tisch auf der Terrasse aus, dort sitzt sonst keiner, niemand kann dem Gespräch zuhören. Ken flüstert trotzdem, sein Wasser rührt er nicht an, seine Augen fahren hektisch nach links und rechts.

Die andere Hauptfigur heißt im Artikel Sanjay:

> Er sieht nicht nur gut aus, er ist schön. Über seine mandelförmigen Augen biegen sich lange Wimpern. Die Brauen sind gezupft, die Krawatte ist rosa. So balanciert der 32-Jährige auf dem Barhocker in einem Stuttgarter Schwulencafé und denkt laut über die Sache mit dem Selbstmord nach: »Es ist verrückt. Geben wir nicht zu, dass wir schwul sind, töten wir uns selbst. Geben wir es zu, werden wir getötet.«

Charlotte Frank malt die Schauplätze nicht weiter aus, drei Attribute genügen ihr, um die beiden Hauptdarsteller in der Gegensätzlichkeit ihrer Schwulenexistenz zu charakterisieren, über das Aussehen hinaus durch die Orte:
• Café am Bahnhof, graue Stadt, kalte Terrasse (abseits sitzen und flüstern)
• Schwulencafé, Stuttgart, Barhocker (und laut nachdenken)

Die Autorin bringt in diesem Bild die Essenz ihres Textes auf den Punkt. Denn Sanjay, der Beau im Schwulencafé, hat seine Anerkennung als Asylbewerber binnen drei Monaten fast schon in der Tasche. Ken, der Mann im Bahnhofscafé, kämpfte jahrelang um Anerkennung und bedurfte der Unterstützung von Amnesty International und eines speziellen Gutachtens, um seine Homosexualität gegenüber den Behörden glaubhaft zu machen.

Wie wähle oder inszeniere ich den Ort?

Für Dokumentarfilmer ist das Inszenieren von Ort und Handlung eine Selbstverständlichkeit. Eric Bergkraut hat für das SCHWEIZER FERNSEHEN und 3SAT ein Porträt der Dichterin Agotha Kristof gedreht, »Kontinent K.« Kristof ist als 21-Jährige mit ihrer Tochter und dem damaligen Ehemann aus Ungarn geflohen und hat sich später in der französischen Schweiz niedergelassen. Dort lebt sie nun schon 40 Jahre. Bergkraut fährt mit ihr in die alte Heimat, die ungarische Grenzstadt Köszeg. Dort filmt er sie, und Agotha Kristof erzählt ihm von der Zeit des ungarischen Volksaufstands 1956:

> »Wieder übernahmen die Russen die Kontrolle der Grenze und aller strategisch wichtigen Orte. Meine Freundin Klara kannte einen Mann, der mehreren Menschen geholfen hatte, über die Grenze zu kommen. Ihm haben wir uns anvertraut.«

Bergkraut *inszeniert* eine Begegnung der beiden Frauen am alten Grenzweg, an einem Schlüsselort im Leben seiner Protagonistin. Gemeinsam gehen Agotha Kristof und ihre Jugendfreundin Klara den Grenzweg entlang. Kristof erinnert sich an die Nacht der Flucht:

> »Wir sind schnell gegangen, aber nicht gerannt, wegen dem Kind. Und zwischendurch musste man sich auch einmal auf den Boden legen, weil sie eine Leuchtrakete abgeschossen hatten, die das ganze Gebiet ausleuchtete, und dann mussten sich alle auf den Boden legen, um von den Russen nicht gesehen zu werden. Nachts haben wir eine Brücke überquert, dahinter waren noch ein paar Häuser, es fielen Schüsse, leicht war das nicht. (Pause.) Schade.«

An dieser Stelle stockt ihre Rede. Täuscht man sich, oder ist das Rührung, eine Träne hinter der getönten Brille? Was geht vor in der Frau, die bislang sachlich wie eine Historikerin über ihre Vergangenheit gesprochen hat? Bergkraut lässt die Stille stehen, dann fragt er sie: Was ist schade?

> »Dass ich es gemacht habe. Es ist schade, die Grenze überquert zu
> haben. Klara war hier bestimmt glücklicher als ich drüben [...] Ich hatte
> überhaupt nicht die Absicht zu gehen. Das ist wirklich tragisch. Ich will
> nicht wieder damit anfangen.«

Man hat sich nicht getäuscht. Hier hadert eine Frau mit einer Entscheidung, die 40 Jahre zurückliegt und ihr Leben auf den Kopf gestellt hat. Ein Wendepunkt im Leben der Schriftstellerin, ein Höhepunkt des Films. Eine Erinnerung, die Bergkraut so emotional an keinem anderen *Ort* hätte bekommen können.

Orte bringen Menschen zum Sprechen. Holger Gertz, Reporter der SÜDDEUTSCHEN ZEITUNG, macht sich diesen Umstand zunutze. Für seinen Abgesang des alten Münchner Olympiastadions von 1972, das in seiner Funktion als Fußballstadion von der Bayern-Arena abgelöst wird, führt er seinen Helden Hugo Robl an einen besonderen Platz: die Ersatzbank am Rand des Spielfeldes. Robl war nämlich drei Jahre der zweite Torwart des ruhmreichen FC Bayern hinter Sepp Maier. Robl ist, wie das alte Stadion, ein tragischer Held, denn er war bei seinem Verein immer nur Ersatzmann. Der Maier Sepp war nämlich nie krank, und also stand Robl nie im Tor, dann, wenn's drum ging. Robl belohnt den Aufwand mit lebensprallen Erinnerungen:

> Auf der Ersatzbank saß früher ganz links der Trainer, der Co-Trainer,
> dann Manager Robert Schwan, der Masseur, dann kam er, der Ersatz-
> torwart, rechts neben ihm die anderen Ersatzspieler. Wenn Udo Lattek,
> der Trainer, aufsprang, spürte er das Vibrieren der Ersatzbank, wenn
> ein leichter Wind ging, wehten ihm die Schwaden aus der Pfeife von Ro-
> bert Schwan um die Nase.

Wieder sind Fantasie und Einfühlungsvermögen gefragt: Wo haben sich Schlüsselszenen im Leben Ihrer Figuren abgespielt? Und Überzeugungskunst: Machen Sie Ihren Protagonisten klar, dass Sie sie besser verstehen, wenn Sie sie an besondere Orte begleiten dürfen.

Momand, der afghanische Held, spielt freitagabends Volleyball. Birk Meinhardt, der Autor des Textes, ist mitgekommen, um Momand im Kreis seiner Sportskameraden zu erleben – und ihn in ihrem Beisein nach dem All-Abenteuer zu fragen. Er erfährt dort nicht nur, wie es war dort oben, sondern auch, wie sich Momand im Kreis der Sportsfreunde verhält. Meinhardt versäumt es nicht, den Ort, die Halle zu beschreiben, in der sein tragischer Held die Bälle pritscht:

> [...] es ist Freitagabend, und Momand spielt, wie immer um diese Zeit,
> Volleyball, in einer Halle, die so schmal ist, dass gerade das Netz hin-

einpasst. Der Ball ist aus, wenn er an eine Wand prallt, die Wand ist mit Veloursteppich bespannt und der Teppich ist so alt, dass darin wohl Millionen Milben ihren dreckigen Twist tanzen.

Der Zustand der Halle ist so unglaublich wie Momands Lebensweg nach seiner Ankunft in Deutschland.

Thema	Ort	Funktion und Wirkung
Bioladen-Besitzer sucht Gleich-gesinnte für ein alternatives Geschäftshaus WERDENBERGER UND OBERTOGGENBURGER	Der Bio-Laden kalt, ungeheizt und ungeeignet	verdeutlicht das Anliegen des Betreibers, umzuziehen
Homosexuelle Männer bean-tragen Asyl in Deutschland SÜDDEUTSCHE ZEITUNG	zwei Protagonisten – zwei Treffpunkte a) Schwulencafé, Stuttgart, Barhocker, (laut nachdenken) b) Café am Bahnhof, graue Stadt, kalte Terrasse, (abseits sitzen und flüstern)	Die zwei Orte stehen für zwei Arten schwuler Identität. Der bekennende Schwu-le (Schwulencafé) wird problemlos als Asylbewerber anerkannt. Der andere hat Probleme mit seiner Identität und mit der Anerkennung (Bahnhofscafé).
Die Schriftstellerin Agota Kristof SCHWEIZER FERNSEHEN	Die ungarische Grenzstadt Köszeg, dort der Grenzweg, über den Agota Kristof 1956 geflohen ist.	– löst bei der Protagonistin Erinnerungen und Emotio-nen aus – illustriert Zeitgeschichte, den kalten Krieg, den Ungarnaufstand 1956
Das Münchner Olympiastadion hat ausgedient SÜDDEUTSCHE ZEITUNG	Das Stadion, dort die Ersatz-bank der Fußballer	– löst Erinnerungen und Emotionen beim Protago-nisten Hugo Robl aus – ist schlüssiger Ausgangs-punkt für eine Revue der bedeutendsten Fußball-spiele in diesem Stadion

Der Ort

Kurz und gut.
Die Kunst des Blattmachens

Detlef Esslinger

(Foto: Jörg Buschmann)

Die meisten Texte sind Kann-Texte: Kann ich lesen, kann ich aber auch sein lassen. Die Qualität der Lauftexte entscheidet, ob die Leser zu Ende lesen oder aussteigen. Die Qualität der Kleintexte hingegen – Überschriften, Bildtexte, Vorspänne und Zwischentitel – entscheidet, ob die Leute überhaupt anfangen zu lesen.

Daraus ergibt sich: Die Bedeutung von Kleintexten kann gar nicht überschätzt werden. Die Macher von Boulevardzeitungen und Zeitschriften wussten das schon immer. Bei ihnen entscheiden die Titel auf Seite eins, ob die Leute ihre Blätter kaufen. Hingegen müssen die Macher vieler Abozeitungen noch lernen, wie man Leser ködert – und dass man die handwerkliche Qualität eines Blattes erhöht, wenn man Wert auf Kleintexte legt: Auf 100 Zeilen präzise und originell zu sein, das mag für einige ja schon anspruchsvoll genug sein – wie wäre es, dasselbe mal zu versuchen, wenn plötzlich nur noch 60 Anschläge zur Verfügung stehen? Wem das gelingt, der wird auch auf 100 Zeilen immer besser.

Vielleicht gäbe es ja ein Mittel, der Kollegenschar die Bedeutung von Kleintexten klarzumachen: indem man einen Journalistenpreis dafür auslobt. Warum eigentlich gibt es hierzulande Preise für Reportagen, Essays, Kommentare, Enthüllungen und so fort, also für Autoren jedweden Genres – kaum aber Preise für Blattmacher? Beim Film werden ja auch nicht bloß die Schauspieler ausgezeichnet, sondern darüber hinaus all jene Schaffenden, ohne die kein Film zustande käme: Kameraleute, Cutter, Tondesigner, Kostümbildner. In vielen Redaktionen wird es als Fron empfunden, Seiten zu machen. Das liegt auch daran, dass dies eine Arbeit ist, die keiner würdigt. Im DELMENHORSTER

KREISBLATT stand über einer Trabi-Geschichte: »Die Kraft der zwei Kerzen«. Hat irgendjemand in der Redaktion mal bejubelt, was für eine tolle Zeile das war?

Detlef Esslinger ist stellvertretender Ressortleiter Innenpolitik bei der SÜDDEUTSCHEN ZEITUNG und verantwortlich für die Volontärsausbildung der Zeitung. Er studierte Volkswirtschaft und lernte Schreiben an der Gruner+Jahr-Journalistenschule u. a. bei Wolf Schneider, mit dem er das Standardwerk »Die Überschrift« verfasste. Detlef Esslinger unterrichtet an diversen Ausbildungsinstituten u. a. das Thema »Überschriften«.

5 Wie fange ich an, mitte und ende ich?

Klaus Brinkbäumer führt ein Interview mit dem amerikanischen Schriftsteller John Irving.

SPIEGEL: […] Sie beginnen angeblich stets mit dem letzten Satz, warum?
Irving: Weil ich das Ende brauche, um anfangen zu können. Wenn du es kristallklar vor dir siehst, wenn du den Standpunkt und den Ton des Endes hast, dann geht es dir wie mit dem Refrain eines guten Songs: Du bewegst dich darauf zu, du weißt, dass der Refrain kommt, und dieses Wissen gibt dir Selbstvertrauen.
SPIEGEL: Verirren Sie sich sonst in der eigenen Geschichte?
Irving: Ich muss wissen, wohin die Geschichte führt, sonst verheddert man sich, sonst schreibe ich ziellos.
SPIEGEL: Ist das eine Marotte geworden?
Irving: Eine Methode, die aus einem Zufall entstand, schon beim ersten Buch. Zuerst kommt der letzte Satz, dann ein Bauplan, von hinten nach vorn: ein Handlungsablauf. Wer sind die Figuren, wo begegnen sie sich, wann begegnen sie sich wieder, leben sie, sterben sie, und falls sie sterben: Wie sterben sie?

In den Hinweisen für Vorjuroren beim Henri-Nannen-Preis (REPORTER-FORUM.DE) heißt es dazu:

»In gelungenen Reportagen ist der rote Faden stets erkennbar, jeder Absatz treibt die Geschichte voran, es gibt keine belanglosen Passagen.[…] Aber in welcher Reihenfolge erzählt er all die Aspekte seiner Geschichte? Dafür gibt es kein Rezept, einzig nur diese Regel: Der Autor geleitet den Leser so durch das Geschehen, dass der
a. in jedem Absatz weiß, wo er sich thematisch, zeitlich und örtlich befindet
b. nach jedem Absatz wissen will, wie es weitergeht.«

Der Reporter, so fordern es die Hinweise für Vorjuroren, hantiert mit starken Szenen, überraschenden Wendungen, mit dem Wechsel von Nahaufnahme und Übersicht, mit kraftvollen Dialogen.

»Erzählen ist […] die Herstellung einer Reihe aus den dafür zur Verfügung stehenden Einzelheiten. Es wird bei einer Nummer eins angefangen, und dann kommen zwei, drei, und so weiter, so dass eine Reihe mit Anfang und Ende entsteht. […] Wichtig ist, dass die Einzelheiten überhaupt in einen Zusammenhang gebracht werden.«
(Sten Nadolny)

5.1   Anfang

Die Braut kommt zurück von der Hochzeitsreise, tritt vor den Spiegel im Bad, schminkt sich, knüpft die Bluse auf, sucht ihr Herz und erschießt sich mit der Pistole ihres Vaters.

Mit dieser Szene beginnt, kurz zusammengefasst, Javier Maria seinen Roman *Mein Herz so weiß*. Warum tötet sich die Braut nach dem Honeymoon? Wir lesen 368 Seiten, um das zu erfahren. Javier Maria öffnet eine *Leerstelle* (Iser 1974).

Der Einstieg zieht uns ins Buch hinein. Einen derart spektakulären Auftakt können wir als Journalisten selten bieten. Aber Leerstellen sind garantierte Aufmerksamkeitserhascher. Zum Beispiel, wenn einem Mann, der in den USA zum Tode verurteilt wurde, mehrere Zähne fehlen:

Wenn Joseph Green Brown lacht, klappt unter seinem Oberlippenbart eine Lücke, dort, wo ihm die Gefängniswärter drei Tage vor seiner geplanten Hinrichtung die vier Schneidezähne ausgeschlagen haben (Adrian Kreye: Vorurteil Schuldig, in: Sittner 2007: 378).

Wenn wir das lesen, wird ein ähnlicher Mechanismus im Hirn aktiviert, der uns beim Passivtelefonieren, beim unfreiwilligen Mithören von Handy-Gesprächen anderer, stresst. Etwas in uns will die andere Seite ergänzen. Die Psychologin Lauren Emberson hat das laut Zürcher SONNTAGS-ZEITUNG untersucht:

»Unser Gehirn mag es nicht, wenn Dinge ablaufen, die unvollständig oder unberechenbar sind.«

Diese Unruhe im Hirn wittert Ahnung und weckt Neugierde. Sie treibt uns in den Artikel hinein. Wir erfahren, dass Brown ausrastete, als ihm ein Schneider vor der – später aufgeschobenen – Hinrichtung die Innennaht des Hosenbeins für den Leichenanzug vermaß. Sechs Wärter haben ihn geprügelt und die Zähne herausgeschlagen. Brown wurde nach 14 Jahren in der Todeszelle als Unschuldiger entlassen. Er erhielt keine Entschädigung, auch nicht für die herausgeschlagenen Zähne.

Der Appell der Leerstelle wirkt auch im Artikel von Achim Zons über die Hochseilartisten Peggy und Karl Traber (Das Duell mit dem Schicksal, Achim in: Sittner 2007: 288):

> Ausgerechnet in Perpignan verlor sie ihren Glauben an die eigene Unverwundbarkeit, und zwar zwischen dem 32. und 33. Schritt. Sie war über die Jahre immer so sicher gewesen, dass nichts passieren könne[,] und das Schicksal war ihr gnädig gewesen.

Wir wollen lesen, was da in der Lücke zwischen dem 32. und 33. Schritt passierte. Die Leerstelle wird damit genau positioniert. Und das ist wichtig für die Dramaturgie der Lücke. Dazu ein weiteres Beispiel aus dem SÜDDEUTSCHE ZEITUNG MAGAZIN. Auf der Titelseite werben ein verschleiertes Frauengesicht und ein Teaser um Aufmerksamkeit:

Neda?

> Im Sommer 2009 wurde eine Frau bei den Demonstrationen im Iran getötet, ihr Bild ging um die Welt. Zu oft war es das falsche: Es zeigte Neda Soltani. Die unglaubliche Geschichte der Frau, die wegen einer Verwechslung nie mehr in ihre Heimat zurückkehren kann.

Finden Sie eine Leerstelle? Wahrscheinlich soll uns der Titel mit *Fragezeichen* neugierig machen. Vermutlich will die Redaktion, dass wir uns fragen: Wer ist diese Frau? Aber das Angebot ist zu wenig eingegrenzt. Die Lücke ist zu groß, zu unbestimmt, ein zu weites Feld. Wir stellen uns ein anderes Titelbild vor. Die Grafik bietet zwei ähnliche, verschleierte Frauengesichter an. Ich muss mich entscheiden: Wer ist wer? Das würde mich aktivieren.

Die Geschichte hat hohes Aufmerksamkeitspotenzial. *Neda Agha Soltan (26)* wurde am 20. Juni 2009 in Teheran bei einer Demonstration gegen den Wahlbetrug Ahmadinedschads erschossen. Der Handyfilm über den Tod Nedas ging um die Welt. Neda wurde zur Märtyrerin, »zum Engel des Iran«. *Neda Soltani (32)*, Englischdozentin, *Beinahe-Namensvetterin* der Ermordeten, lebt. Jemand hat *ihr* Foto von ihrer Facebook-Seite kopiert und weiterverbreitet. Es kam weltweit in die Medien. Die Dozentin wurde mit der Märtyrerin verwechselt. Sie musste aus dem Iran fliehen. Neda, die Dozentin, lebt jetzt in einem Asylbewerberheim in Deutschland. Beide Frauen haben »unverdientes Leid erlebt«. Das löst, gemäß Aristoteles, großes Mitgefühl und Teilnahme bei den Mitmenschen aus. Wie konnte so etwas passieren, fragt sich der Leser, und will mehr wissen. Aber natürlich nur, wenn er überhaupt in die Geschichte einsteigt. Das Beispiel des Neda-Titelblattes zeigt: Es entsteht kein Sog, wenn die Leerstelle zu groß oder zu unbestimmt ist. Die Kunst der Lückendramaturgie besteht also in der Dimensionierung der Leerstelle: genug Information, um die Neugier zu wecken, und zu wenig, um sie gleich zu befriedigen.

Ein wichtiges Leerstellen-Übungsfeld sind die Zeitungsplakate. Wie stark ist der Appell? Ist der Sog der Leerstelle so groß, dass ich das Blatt kaufe? Ich lese auf dem BLICK-Plakat:

> Berühmter Schweizer im Ausland gestorben

Das weckt meinen Vervollständigungstrieb und ich kaufe das Blatt.

Fallen Sie mit der Türe ins Haus. Steigen Sie mit einer Szene ein, die den Zuschauer, die Leserin packt. Englisch nennt man das »powerful opening«.

Zurück zum Thema, zum Einstieg in den Artikel. Erst müssen sie ein Fenster öffnen für die Aufmerksamkeit. Wenn sie Neugier geweckt haben, können Sie die notwendigen »langweiligen« Informationen nachliefern, die zum Verständnis notwendig sind und die zur Exposition des Themas gehören (siehe Kap. 2, Die Storykurve). Wenn ein Redner auf die Bühne kommt, dann entscheidet das Publikum innerhalb weniger Sekunden, ob es ihm zuhören will oder nicht. Stellen sie sich vor, die Leute hätten grüne und rote Lämpchen auf dem Kopf. Wenn sie zuhören, schalten sie auf Grün, wenn sie wegzappen, leuchten die Lampen rot. Wenn der Aufmerksamkeitsschalter einmal auf Rot gestellt ist, wird es schwierig, eine Botschaft zu vermitteln. Man kann keinen zweiten *ersten guten Eindruck* machen.

Durchforsten Sie ihren Stoff nach möglichen kleinen Höhepunkten. Setzen Sie einen an den Anfang. Wenn Sie gar nichts finden: Lassen Sie die Finger vom Thema. Dann gibt es nichts zu berichten.

Es ist verboten, Leser zu langweilen wie im folgenden fiktiven Beispiel:

> Die Gemeindeversammlung begann um 20.00 Uhr. Der Präsident begrüßte die Versammelten.

Wenn ein Autor so einsteigt, hat er bereits verloren. Gibt es nichts Spannenderes zu erzählen? Stellen Sie sich vor, der Gemeindepräsident sei ohnmächtig geworden und vom Rednerpult gestürzt. Kommen Sie dann nach Hause und sagen Sie als Erstes: »Die Gemeindeversammlung begann um acht Uhr?«

Andocken

Wenn Sie das Publikum abholen, wenn Sie dort anknüpfen, wo sich die Leute gerade befinden, steigt die Aufmerksamkeit. Eigentlich eine Selbstverständlichkeit, aber sie wird häufig missachtet. Grund: Der News-Wert macht die Nachricht und das Storytelling kommt zu kurz. Radionachrichten sind manchmal für Insider formuliert, so dass die Hörerinnen sie kaum verstehen.

Stellen Sie sich vor, Sie hören folgende Nachricht am Radio (Topiwala 2009):

> Bei der Verlagerung des Güterverkehrs auf die Schiene sei der unbegleitete kombinierte Verkehr die zukunftweisende Lösung. Die rollende Landstraße, bei der ein ganzer Lastwagen samt Zugfahrzeug und Chauffeur auf die Bahn verladen werde, sei nicht das richtige Konzept. Zu diesem Schluss kommt eine Studie, die heute in Bern den Medien vorgestellt wurde. Die rollende Landstraße könne höchstens eine flankierende Zusatzmaßnahme sein. Als Strategie führe die rollende Landstraße wirtschaftlich, volkswirtschaftlich und ökologisch aufs Abstellgeleise.

Verstehen Sie das auf Anhieb? Die Nachricht ist korrekt nach dem Schema der News-Pyramide verfasst worden: das Neuste zuerst, Lead, Quelle, Einzelheiten, Hintergrund.

So wird die Meldung zu einer – unnötigen – Herausforderung für den Hörer. Leute ohne Vorwissen werden wenig verstehen. Nachrichtenredaktor Thomas Kropf erklärt das damit, dass Nachrichtenschreiben als formeller Prozess betrachtet wird. Kropf ist Nachrichtenredaktor beim SCHWEIZER RADIO DRS. Kropf gewichtet die kommunikativen Bedürfnisse der Hörer stärker. Er hat das »Andock-Modell« lanciert (http://homepage.hispeed.ch/thomas.kropf/).

Sein Vorschlag:

> »Sämtliche Informationen sind so im Text anzuordnen und zu verknüpfen, dass sie das Verstehen fördern; der Text soll – und zwar von Beginn weg – ans Vorwissen der Hörerschaft anknüpfen, gleichsam dort andocken.«

Das Verfahren ist aus der Gedächtnisforschung bekannt. Das Kurzzeitgedächtnis, die Arbeits- und Denkzentrale des Hirns, verarbeitet Information (unter anderem), »indem es assoziiert, also mit Bekanntem verknüpft« (Steiner 2009 :150). Wird die gleiche Meldung nach dem Andock-Prinzip verfasst, klingt sie so:

> Wie bringt man die Güter am besten von der Straße auf die Schiene? Mit der ›rollenden Landstraße‹, meinen die einen: Da wird der Lastwagen samt Chauffeur auf die Bahn verladen. Mit dem ›unbegleiteten kombinierten Verkehr‹, meinen die anderen: Da geht nur die Packung des Wagens mit, ohne Fahrzeug, ohne Chauffeur. Eine Studie kommt nun zum Schluss, dass die zweite Variante, also der unbegleitete kombinierte Verkehr, die richtige Lösung sei – und zwar wirtschaftlich wie vom Umweltgedanken her.

Das Ergebnis ist klar: Die angedockte Meldung ist verständlicher. Sie verzichtet darauf, mit der letzten Schraubendrehung einer News aufzumachen, sondern erinnert an den Zusammenhang und dockt daran an.

Die Nachrichtenredaktion von SCHWEIZER RADIO DRS arbeitet an einem neuen Handbuch (SCHWEIZER RADIO DRS 2011). Dabei ist ein sogenannter Schuhlöffel für schwierige Meldungen vorgesehen. Im Normalfall wird das Neuste zuerst genannt, heißt es in dem Entwurf des Handbuches:

> »Wenn das Neue ohne Vorgeschichte nicht verständlich ist, oder die Bedeutung des Neuen sich ohne die Vorgeschichte nicht erschliesst.«

Das Manual zitiert zwei Beispiele für einen Schuhlöffel-Einstieg:

> Vor zwei Jahren hatten zwei Männer in X eine Filiale der UBS überfallen und dabei zwei Angestellte erschossen. Heute hat das Gericht die beiden Männer zu 10 Jahren Zuchthaus verurteilt.

> Die Notlandung eines Airbus A-380 der Quantas letzte Woche hat nun auch Folgen für andere Fluggesellschaften. Gleichzeitig teilten heute Lufthansa und Singapore Airlines mit, sie würden auf den Einsatz ihrer A-380 bis auf Weiteres verzichten.

Um die Meldungen verständlicher zu machen orientiert sich SCHWEIZER RADIO DRS nicht länger am starren Schema der News-Pyramide. Nach dem Vorbild der ARD gilt seit 2011 das Bausteinemodell (Schwiesau 2003: 84).

Der klassische Leadsatz bleibt. Die Reihenfolge der weiteren Bestandteile darf verändert werden:

Kernaussage
Quelle, Einzelheiten, Hintergrund

Kernaussage
Einzelheiten, Hintergrund, Quelle

Kernaussage
Hintergrund, Einzelheiten, Quelle

Und so sieht das dann in der Praxis aus:

Lead	Forscher am Universitätsspital Lausanne haben einen neuartigen Tuberkulosetest entwickelt.
Einzelheit	Mit dem Test lässt sich rasch abklären, ob die Krankheit bei einem Patienten noch im Frühstadium oder bereits ansteckend ist.
Quelle	Die Forscher stellen den Test in der neusten Ausgabe des Fachmagazins »Nature Medicine« vor.
Hintergrund	Die meisten heute gebräuchlichen Verfahren dauern lange und sind wenig zuverlässig.

5.2 Mitte

In der Mitte muss was kommen. Aber was? Die Storykurve verlangt einen Höhepunkt. Er kann sehr verschieden gestaltet sein. Stellen Sie sich vor, Sie fahren Auto. Sie sehen durch die Frontscheibe und haben das Panorama vor sich. Sie schauen in den Rückspiegel und sehen, was hinter Ihnen liegt. Sie befinden sich in der Mitte der Strecke. So sagt es Aristoteles:

> »Eine **Mitte** ist, was sowohl auf etwas anderes folgt als auch etwas anderes nach sich zieht.«

Es gibt keinen Lehrsatz über die Mitte journalistischer Texte. Um etwas zu erfahren über »die gute Mitte«, haben wir einige Beispiele auf den Seziertisch gelegt und die Mitte bzw. das mittlere Drittel genauer untersucht. Auffällig, dass das Verb »mitten« nicht existiert. Wir können anfangen, wir können enden. »Mitten« gibt's nicht.

Eine andere Seite des Helden

Erwin Koch zieht plötzlich den Vorhang auf. Er zeichnet in der österreichischen PRESSE das Porträt des vermutlich besten Odyssee-Übersetzers deutscher Zunge, Dr. Kurt Steinmann. Über acht Absätze werden der Held und seine Verdienste vorgestellt: Kollegenlob, Auszeichnungen, Lebenswerk, Motivation. Dann kommt die Mitte:

> Jetzt hört er ein Geräusch, ein Murren vielleicht, er drückt sich schnell vom Stuhl und eilt ans Bett der Mutter, 92-jährig, die er pflegt, seit sie nicht mehr gehen kann.

Herr Steinmann, der Geistesriese, zeigt hier *eine andere Seite*. Er, dessen letzten Jahre den Abenteuern und Reisen des Odysseus gewidmet waren, hat den Bannkreis seiner Mutter nie verlassen. Das ist Fallhöhe. Das ist Spiegelung. Und passt so herrlich zur griechischen Mythologie.

> Sie ist wunderbar, sagt er, meine Mama. Alltäglich um halb acht trägt Dr. phil. Kurt Steinmann, in Rente seit sechs Jahren, seiner Mutter, die er nie verließ, das Frühstück ans Bett, hilft ihr, wenn nötig, beim Essen, bringt ihr die »Glückspost« oder die »Frau mit Herz«, stellt, wenn sie es möchte, das Radio an, liest dann eine der vielen Zeitungen, die im Kasten liegen, »Neue Zürcher«, »FAZ«, »Willisauer Bote«, bricht schließlich zum Einkaufen auf […]

Nach ihrem ersten akustischen Auftritt – »ein Murren vielleicht« – knapp vor der Mitte des Textes bleibt Mutter Steinmann präsent bis ins Finale. Wenn Homer die eine große Liebe ist im Leben von Kurt Steinmann, ist die Mama die andere. Ihr gehört seine Fürsorge folgerichtig auch im letzten Absatz.

> Mama, hast du warm genug?

Erwin Koch schließt mit einem Ausblick auf Steinmanns nächstes Projekt. Seine Ilias-Übersetzung soll 2018 erscheinen. Es bleibt das Bild eines Besessenen, eines genialen Kauzes, dessen Bindung an die Mama der Größe keinen Abbruch tut. Vielleicht gibt es ja auch einen Zusammenhang.

> Behalten Sie einen Trumpf in der Hand. Portionieren Sie Ihre Höhepunkte.
> Einen brauchen Sie für die Mitte.

Die Schlüsselszene

> Die Häftlinge betreten die Sporthalle durch den elektronisch gesicherten Eingang auf dem JVA-Gelände.

Die *Mitte* des Artikels über den Sportclub der Justizvollzugsanstalt Mannheim bringt eine *Schlüsselszene*. Darüber steht der Zwischentitel: »Wer in die Halle kommt, ist Spieler«. Zwei Mannschaften begegnen sich in der Sporthalle. Die einen kommen aus ihren Zellen durch den Keller über den Hof der Anstalt. Die anderen nehmen den Eingang an der Straße, sie kommen von draußen. Für die Dauer eines Wettkampfes sind die Knackis Sportler. »Vom Gegner gab es noch nie einen dummen Spruch«, sagt ein Übungsleiter der JVA. Das Stück von Anja Treiber in den WEINHEIMER NACHRICHTEN steht unter der Überschrift:

> Ein ganz normaler Mensch – für anderthalb Stunden

Die *Mitte* zeigt den Moment, in dem Häftlinge zu Sportlern werden. Den Moment, in dem sie das Spielfeld betreten. Für Anja Treiber ein *magischer Moment*.

Die *erste Hälfte* des Textes läuft über die Absätze: Protagonist Anthony S., ein Mörder – Schließer und Schlösser in der JVA – Das Training – Alltag im Knast. Die *zweite Hälfte* bringt: Häftlinge und Angestellte gemeinsam beim Sport – es gibt nur Heimspiele – Regeln und Zusammenarbeit – Tischtennistraining – Anthony S. am Abend.

> Um 18.15 muss Anthony S. mit den anderen zurück auf seinen Flur, nimmt eine Dusche und geht in die Zelle. Um 21.30 wird die braune Stahltür abgeschlossen, ehe das Licht im Flur gelöscht wird – wie jeden Tag. Aber übermorgen wird die Skat-Endrunde ausgespielt, am Montagabend steigt das Volleyballturnier. Und damit kehrt ein Stück Normalität ein an diesem Ort, an dem es dieses Wort eigentlich gar nicht gibt.

Wählen Sie für die Mitte eine Szene, die Ihre Kernaussage stützt.

Die Überschrift verspricht das Außergewöhnliche, das Mittelstück beschreibt es und der Schluss bestätigt es. Das ist eine schlüssige Dramaturgie. Sie hat eine Voraussetzung: Ich muss wissen, was ich sagen will. Dann können sich Anfang, Mitte und Ende auf meine Kernaussage beziehen.

Fixieren Sie Ihre Kernaussage. Entwickeln Sie daraus Anfang, Mitte und Ende.

Eine neue Figur

Monika Held schreibt über obdachlose Frauen:

> Zwölf Uhr mittags ist die Zeit, zu der Jasmin Cruse die Tür ihres Wohnwagens öffnet. Zuerst springt ein Schäferhund ins Freie, ein müdes Gesicht schaut hinterher. Wer nichts vorhat, sollte lange schlafen, sonst nimmt der Tag kein Ende. Das weiß Jasmin, seit sie von zu Hause weggelaufen ist. Vor drei Jahren war das, da war sie 14.

Jasmin Cruse tritt in der Mitte eines Textes erstmals auf. Sie ist die zweite Protagonistin der BRIGITTE-Reportage über obdachlose Frauen. Edith Steimker, 59, schläft am liebsten im Damenklo. Und Jasmin Cruse, 17, nächtigt auf dem Campingplatz. Von Jasmin ist in der ersten Hälfte nicht die Rede. Denn der Text folgt der Chronologie eines Tages, und Edith Steimker ist seit morgens um vier auf den Beinen, Jasmin hat ihren ersten Auftritt um zwölf Uhr mittags. Wir sind aber durch Fotos auf ihren Auftritt vorbereitet. Im zweiten Teil des Textes treten Jasmin Cruse und Edith Steimker abwechselnd auf. Den Schluss bildet eine Bierparty auf dem Campingplatz. Jasmin feiert ihre Aufnahme in die Abendschule.

> Auf die Zukunft! Gefeiert wird bis Mitternacht. Am anderen Ende der Stadt schläft Edith Steimker seit einer Stunde ihren leichten, wachsamen Schlaf auf dem Damenklo.

Schwenk der Kamera zurück zum Damenklo. Mit einer rhetorischen Figur aus der Dichtkunst, dem Gegensatzpaar »wachsamer Schlaf«. Und Schluss.

E Edith Steimker, 59 Jahre alt, steht um 4 Uhr auf und geht um 23 Uhr ins Bett.
J Jasmin Cruse, 17 Jahre alt, steht um 12 Uhr auf und geht um 24 Uhr ins Bett.

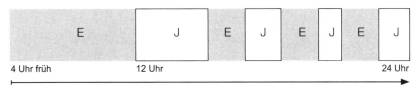

4 Uhr früh   12 Uhr   24 Uhr

Exemplarisch verdichteter Tag zweier obdachloser Frauen

Die Mitte – eine neue Figur

Ein neuer Ton, eine neue Richtung

Ein in vieler Hinsicht schwieriges Thema: Tanja Rest besucht einen Schamanismus-Kongress. Viele Schamanen, viele Besucher, viele Workshops. Sie führt ihre Leser vorbildlich durch das Gewusel. Die *erste Hälfte* des Artikels bietet schrille Szenen und farbige Details. Ein Tableau weiser Frauen, esoterischer Spinner, ein Bild nach Breughel mit Sinnsuchern und Priestern. Exakt in der Mitte hält sie inne:

> Kurz: Die Versuchung ist groß, den Kongress als geniales Spukgebilde abzutun. Aber so einfach ist das nicht, im Gegenteil. Je genauer man hinschaut, umso komplizierter wird es.

Die Autorin formuliert ein Resümee ihrer Eindrücke. Spuk oder Nichtspuk – das wird die Frage sein, der sie jetzt konsequent folgt:

> Die hier anwesenden Schamanen haben allesamt verblüffende Heilerfolge erzielt. Diese Erfolge sind zum großen Teil dokumentiert und der Schulmedizin ein schmerzendes Rätsel.

Nun geht es darum, was das bunte Treiben in der ersten Hälfte des Textes bedeutet. Um Analyse, um die Frage nach der Substanz des Schamanismus und der Schamanen. Leser können ab jetzt verfolgen, wie die Autorin ihre Eindrücke sortiert und zu einer Meinung, einer Haltung gegenüber dem Thema gelangt. Sie spricht mit einem Psychologen über Schulmedizin und Grenzgebiete der Psychologie. Sie besucht zwei Schamanen in ihrem Gastquartier. Die beiden, das zeigt sie in Szenen, zeichnen sich aus durch gesunden Menschenverstand, Demut und Gottvertrauen. Der letzte Eindruck der Leserin: Die sind klug, die Schamanen. Klüger als manche Kongressbesucher.

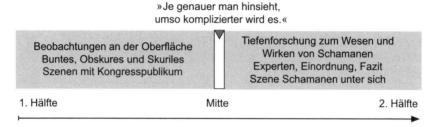

Die Mitte – ein neuer Ton, eine neue Richtung

Das Geheimnis

Selbst wenn wir wissen, dass der Held ein Geheimnis hat – wir wagen nicht, danach zu fragen. Das Motiv erinnert an die Artussage. Amfortas, der Gralskönig, könnte erlöst werden durch eine Frage. Gut, dass Birk Meinhardt die Frage seinem Helden Abdul Momand endlich stellt. Oder zumindest dafür sorgt, dass ein anderer sie stellt:

> Wie sieht sie aus, die Erde von oben, Abdul, so blau, wie immer gesagt wird?

Abdul Momand war ja im Weltall, er muss es wissen. Abdul, der afghanische Kampfflieger, der als Kosmonaut mit der Sojus 6 die Erde umkreiste.

> »Blaugrün. Sie wirkt vor allem deshalb so eindrucksvoll, weil um sie herum alles schwarz ist. Aber das wichtigste ist, du siehst sie als Ganzes. Du fühlst dich auf eine pure Art als Mensch. Du bist sehr stolz, auf der Erde zu leben.«

Abdulahad Momand erzählt im Kreis seiner Sportkameraden einmal genauer, wie es war da oben. So genau hat er noch nie darüber gesprochen. Jetzt hören sie, dass er da oben gleich noch zwei heldische Taten absolviert hat. Er hat die Bremsautomatik der Raumkapsel außer Kraft gesetzt – gegen den Willen seines Kommandanten. Damit hat er die Rückkehr der Mannschaft zur Erde ermöglicht. Sie wäre sonst in ihrer Kapsel im Weltraum verglüht. Und dann hat er noch eine Botschaft an die Welt gesandt, an die Sowjets und an sein eigenes Volk: »Wir Afghanen brauchen keinen Krieg mehr.«

Momands Lebensgeschichte hat hier, in der Mitte des Artikels, ihren Höhepunkt. Ein Bauernsohn wird Kosmonaut. Nie war er höher droben, nie hat er größeres Ansehen genossen. Seine Story entspricht den Theorien Aristoteles' wie Friedrich Dürrenmatts. Die schlimmstmögliche Wendung steht bevor. Nach dem Aufstieg – davon erzählt die *erste Hälfte* des Textes – kommt der Fall. Davon erzählt die *zweite Hälfte*. Momand verlässt sein Land und beantragt Asyl, weil in Afghanistan »nichts besser wird«, wie es im Text heißt. In Deutschland wird der Held schikaniert und gedemütigt im Rahmen des Asylverfahrens. Heute übt Momand eine Tätigkeit aus, über die er nicht spricht:

> [...] [D]ass er nicht darüber reden will, erklärt schon mehr, als Momand will. Da muss eine Scham sein bei ihm, weil sich alles doch sehr am Boden abspielt, zu tief unterm Gipfel seiner Geschichte.

Ein Held hat ein Geheimnis, einen geheimen Schmerz, eine verwundbare Stelle. So will es Hollywood und so zeigt es sich bei Abdul Momand. Er ist stolz. So stolz, dass er nicht darüber spricht, welche Art von Arbeit ihn heute ernährt. Und er hasst Aufschneiderei. So sehr, dass nicht einmal seine Volleyballfreunde genau wissen, welch einzigartige Reise er einst unternommen hat. Bis der Reporter kommt und behutsam zu fragen beginnt. So wie in der Gralsgeschichte. Da kommt Parzival und erlöst den kranken König durch seine Frage. Wer das Muster der Heldenreise kennt (siehe Kap. 6.8), erkennt alle Stationen in der Momand-Story der SÜDDEUTSCHEN ZEITUNG wieder.

Die Geschichte wirkt dennoch nicht konstruiert. Gute Erzähler bedienen sich selbstverständlich bewährter Erzählmuster, die ihr Publikum ebenso selbstverständlich entziffert. Märchen und Mythen, Hollywoodschinken und Groschenromane, Kinderbücher und Comics enthalten diese Muster genauso wie große Literatur unserer Zeit. Professionell schreiben heißt gezielt auf sie zuzugreifen.

Studieren Sie bewährte Erzählmuster aus der Literatur, aus Märchen und Mythen. Übernehmen Sie, wenn möglich, deren Strukturelemente. So stärken Sie Ihre Stücke.

Die Wende

Morgens im Radio. Sabine Brandi erzählt zwischen zwei Musiktiteln im Morgenmagazin des WESTDEUTSCHEN RUNDFUNKS ein kleines Erlebnis: »Morgens in meiner Dortmunder U-Bahn«. Eine Moderation (siehe Volltext in Kap. 10), die beiläufig daherkommt und doch durch und durch gestaltet ist. Die Wende ereignet sich exakt in der Mitte, die Spiegelachse der Erzählung besteht im Ausruf einer älteren Dame:

»Ach, ich hab mich nich entwertet!«

Alle Personen, die in der *ersten Hälfte* aufgetreten sind, kommen wieder in der *zweiten Hälfte*. Hier ist nichts zufällig. Kein Kinderwagen steht einfach nur so in der U-Bahn herum. Faszinierend, wie leichtfüßig die Geschichte daherkommt, und wie minutiös geplant sie aussieht, wenn man sie in ihre Bestandteile zerlegt.

Wenn Sie intuitiv schreiben, weil Ihnen das besser liegt: Prüfen Sie beim Überarbeiten, ob Sie die Story noch wirksamer drehen können. Haben Sie das Grundmuster optimal herausgearbeitet?

Was haben die vorgestellten Mitten gemeinsam? Sie handeln vom Kern. Sie bringen einen dramatischen Höhepunkt in Gestalt einer Wende. Sie resümieren und sie verheißen Neues. Sie öffnen endlich eine Tür, durch deren Spalt schon Licht gefallen ist. Sie zoomen auf einen Protagonisten, dessen Name bereits fiel. Sie schaffen neue Spannung auf dem Feld, das angelegt ist. Sie weisen zum Subtext.

Wir haben allen Mittebeispielen einen Hinweis auf den Schluss der Stücke angefügt. Denn eine schlüssige Konstruktion steht auf drei Säulen. Die heißen Anfang, Mitte und Ende. Dazwischen bestehen Zusammenhänge.

5.3 Ende

Das Ende bleibt. Unser Gedächtnis hegt eine Vorliebe für Schluss-Szenen, sagt der Hirnforscher Daniel Gilbert (Gilbert 2008: 330). Was wir auch wahrnehmen – eine Serie von Klängen oder Düften, eine Reihe von Bildern, eine Anzahl von Personen: Stets erinnern wir uns deutlicher an den Schluss als an die Mitte oder den Beginn der Abfolge. Natürlich müssen Journalisten ihr Publikum erst mal soweit durch die

Story lotsen, dass es in die Zielgerade einbiegt. Da sollte dann aber noch mal eine Art Triumphbogen warten. Oder ein dreifach gebundenes Spalier.

Schlüsse haben es schwer. Anfänge kommen in der Ausbildung von Journalisten häufig vor. Die meisten Journalistinnen und Journalisten sind im Anfangen besser als im Aufhören. Wir haben einige bewährte Schlussfiguren aus einer größeren Sammlung von Texten herausdestilliert.

Das Ende der Handlung

Sollten Sie jemals über Schädlingsbekämpfung am Beispiel der Ratte schreiben, wäre dies ein sehr passender letzter Absatz:

> Und dann: der schmerzlose Rattentod. Die Antikoagulantien [Medikament, das die Blutgerinnung hemmt, Anm. d. Verf.] machen das Blut dünn. So dünn, dass es sogar durch die Adern dringt. Krämer vergleicht die Methode mit dem sanften Selbstmord in der Badewanne. Und er erzählt das, als sei er schon dabei gewesen: »Da tut auch nichts weh, abgesehen vom Aufschlitzen der Pulsadern.« Bei der modernen Methode also rührt sich die Ratte nicht mehr in ihren letzten Stunden. Etwas Blut dringt aus Ohren und Schnauze. »Es sieht dann aus, als ob die Ratte döst«, sagt Krämer. »Sie liegt noch einige Stunden herum, kurz vorm Einschlafen sitzt sie da mit verträumten Augen, und dann gehen die Augen langsam zu.«

Ende gut, Ratte tot. Die Schädlings-Bekämpfer-Story von Malte Dahlgrün in der SÜDDEUTSCHEN ZEITUNG schließt mit einem *Zitat* und dem *Ende* der zentralen *Handlung*. Zudem bestätigt der letzte Blick des Protagonisten auf die Ratte eine *Aussage* des Stücks: dass nämlich Daniel Krämer ein irritierend vertrautes Verhältnis hat zu den Tieren, deren Beseitigung sein Job ist. Was der Text erzählt und wie er es tut, ist in diesem Absatz verdichtet.

> Finden Sie das logische Ende Ihres Stückes im Sinne Aristoteles. Wie endet die Handlung? Wie können Sie diesen Moment verdichten oder überhöhen?

Auf der Suche nach der verlorenen Muße im digitalen Zeitalter war SPIEGEL-Autorin Susanne Beyer. Ihre innere Reise führte Sie durch die Geistesgeschichte Europas und einige Jahrhunderte zu einer Erkenntnis. Ihre äußere Reise begann in Hamburg, fand ihre Fortsetzung im Day Spa in Berlin und endete mit einer Handlung.

> Der BlackBerry mag es nicht? Macht nichts. Ausschalten. Jetzt.

Sabine Brandi, die im WDR von ihrem frühmorgendlichen U-Bahn-Erlebnis »einmal war alles anders« erzählt, endet mit dem Ausstieg ihrer Protagonistinnen aus der Bahn – Ende der Handlung – und dem akustischen Schnappschuss vom Moment danach.

> Stadtmitte stiegen die beiden alten Frauen dann aus, erleichtert, fröhlich und gut unterhalten. Das war's dann. Danach waren wir wieder alle stumm.

Die Quintessenz

Roland Mitterbauer spricht die Quintessenz seiner Reportage in der PASSAUER NEUEN PRESSE aus:

> Dass die Glut von Birkenholz im Vergleich zu anderen Holzarten relativ kühl, der Boden feucht und kalt, die Füße aufgeweicht sind, spielt keine Rolle. Der Glaube versetzt Berge und motivierte Menschen können Dinge erreichen, die sie zuvor nicht zu träumen gewagt hätten.

Helen Knust hat für das Ende ihres Textes über eine Patchworkfamilie in ECHT eine symbolische Handlung gefunden. Zwei Geschwister, 16 und 17 Jahre alt, leben in getrennten Haushalten. Nils bei der Mutter, Pia beim Vater. Sie sehen sich täglich in der Schule. Ihre Mutter hat eine Form gefunden, Zugehörigkeit und Fürsorge auszudrücken, auch für Pia. Sie schmiert Pausenbrote für ihre beiden Kinder:

> Nils bringt seiner Schwester das Schulbrot mit, ein kleines Stück Frankfurter Zuhause. Der Vater und die Stiefmutter finden, Pia ist alt genug, sich selbst etwas einzupacken. Aber Anja ist an dieser Stelle gerne Mutter. »Selbständigkeit erkennt man nicht am geschmierten Schulbrot«, sagt sie. Und wie früher bekommt Pia Wurst und Nils Käse.

Szene plus Zitat mit zentraler Aussage – so schließt Tanja Rest mit ihrem Text über den Schamanenkongress. Zwei Schamanen im Gespräch:

»What's up?«, fragt Konqobe. – »Da ist eine Frau aus Salzburg gekommen. Sie will, dass ich mache, dass sie ein langes Leben hat.« Der Schamane haut sich auf die Schenkel, und dann lachen beide, amüsiert und durchaus nachsichtig. »Ein langes Leben!«, sagt Sree Chakravarti. Herzensgüte leuchtet aus jeder Furche ihres Gesichts. »Wer außer Gott könnte das schenken?«

Wählen Sie vor dem Schreiben eine Szene oder Handlung aus, in der sich Ihre Aussage kristallisiert. Heben Sie sie auf für den Schluss.

Die Quintessenz kann auf vielerlei Wegen in den Schlussabsatz gelangen. Das Zitat ist einer davon. Zum Beispiel in der SÜDDEUTSCHEN ZEITUNG, in der Charlotte Frank die Geschichte über schwule Asylbewerber mit dem Resümee des Gutachters Martin Dannecker beschließt:

Er sagt, dass die Geschichten der homosexuellen Flüchtlinge nicht nur besonders kompliziert sind, weil sie Schreckliches und Traumatisches erzählen. Sondern weil sie Geschichten von Unaussprechlichem sind. Geschichten davon, dass eine Eigenschaft, die einen vorher fast das Leben gekostet hat, plötzlich Leben retten kann.

Radiobeiträge schließen fast immer mit einem Zitat. Gut, wenn es eine Quintessenz enthält. Radiojournalisten haben da selten ein Problem. Weil sie in der Regel ihre O-Töne von vornherein sortieren und die sinnvollsten Zitate auf Anfang, Mitte und Ende ihres Beitrags verteilen, bevor sie die Zwischentexte dichten.

In Bremen haben die Wähler bei der Bürgerschaftswahl seit 2011 fünf statt zwei Stimmen. Birgit Sagemann war für RADIO BREMEN bei einer Infoveranstaltung in einer Seniorenbegegnungsstätte. Kommen die alten Herrschaften mit dem neuen Verfahren klar? Die 88-jährige Klara Buritz hat das Schlusswort im Beitrag:

»Ich hab fünf Kreuze zur Verfügung und dann ist Schluss. Wenn ich sechs ankreuze, dann ist der Zettel ungültig. Wenn man das intus hat, geht es eigentlich.«

An der Schweizer Journalistenschule wird das Zitat als Rausschmeißer aus einem Printbeitrag mitunter beanstandet. Nicht weil es per se schlecht ist, sondern weil es häufig einen Verlegenheitsschluss darstellt. Ein Zitat zum Schluss muss Quintessenzqualitäten haben, damit es bestehen kann. Haben Sie noch eines in petto? Wenn nicht, formulieren Sie ein Resümee. Das ist wirkungsvoller als ein hinkendes Zitat. Und kommt daher wie ein freundlicher Händedruck mit Augenkontakt. Es bestätigt: Ja, so hab ich das gemeint.

Der Reporter Birk Meinhardt schließt so. Abdulahad Momand hat ihn zu einem afghanischen Reisgericht im Kreis der Familie eingeladen. Momand, der afghanische Astronaut, der in Deutschland so unsanft gelandet ist (siehe Kap. 4.1 und 5.2.5). Er hat eine Karriere vom Minister in Afghanistan zum Asylbewerber in Ostfildern hinter sich. Er schämt sich für seinen heutigen Job. Aber für seine drei Kinder hat er gute Bedingungen geschaffen. Sie sprechen akzentfrei Deutsch, die Älteste beginnt bald ein Studium. Der Autor lobt das Reisgericht, das die Frau seines Helden zubereitet hat:

> Bibigul schleppt einen Zehn-Kilo-Beutel heran, damit man sich die Aufschrift merken kann, Golden Pamir, Pakistan, und Abdulahad verfolgt es mit dem Schweigen desjenigen, der weiß, dass er die Dinge, die geregelt werden mussten, geregelt hat.

Mit diesem Bild und einer Verneigung vor seinem stolzen, tragischen und schweigsamen Helden schließt das Stück.

> Wählen Sie einen Schluss, der die Tonalität oder Temperatur Ihres Textes noch einmal deutlich spüren lässt.

Die Panorama-Seite der SÜDDEUTSCHEN ZEITUNG stellt eine Art Guide Michelin der Luxusaltersheime vor. Entsprechend betuchte Herrschaften berichten von ihren Ansprüchen ans Wohnen im Alter und vom Leben in gediegenen Residenzen. Großzügig hätten sie es gern, gut versorgt wollen sie sein, kulturell, sozial, medizinisch. Hanna Bruno hat den Umzug schon hinter sich und wohnt bereits im Münchner Tertianum, einem perfekten Alterssitz. In der Revue der Protagonisten ist sie das letzte Nummerngirl, die Rausschmeißerin:

> Als Leiterin zweier heilpädagogischer Anstalten hat sie in ihrem Leben viel gearbeitet. Da könne sie es sich jetzt, mit 85 Jahren, ruhig mal ein bisschen gut gehen lassen, findet sie. Gerade hat sie sich vom Coiffeur des Hauses die Frisur richten lassen, jetzt schiebt sie schnell ein Kaffeepäuschen ein, aber danach muss sie unbedingt »raus, raus, raus«. Die

> Sprunggelenke bewegen. Denn die sind, seit sie im Tertianum wohnt, Frau Brunos einzige Sorge.

Im letzten Satz steckt ein verhaltener Kommentar, das Resümee der Autorin Mareike Ludwig: Die Sorge um die Gesundheit kann auch das Premiumwohnen nicht nehmen. Wenngleich das Tertianum alles bietet, was man kaufen kann.

Das Ende macht die Sache rund. Wenn Sie gut erzählt haben, ist sich die Leserin, der Hörer an dieser Stelle sicher: Habe verstanden. Das wollte sie mir sagen. Der Schluss hat es noch mal bestätigt. Ein guter Schluss enthält Ihre Aussage verdichtet, im Bild, in der Szene, im Zitat. Oder als Resümee der Autorin.

Machen Sie den Schlusstest. Enthält und bestätigt Ihr Schluss die Aussage?

Das zentrale oder sprechende Detail

> Hunderte Meter vom Ufer entfernt weht der Sturm ein Sitzpolster weg. Murer will es aus dem Wasser fischen. Er fällt über Bord, der Bodensee verschluckt ihn.

Am Bodensee ist der Unternehmer Beda Murer über Bord seiner Yacht gegangen. Der BLICK schildert die Handlung einer Gewitternacht aus der Sicht seiner »Begleiterin«, wie es in der Boulevardzeitung heißt. Die Zeitung berichtet vom Seenotalarm, der Helikoptersuche und dem Abbruch der erfolglosen Rettungsaktion. Der letzte Satz lautet:

> Die Retter haben die Sitzpolster geborgen.

Der Schluss nimmt das entscheidende Detail wieder auf und vernäht diesen losen Faden der Geschichte: Was war mit dem Sitzpolster? Die Retter haben das Sitzpolster geborgen. Den Mann aber haben sie nicht gefunden. Der Millionär ist ertrunken, weil er ein Sitzpolster aus dem Wasser fischen wollte. Dieser Schluss ist gut, weil er Fallhöhe schafft, das Tragische und Unnötige dieses Unfalls benennt.

Pointe und Paukenschlag

Die schwedische Journalistin Natalia Kazmierska hat 2005 den untergetauchten Romanautor Peter Hoeg nach einer detektivischen Verfolgungsreise aufgespürt. Nach seinem Welterfolg »Fräulein Smillas Gespür für Schnee« hat Hoeg zehn Jahre lang kein Interview gegeben. Kasmierska erzählt ihre Geschichte in EXPRESSEN streng chronologisch. Ausgenommen den Anfang. Da nimmt sie die Szene der Begegnung vorweg. Später wird klar, dass Hoeg sich tatsächlich auf ein Interview eingelassen hat. Er war bereit, einer Veröffentlichung unter bestimmten Bedingungen zuzustimmen. Den Hammer bringt die Autorin im letzten Absatz:

> Die Bedingung ist, dass ich niemandem erzähle, dass ich ihn hier und jetzt getroffen habe. Das ist die wichtigste Forderung des weltberühmten Schriftstellers. Er insistiert sehr auf diesem Punkt. Ich muss tun, als habe dieses Treffen in Norre Snede nie stattgefunden. Ich stimme nicht zu.

Oder machen Sie's so: Pointe plus Rückschluss zum Anfang. Mehrere Schlussfiguren verstärken die Wirkung. So wie in Herbert Riehl-Heyses Stück über den Ankauf einer Arbeit des Künstlers Joseph Beuys durch die Stadt München. Bei der Ausstellungseröffnung (der zweite Absatz im Text) kommt es zu einer bezeichnenden Szene:

> Ein junger Mann im Skipullover steht plötzlich neben dem Meister, fragt ihn, ob er Englisch sprechen dürfe, sagt, er habe bis gestern noch nie den Namen Beuys gehört, dann habe ihm ein Bekannter von diesem größten Künstler seit Picasso vorgeschwärmt, worauf er sich in einer Kunsthandlung erkundigt habe, wo dieser Mann eigentlich auftrete. Da habe die Besitzerin gerufen: »Um Gottes willen, dieser Scharlatan!« Hier also stehe er, sagt der Skipullover mit deutlich erhobener Stimme, und wolle wissen: »Are you a genius or a charlatan?«

Es wird dann gefachsimpelt vom Vernissagen-Publikum, es geht um Fettecken und Hasenunterkiefer sowie Filzhüte. Und die exorbitanten Preise für solcherlei Kunst. Und zum Schluss begegnet der Künstler noch einmal dem Skipullover:

> Der sagt, er wisse jetzt endlich die Antwort auf seine vorhin gestellte Frage, »Sie sind«, sagt er mit ausgebreiteten Armen, »weder Genie noch Scharlatan: Gott schütze Sie für Ihre Eigenschaft, ein menschliches Wesen zu sein.« Beuys sagt, exactly so sei es, und danach lassen sie sich Arm in Arm fotografieren.

Zurück zum Anfang

Oft heißt es: Zurück zum Anfang sei ein guter Schluss. Das kann so sein. Jedoch tritt die wohltuende Wirkung dieser Figur nur dann ein, wenn sowohl der Anfang als auch das Ende sich auf eine Kernaussage beziehen. Und aus diesem gemeinsamen Bezugspunkt speist sich der Eindruck, eine »runde Geschichte« gehört oder gesehen zu haben. Nicht aus dem Umstand, dass – beispielsweise – sowohl Anfang wie Ende im Damenklo spielen.

Anfang:

Sechs Gründe sprechen für das Damenklo als Nachtquartier.

Ende:

Am Ende der Stadt schläft Edith Steimker seit einer Stunde ihren leichten, wachsamen Schlaf auf dem Damenklo.

Die Kernaussage lautet: Obdachlose Frauen legen Wert darauf, anders als wohnsitzlose Männer, dass ihre Not nicht sichtbar wird. Man sieht sie deshalb kaum je auf Parkbänken oder in Hauseingängen schlafen. Deshalb ist die Schlafstätte Damenklo ein guter Ort für Anfang und Schluss.

Ausblick

Bis zum Ende des Volksfestes am 18. April werden mehr als 2,7 Millionen Besucher erwartet.

So ein Schluss kann passen. Allerdings klingt er ziemlich sachlich. Niemand wird vermuten, dass DIE WELT zuvor eine besonders packende oder originelle Story erzählt hat. Hat sie auch nicht. So schließt ein Pflichtstück zu einem jährlich wiederkehrenden Ereignis.

Einen Ausblick nach dem Muster »Was wäre, wenn …?« setzen Katja Riedel und Christian Sebald in ihrer Geschichte über Google Street View in der SÜDDEUTSCHEN ZEITUNG. Die Vorlage liefert ihnen der Rechtsdezernent der Gemeinde Ratingen, die eine Gebühr verhängte für das Filmen ihrer Straßenzüge. So wird das Filmen teuer für Google:

»Natürlich ist uns bewusst, dass wir als vergleichsweise kleine Kommune alleine einen Weltkonzern wie Google nicht abschrecken können«, sagt der Ratinger Rechtsdezernent Dirk Tratzig. »Das sähe aber ganz, ganz anders aus, wenn viele Kommunen unserem Beispiel folgen.«

Einen vorbildlichen Ausblick liefert Erwin Koch in seiner Gelehrtenstory über den Altphilologen Kurt Steinmann. Dessen Leben und Übersetzungskunst basiert u. a. auf Gleichmaß und Disziplin. Das Große schaffen in kleinen Schritten. So ging das bei der »Odyssee«. So wird es sein bei der »Ilias«.

Alltäglich um zehn Uhr am Morgen hilft Dr. Kurt Steinmann seiner Mutter ins Wohnzimmer, polstert ihren schmalen Rücken und fragt, Mama, hast Du warm genug? bis sie nickt. Dann tritt er an seinen Tisch in seinem Zimmer und beginnt zu übersetzen, Homers anderes großes Werk, die »Ilias«, 15 Verse jeden Tag, zuerst im Kopf, dann schreibt er sie nieder, schmeckt sie ab, tippt sie endlich in den Computer, sechs Stunden Arbeit für 15 von 15.693 Versen, 1047 Tage für die »Ilias«, Hieb um Hieb, Schlacht nach Schlacht, Gott für Gott, Abgabetermin – 2018.

Service oder Appell

Beiträge mit explizitem oder impliziten Servicecharakter schließen oft mit weiterführenden Hinweisen. Die stehen am Schluss oder als Nachsatz abgesetzt:

Widerspruch kann man auch formlos einlegen unter streetview-deutschland@google.com.

Der hannoversche Bürgersender h1 zeichnet das Konzert auf. Es soll am Sonntag, 22. Juli, ab 19 Uhr gesendet werden. Der Sender ist im Kabelnetz auf dem Sonderkanal 11 zu empfangen.

Der KURIER schließt einen Text über einen Kinderdorfvater in Österreich mit einem Zitat des Protagonisten und der entsprechenden Internetadresse.

»Deshalb appelliere ich an alle Elternpaare, wenn es zu Problemen kommt, sich professionelle Hilfe zu suchen. Ich erlebe es immer wieder, dass sich viele Erziehungsberechtigte genieren oder zu stolz dazu sind, Unterstützung anzunehmen.«
Internet: www.sos-kinderdorf.at

Verdichtet enden

Das Ende bleibt. »Zöpfeln« sagt Michael Haller, wenn diverse Stränge oder Ebenen zusammengeführt werden wie ein schwäbischer Hefezopf, dessen Stränge am Ende – und am Anfang – aufeinandergeklebt werden. Das Gebilde kann sich dann nicht mehr in seine Einzelteile auflösen, es hat eine organische, geradezu gebackene Form.

Ein Schluss, der hängen bleibt, enthält häufig mehrere dicht aufeinander folgende Schlussfiguren. In Sabine Brandis Hörstück (siehe Kap. 11) sind es drei:

Deutung des Geschehens expressis verbis	Der ganze hintere Wagen war plötzlich eine Verschwörung gegen die Regel und für die Ausnahme. Wir hätten jetzt jede Obrigkeit ausgeschimpft dafür, dass man sich tagtäglich entwerten muss.
Ende der Handlung, szenisch	Stadtmitte stiegen die beiden alten Frauen dann aus, erleichtert, fröhlich und gut unterhalten.
Rückschluss zum Einstiegsbild (In meiner Dortmunder U-Bahn sind morgens immer alle schweigsam.)	Das war's dann. Danach waren wir wieder alle stumm.

Anja Treiber bringt ihren Text über den Sportverein im Mannheimer Justizvollzug ebenfalls mit einer dreifach gebundenen Schleife ins Ziel:

Ende der Handlung: (Chronologie eines Tages im Knast)	Um 18.45 muss Anthony S. mit den anderen zurück auf seinen Flur, nimmt eine Dusche und geht in die Zelle. Um 21.30 wird die braune Stahltür abgeschlossen, ehe das Licht im Flur gelöscht wird – wie jeden Tag.
Ausblick:	Aber übermorgen wird die Skat-Endrunde ausgespielt, am Montag steigt das Volleyballturnier.
Deutung, Resümee der Autorin: (Oxymoron)	Und damit kehrt ein Stück Normalität ein an diesen Ort, an dem es dieses Wort eigentlich gar nicht gibt.

5.4   Verdorbene Enden

Nimmt man die Alltagsproduktion von Volontärinnen oder angehenden Diplom-
journalisten unter die Lupe, findet man oft ansprechende Einstiege. Anfänge, die
Spannung versprechen und orientieren. Ungefähr so oft wie Einstiege gelingen, ver-
unglücken Enden. Wir raten ab von den folgenden Schlussfiguren.

Der Nebenschauplatz

Die Krankenhauslehrerin (siehe S. 56) hat das Schlusswort im Text über eine parlamentarische Initiative zur Finanzierung von Unterricht im Spital:

> Der Moment, in dem ein Kind gesund das Spital verlasse, sei das
> Schönste überhaupt in ihrem Beruf. Und was, wenn nicht? »Wir sind da
> – egal wohin die Reise geht.«

Dieser Schluss ist ein schlechter Schluss. Warum? Weil der Text sagt: Die Kranken-
hausschule ist wichtig für chronisch kranke Kinder. Und deswegen muss die Finanzierung landesweit einheitlich geregelt werden. Es geht nicht um Lehrerinnen und
die Freuden ihres Berufes. Und es geht auch nicht um die Frage, was mit den Kindern ist, die das Krankenhaus nicht mehr verlassen können. Auch wenn das Zitat
ein starkes Zitat ist: Der Schluss verlässt den Fokus des Textes und führt auf einen
Nebenschauplatz.

> Der gute Schluss muss mit der Kernaussage korrespondieren. Sie aufnehmen.
> Oder aussprechen. Oder bebildern.

Das neue Fass

Ursula Müller, die Brauchtumspflegerin aus Gladenbach, hat auch keinen guten
Schluss. Im letzten Absatz geht es um ihr Engagement für das Heimatmuseum:

> »Im Lauf eines Jahres kommen daran mindestens 20.000 Menschen
> vorbei, und viele bleiben auch stehen und gucken«, freut sich die Vor-
> sitzende und verrät, dass es sie durchaus reizen würde, das Museum
> im alten Katasteramt einzurichten.

Warum, wieso soll das Museum umziehen? Ist der alte Raum zu klein? Woran hängt es im Amt Blankenstein? Weder Katasteramt noch Museum kamen im Text bislang vor. Die Autorin rollt ein neues Fass auf die Bühne. Dann lässt sie den Vorhang fallen. Falls Sie mit dem Bild vom Fass und Vorhängen nichts anfangen können: Schneiden Sie im letzten Absatz keinen neuen Käse an.

> Ein journalistischer Beitrag, der keinen Fokus, keine Kernaussage hat, kann keinen guten Schluss haben. Genauso wenig wie er eine gute Überschrift haben kann.

Nährwert Null

Das Konzert mit dem verloren gegangenen Instrument (siehe Kap. 3.1) hat auch drei Schlüsse. Der erste sagt:

> Die Besucher hätten gern was Warmes gehabt.

Der ist, was manche Lokalredaktionen unter bürgernah verstehen und ist nicht sonderlich beeindruckend. Der zweite Schluss besteht im Hinweis auf die TV-Übertragung. Der allerdings sollte dann auch das Ende sein. Der DEISTER-ANZEIGER meint es aber besonders gut mit seinen Lesern und setzt noch einen finalen Schluss dazu:

> In Bennigsen ging das Masala-Welt-Beat-Festival gestern weiter: Das Silk String Quartet aus China spielte.

Jetzt wüsste man aber doch gern, wie es denn war in Bennigsen. Wie es in Völksen war, hat man gerade lesen können. Interessanter freilich wäre zu wissen, welches Konzert der Masala-Reihe man als Nächstes besuchen könnte.

> Kann man Ihren Schluss von hinten kürzen? Wenn ja, tun Sie es.

Der Allgemeinplatz

Ein beliebter Taxifahrer läuft Amok in Nordengland. Zwölf Menschen kommen ums Leben:

> 30 Tatorte muss die Polizei der Grafschaft Cumbria nun sichern und untersuchen. So überfordert ist die verhältnismäßig kleine Truppe, dass manche Leichen noch sieben Stunden nach der Tat auf der Straße lagen. Sehr viel länger wird es dauern, bis die seelischen Narben in der Gemeinschaft verheilt sind.

Der letzte Satz der SÜDDEUTSCHEN ZEITUNG gehört ersatzlos gestrichen.

5.5 Übergänge

Ein neuer Mensch taucht auf. Ein neuer Aspekt. Eine Rückblende. Wenn es dabei ruckelt in der Geschichte, stimmt was nicht. Wenn ein Sprung gedanklich zu weit, zu hoch, zu unvermittelt ist, verlieren Sie Publikum. Wie vermeiden Sie das? Indem Sie Bezüge herstellen, um die neue Stimme, den neuen Aspekt einzubinden. Organische Übergänge ziehen das Publikum weiter in die Geschichte, in ihre Komplexität hinein.

Bezüge ausdrücklich benennen

Im oberbayerischen Freising hat ein 34-Jähriger ein buddhistisches Kloster gegründet, geradewegs am Domplatz. Der Vorspann verspricht: »Warum Philipp Mönch wurde und in seiner bayerischen Heimat ein buddhistisches Kloster eröffnete. Eine Geschichte über Sinn«.

Peter Wagner erzählt sie auf der Seite der SÜDDEUTSCHEN ZEITUNG JETZT.DE. Der Einstieg zeigt Philipp in Freising beim Betteln um Mahlzeiten, wie das bei buddhistischen Mönchen Sitte ist. Es folgen die Geschichten von Philipps Reisen nach Japan, Taiwan, Thailand, und seiner Ordination zum Mönch. Wie wechselt der Autor den Schauplatz und bringt Philipps Mutter ins Spiel? Er nennt die Zeit und den Ort von Philipps Klostergründung:

Dann kehrt er zurück in seine Heimatstadt, plötzlich, Herbst 2008. Er eröffnet das buddhistische Kloster.

Philipps Mutter Maureen wohnt schon lange nicht mehr in Freising, sie geht jetzt nahe Koblenz ans Telefon. Doch nach wenigen Minuten legt sie den Hörer beiseite. Sie sucht den Brief von Philipp, in dem er schrieb, wie er sein Leben verändern werde.

Der Autor vermittelt die Sprünge durch Bezüge. Von Philipp zu Philipps Mutter, von Freising nach Koblenz. Peter Wagner bindet die Mutter mittels einer Hauptsatzschleife an den Schauplatz seiner Geschichte an. Und er erzählt szenisch von dem Telefonat. So gibt er Orientierung und lässt uns darüber hinaus miterleben, wie er an seine Informationen kommt.

Die Kontrastbrücke

Gabriela Meile schreibt für die SCHWEIZER FAMILIE über die neueste Entwicklung beim Bau von Achterbahnen. Der Text spielt im Hier und Jetzt, vor und auf der Achterbahn Blue Fire im Europa Park Rust. Dort werden Züge mit 100 Stundenkilometern über die Gleise gejagt. Die Autorin möchte einen Rückblick in die Zeit der Entstehung der Achterbahnen vor 300 Jahren einfügen. Wie kriegt sie die Kurve? Ihr Protagonist, der Entwicklungsingenieur Thorsten Köbele schenkt ihr ein Zitat, das zum Kuppeln einlädt:

»Achterbahnen sind die sichersten Verkehrsmittel der Welt. Sicherer als eine Reise mit dem Zug oder dem Flugzeug.«

Früher waren die Fahrten gefährlicher. Die ersten Achterbahnen hatten weder Bremsen noch Sicherheitsbügel. Entstanden sind sie im 16. Jahrhundert in Russland. Während kalter Wintermonate bauten die Russen bis zu 20 Meter hohe Holzgerüste mit einer etwa 50 Grad steilen Rutschbahn. Die Holzplatten übergossen sie mit Wasser, das über Nacht gefror. Am nächsten Tag rutschten die Einheimischen mit Schlitten über die Bahn.

Meile nutzt das Zitat, um einen Kontrast aufzubauen. Sie springt von »heute sicher« zu »früher gefährlich«. Damit hat sie ihren Übergang gestaltet. Auch ein negativer Zusammenhang ist ein Zusammenhang.

Erwartungen aufbauen und bedienen

Die Zeitschrift ECHT erzählt von zwei jungen Leuten, Sophie-Lotte und Matthias, die sich auf einen ökumenischen Freiwilligendienst in Indien und im Libanon vorbereiten. Der erste Absatz des Textes ist Sophie-Lottes Reisevorbereitungen gewidmet. Zimmer räumen, Bett abbauen. Sie spricht von Erwartungen und Befürchtungen. Im zweiten Absatz tritt plötzlich die Koordinatorin des Freiwilligendienstes auf. Leser können den Sprung dennoch nachvollziehen. Denn die Expertin gibt die Antwort auf eine Frage, die die Autorin bereits im Kopf der Leserin platziert hat. Sie lautet: Was soll die Reise bringen?

> Sophie-Lotte ist weder als Helferin unterwegs, noch soll sie missionieren. Die meisten Freiwilligen haben gerade ihr Abitur gemacht. »Die können noch keine beruflichen Erfahrungen weitergeben«, sagt Birgit Grobe-Slopianka, die als Koordinatorin beim Evangelischen Missionswerk arbeitet. »Viele nehmen mehr mit, als sie jemals geben könnten.« Das ist auch Sophie Lotte bewusst [...]

Die Expertin erscheint überraschend, ist aber willkommen, denn ihr Statement passt schlüssig und rundet das Bild. Ihr zweites Zitat mehrere Absätze später ist ähnlich vorbereitet und eingebunden. Die Autorin Helen Knust will von der Motivation des Libanon-Freiwilligen Matthias zu den Schwierigkeiten von Heimkehrern überleiten. Sie schaltet einen Brückensatz. Er lautet: »In Idstein wird das Leben ohne ihn weitergehen.«

> Das Auslandsjahr ist für den 20-Jährigen Zivildienst und Betriebspraktikum für die Fachhochschule in einem. »Ich will herausfinden was ich mir zumuten kann«, sagt er.

> In Idstein wird das Leben ohne ihn weitergehen. »Zurückkommen ist sehr viel schwieriger als wegzugehen«, sagt Birgit Grobe-Slopianka. Sie erinnert sich an eine Freiwillige, die nach einem Jahr einfachsten Lebens mit den übervollen Regalen im Supermarkt nichts mehr anfangen konnte.

Lenken Sie Erwartungen. Bereiten Sie Ihr Publikum auf neue Aspekte, neue Personen vor, indem Sie Fährten legen oder Fragen aufwerfen. Dann wirkt das Neue nicht unvermittelt, sondern im Gegenteil: Leser sind hoch zufrieden, dass genau das kommt, was sie jetzt wissen wollen.

Das passende Requisit

Wenn Sie das Berufsporträt eines Kammerjägers verfassen und die schönsten Gruselszenen in modrigen Kellern mit verendenden Ratten soeben beschrieben haben – wie schaffen Sie dann einen eleganten Übergang zur Berufsausbildung und Vita Ihres Protagonisten?

> Kein Zweifel, dass da einer seinen Beruf gefunden hat. Fast atemlos schleudert er seine einprägsamen Sätze hin, man ist gefesselt. Sogar Diagramme und Tabellen hat er mitgebracht, auch den Abschnitt zu den Mäuseartigen aus seinem Fachbuch für Schädlingsbekämpfung. Er besitzt das Buch, seitdem er seinen Beruf erlernt hat, von 1988 bis 1990, in den letzten Jahren der DDR. Zehnte Klasse, Abschluss, dann hatte er ein Auswahlverfahren bestanden, um in die zweijährige Ausbildung aufgenommen zu werden.

Von der toten Ratte zur Ausbildung des staatlich geprüften Schädlingsbekämpfers – das ist der Wechsel von der Szene zu den Fakten. Über das Requisit »Fachbuch« gelingt er Malte Dahlgrün in der SÜDDEUTSCHEN ZEITUNG beiläufig, anschaulich und folgerichtig.

Einen Handlungsstrang weiterführen

Susanne Beyer lässt die Gedanken in ihrem SPIEGEL-Artikel über die Kunst des Müßiggangs weit schweifen. Der Handlungsstrang ihres Textes – die Suche nach Erkenntnis – ist dabei immer wieder deutlich zu sehen, vor allem bevor sie gewagten Assoziationen folgt und Exkurse unternimmt. So stellt sie sicher, dass ihre Leser nicht verloren gehen:

> Das Taxi fährt durch die Invalidenstraße, vorbei am Naturkundemuseum. Ein Inbegriff des alten Europa. Hier werden Steine und Pflanzen und ausgestopfte Tiere gesammelt. Man muss an Johann Wolfgang von Goethe denken, den alten Dichter, der auch dauernd Steine sammelte. Für ihn war das Muße […]

> Der Taxifahrer fährt weiter die Invalidenstraße entlang, zum Treffpunkt des Interviews. Etwas weiter weg sieht man Reichstag und Bundeskanzleramt. Es sind die Hochdruck-Arbeitsstätten, in denen über die Zukunft des Landes entschieden wird. Mußefreie Zonen.

Wenn Sie Personen, Orte, Zeiten, Themen wechseln, machen Sie deutlich, welche Koordinaten bleiben und welche wechseln. Und welcher Zusammenhang zwischen beiden besteht.

Der Strang, der weitergeführt wird, kann die Suche nach Erkenntnis sein, wie bei Susanne Beyer – die Suche nach der verlorenen Muße. Im Beispiel des buddhistischen Mönchs ist der Ort Freising die Konstante, auf die Zeitsprünge und Ortswechsel bezogen sind. Und in der Geschichte zum Freiwilligendienst sind zwei Hauptpersonen die verlässlichen Koordinaten. Ihnen ist eine Nebenfigur – die Expertin und Koordinatorin – beigestellt. Der Übergang kann die Orientierung im Fluss des Stückes gewährleisten, wenn neue Aspekte hinzukommen. Allerdings, wir sagten es schon an anderer Stelle, müssen Sie wissen, wo Sie hinwollen. Sonst können Sie keine Brücken bauen.

In Kapitel 11 finden Sie die komplette Analyse eines Textes von Reto Schneider. Er hat in seiner Grönland-Geschichte an seinen Erzählstrang, eine Beerdigung, immer wieder plausibel und organisch Exkurse und Rückblenden angedockt.

Mehr erzählen, weniger aufzählen

Elisabeth Wasserbauer

Geschichten haben Kraft. Journalismus ist erfolgreich, wenn er mehr erzählt und weniger aufzählt. Ohne Dramaturgie und Spannung sind Storys eine Faktenaufzählung, gut erzählt werden sie zu Information, Unterhaltung, Lektüre. Verantwortungsvolle Journalisten beobachten, erklären und informieren.

Mit diesen Informationen kann man sich ein Bild machen und Entscheidungen treffen. Informierte Menschen sind in der Lage bewusst zu wählen und nur so kann Demokratie funktionieren. Leser brauchen Erzählstücke, die Zusammenhänge und Hintergründe aufzeigen – und gleichzeitig Geschichten sind, die man gerne von Anfang bis Ende liest. Denn Hirn und Herz funktionieren nur gemeinsam.

116

Es war einmal vor langer Zeit … Geschichten tradieren Erfahrungen und Werte einer Gesellschaft. Die Hexe im dunklen Wald, der strahlende Held – Geschichten beeinflussen unsere Wahrnehmung. Sie sagen, wer gut und wer böse ist. Geschichtenerzähler prüfen die eigenen Wahrnehmungen und Werte und schauen genau hin. Die Moral von der Geschicht' liegt im Beobachten und Beschreiben.

Attraktiv erzählte Geschichten mit genau recherchierten Inhalten von Journalisten, die sich über ihren Standpunkt klar sind – damit nimmt der Journalismus seine Aufgabe wahr und gibt Orientierung. Diese Verantwortung braucht bewusstes Handeln. Fachliche und persönliche Weiterbildung sind für diese Arbeit essenziell.

Elisabeth Wasserbauer leitet die österreichische Medienakademie/das Kuratorium für Journalistenausbildung. Zuvor war sie Seminarleiterin und hat als Print- und Radio-journalistin gearbeitet.

Das Kuratorium für Journalistenausbildung ist die größte Weiterbildungseinrichtung für Journalismus in Österreich und stellt als Drehscheibe seit über 30 Jahren Know-how und Wissen für Journalistinnen und Journalisten zur Verfügung.

5.6   Schluss jetzt

Wissenschaftler folgen gerne einem simplen Dreisatz für den Aufbau von Vorträgen und Aufsätzen:
1. Say what you are going to say.
2. Say what you have to say.
3. Say what you have said.

Journalisten müssen etwas mehr bieten, wenn sie das Publikum gewinnen und halten wollen. Der Anfang soll orientieren, neugierig machen, etwas andeuten, nicht zu viel, aber eben doch genug. In der Mitte sagen wir präzise und plastisch, was wir zu sagen haben. Und am Schluss?

»Man gibt mehr auf der Menschen Ende acht als auf ihr Leben, wie die Sonne nie mit mehr Vergnügen beschaut wird, als wenn sie untergeht, und an einer Musik nichts aufmerksamer macht als der Schluss.«
(Shakespeare, König Richard II)

»Ich will, dass die Geschichte noch mal den Schwanz hebt und wackelt und der Leser nochmals überrascht ist.« Das wünscht sich STERN-Autor Arno Luik im Radiointerview des DEUTSCHLANDFUNKS zum Thema »Schluss«. Was er damit meint, zeigt er am Beispiel seines Interviews mit der jüdischen Schriftstellerin Angelika Schrobsdorf. Sie ist zum Zeitpunkt des Gesprächs über 80 Jahre alt, spricht von ihrem Wunsch zu sterben und der Angst vor einem unwürdigen Tod.

> *Frau Schrobsdorf, so wie sie reden, müssten Sie demonstrieren mit dem Slogan: »Mein Tod gehört mir!«*
> Ja, all die alten Krüppel, die vielen Alten, die in Pflegeheimen armselig und entwürdigt vor sich hin vegetieren und todtraurig sind, die müssten für einen Tod in Würde kämpfen.
> *Der Literaturprofessor Hans Meyer hat sich vor ein paar Jahren, als 94-Jähriger, zu Tode gehungert.*
> Das habe ich mir auch schon überlegt, aber es dauert so lange. Ich bin dafür zu hipperig.
> *Soll ich Sie umbringen?*
> Ja, das wäre es, das ist ein guter Gedanke.
> *Ich kann es nicht.*
> Ich weiß.

Arno Luik kommentiert sein Stück:

> »Manche sagen, das geht zu weit. Aber ich finde, das ist ein starker Schluss, der dieser Frau gerecht wird. Ich möchte den Schluss so gestalten, dass der Leser sich an das Gespräch erinnert. Es soll eine kleine Spur in seinem Kopf hinterlassen« (Luik 2009: 326 f.).

Überschrift/Lead	Kernaussage	Anfang	Mitte	Ende
Armut, die man nicht sieht Sie sehen aus wie die Frau oder das Mädchen von nebenan, aber sie sind obdachlos. Sie leben in Not, aber sie tun alles, damit man es nicht merkt. 160.000 obdachlose Frauen gibt es in Deutschland, und es werden täglich mehr. Monika Held (Text) und Stephan Morgenstern (Fotos) über den Alltag auf der Straße. BRIGITTE Monika Held	Das Spezifische an weiblicher Obdachlosigkeit: Frauen wollen nicht, dass ihre Armut sichtbar wird. Monika Held zeigt das am Beispiel einer alten und einer jungen Frau. »Zwei deshalb, weil es nicht nur einen, sondern viele Wege in die Obdachlosigkeit gibt und weil es nicht nur alte, sondern auch junge Obdachlose gibt. Ich möchte wissen, warum sie auf der Straße leben, die Junge und die Alte.«	*Die erste Protagonistin und ihr Schlafort* »Sechs Gründe sprechen für das Damenklo als Nachtquartier: Das Häuschen ist offen – auch nachts. Es wird täglich geschrubbt und riecht nach Zitrone. In der Nacht brennt weißes Neonlicht. Es gibt ein Waschbecken und Wasser. Die Klotüren lassen sich verriegeln, und – darauf legt Edit Steimker besonderen Wert – das kleine Haus hat Gleisanschluss. Es steht direkt neben der U-Bahn-Station Ostendstraße.«	*Die zweite Protagonistin und ihr Hund Timo* »Zwölf Uhr mittags ist die Zeit, zu der Jasmin Cruse die Tür ihres Wohnwagens öffnet. Zuerst springt ein Schäferhund ins Freie, ein müdes Gesicht schaut hinterher. Wer nichts vorhat, sollte lange schlafen, sonst nimmt der Tag kein Ende.«	*Beide Protagonistinnen und ihre Attribute* »Und wenn die Wohnung an dem Hund scheitert? Und die Schule daran, das es keine Wohnung gibt? Sie wird sich zurücklehnen bei dieser Frage und nicht mehr antworten. Eine Wohnung ohne Timo ist keine Wohnung für Jasmin Auf die Zukunft! Gefeiert wird bis Mitternacht. Am anderen Ende der Stadt schläft Edith Steimker ihren leichten, wachsamen Schlaf auf dem Damenklo.«

Anfang, Mitte und Ende

119

Überschrift/Lead	Kernaussage	Anfang	Mitte	Ende
Ein ganz normaler Mensch – für anderthalb Stunden (Dachzeile:) Sport im Strafvollzug: Mannheimer Häft-linge nehmen als VSC Mannheim im Handball, Tischtennis und Schach an öffentlichen Spielrun-den teil/ Das Sportange-bot in der JVA hat einen hohen Stellenwert. WEINHEIMER NACHRICHTEN Anja Treiber	Mannschaftssport bringt Normalität in die JVA und bietet für viele Häft-linge die Chance, Druck abzulassen. Das tut ihnen gut und »entlastet das ganze Haus«, wie ein Mitarbeiter sagt.	*Der Protagonist* »Er sagt nicht viel, aber er ist präsent. Die Mitspieler richten immer wieder den Blick auf den dunkelhäutigen Mann im blauen T-Shirt. Anthony S. ist Passgeber, steht im Abwehrzentrum und sammelt die Bälle in einem Einkaufs-wagen ein.«	*Schlüsselszene: Aus Häftlingen werden Spieler* »Die Häftlinge betreten die Sporthalle durch den elektronisch ge-sicherten Eingang auf dem JVA-Gelände. Von den Zellen geht es durch den Keller über den Hof mit den Werkstätten in die helle Halle, die so gepflegt ist, wie kaum eine andere im Mann-heimer Stadtbereich.«	*Der Protagonist am Abend – Ausblick und Resümee* »Um 18.15 Uhr muss Anthony S. mit den anderen zurück auf seinen Flur, nimmt eine Dusche und geht in die Zelle. Um 21.30 Uhr wird die braune Stahl-tür abgeschlossen und das Licht im Flur ge-löscht – wie jeden Tag. Aber übermorgen wird die Skat-Endrunde stattfinden, am Montag steigt das Volleyballtur-nier. Und damit kehrt ein Stück Normalität ein an diesem Ort, an dem es dieses Wort doch gar nicht gibt.«

Anfang, Mitte und Ende

Überschrift/Lead	Kernaussage	Anfang	Mitte	Ende
		Alltägliche Begebenheit	*Wendepunkt*	*Resümee, Ende*
Morgens in meiner Dortmunder U-Bahn WESTDEUTSCHER RUNDFUNK Sabine Brandi	Einmal war alles anders. Das Missgeschick einer alten Frau in der U-Bahn sorgte kurzzeitig für eine Verschwörung eines Haufens wildfremder Menschen.	»In meiner Dortmunder U-Bahn sind morgens immer alle schweigsam, gucken sich kaum an, und wenn, dann gelangweilt, grimmig oder müde. Ich zum Beispiel guck müde.«	»Da kamen zwei alte Frauen rein. Die eine setzt sich, die andere stutzt und schreit laut: ›Ach, ich hab mich nich entwertet!‹ Was'n Satz, denke ich. Da stehste doch, wertvoll wie eh und je.«	»Wir hätten jetzt jede Obrigkeit ausgeschimpft dafür, dass man sich tagtäglich entwerten muss. Stadtmitte stiegen die beiden Frauen dann aus, erleichtert und gut unterhalten. Das war's dann. Danach waren wir wieder alle stumm.«

Anfang, Mitte und Ende

Überschrift/Lead	Kernaussage	Anfang	Mitte	Ende
Auf dem Olymp Kurt Steinmann, frühpensionierter Gymnasiallehrer aus Reussbühl bei Luzern, erntet für seine Übersetzung der »Odyssee« Hymnen. Nun sitzt er an der »Ilias« – und pflegt seine Mutter, die er noch nie verließ. DIE PRESSE Erwin Koch	Der Kontrast zwischen Steinmanns Alltag und den Abenteuern des Odysseus könnte größer nicht sein. Ein äußerlich beschaulich-spießiges Leben im Dienst griechischer Epen und seiner Frau Mama. Steinmann ist besessen, bescheiden, diszipliniert. Genial.	*Der Protagonist und sein Ruf in Fachkreisen* »Neulich rief einer aus Deutschland an, nannte sich Professor der Altphilologie, Universität Soundso, und fragte an was er, Steinmann, gerade sitze, welches Antikenwerk er im Begriff sei zu übersetzen, denn er, Professor Soundso, wage nicht das Gleiche zu tun, weil nicht so schön und vollkommen sei, was aus Steinmanns Filzstift fließe, und derzeit keiner die Kunst der gehobenen Traduktion besser begreife als er, Kurt Steinmann, CH-6015 Reussbühl bei Luzern.«	*Der Protagonist und seine Mama* »Jetzt hört er ein Geräusch, ein Murren vielleicht, er drückt sich schnell vom Stuhl und eilt ans Bett der Mutter, 92-jährig, die er pflegt, seit sie nicht mehr gehen kann. Vor Jahren fand er sie hier auf dem Sofa, fast lahm und stumm, ein Hirnschlag. Sie ist wunderbar, sagt er, meine Mama. Alltäglich um halb acht trägt Dr. phil. Kurt Steinmann, in Rente seit sechs Jahren, seiner Mutter, die er nie verließ, das Frühstück ans Bett, hilft ihr, wenn nötig, beim Essen […].«	*Der Protagonist, seine Mutter und sein neues Projekt* »Alltäglich um zehn Uhr am Morgen hilft Dr. Kurt Steinmann seiner Mutter ins Wohnzimmer, polstert ihren schmalen Rücken und fragt, Mama, hast du warm genug? bis sie nickt. Dann tritt er an seinen Tisch in seinem Zimmer und beginnt zu übersetzen, Homers anderes großes Werk, die »Ilias«, 15 Verse jeden Tag, zuerst im Kopf, dann schreibt er sie nieder, schmeckt sie ab, tippt sie endlich in den Computer sechs Stunden Arbeit für 15 von 15.963 Versen, 1047 Tage für die »Ilias«, Hieb um Hieb, Schlacht nach Schlacht, Gott für Gott, Abgabetermin – 2018.«

Anfang, Mitte und Ende

6 Welche Form wähle ich?

Wenn ein Architekt ein Haus baut, braucht er einen Plan und später ein Gerüst. Das Gleiche gilt für Texte, Radio- oder TV-Beiträge. Jeder Beitrag hat eine Struktur, eine bewusste oder eine unbewusste, eine erfolgreiche oder eine weniger erfolgreiche. Im Folgenden bieten wir eine Übersicht über Muster des Storytelling, vom einfachen Grundmuster wie der chronologischen Story bis zum raffinierten Muster, dem *Oxymoron-Plot,* auf den wir bei unseren Analysen gestoßen sind. Dazu kommen uralte Formen, gewissermaßen Archetypen der Vermittlung. Alle bieten einen roten Faden, einen Spannungsbogen; sie halten die Story zusammen.

6.1 Chronologische Story

Eins nach dem anderen erzählen: geeignet für komplizierte Geschichten

Die Story wird von Anfang bis zum Ende entlang dem zeitlichen Ablauf erzählt. Der Erfolg hängt davon ab, dass Sie wichtige Szenen auswählen und den Mut haben, möglichst viel wegzulassen. »Kill your darlings« nennen das die Journalisten. Wir warnen vor der *Adam-und-Eva-Falle.* Die Chronologie muss nicht bei der Geburt beginnen. Es reicht, dann einzusteigen, wenn der Protagonist oder die Heldin aufbricht. Dieses einfache Erzählmuster ist besonders geeignet für das Erzählen komplizierter Sachverhalte. Es kann helfen, Abläufe zu entwirren, wenn sie nacheinander vermittelt werden. Chronologisch aufgebaut sind auch die sogenannten »Roadmovies«. Geschildert wird der Ablauf einer Reise, bei der sich viel Abenteuerliches ereignet. Die Geschichte ist so spannend, dass sie zum Selbstläufer wird.

6.2 Rahmengeschichte

Die Rahmengeschichte kehrt zurück an den Anfang.

Anfang und Ende bilden einen Rahmen. Sie umschließen die Story. Die *Framestory* vermittelt dem Leser das angenehme Gefühl oder die Illusion, dass er es mit einer in sich abgeschlossenen Geschichte zu tun hat. Eine berühmte Rahmengeschichte ist *Tausendundeine Nacht*. Scheherazade erzählt dem König Schahriyar jede Nacht eine Geschichte. Sie erzählt um ihr Leben. Denn der König, verletzt durch die Untreue seiner ersten Frau, hat bisher alle Geliebten am Ende der Nacht umgebracht. Scheherazade hört jeweils mit einem *Cliffhanger* (siehe Kap. 12) auf und vertröstet den König mit der Fortsetzung der nächsten Nacht. Nach tausend und einer Nacht hat sie ebenso viele Geschichten erzählt und drei Kinder geboren. Der Held verändert sich und lässt seine Frau am Leben. Man kann 1001 Nacht auch als Metapher für Journalisten lesen. Wenn unsere Geschichten das Publikum nicht fesseln, verlieren wir die Aufmerksamkeit. Das Muster der Rahmengeschichte ist in der Literatur populär. Oft wird ein Erzähler eingeführt, der berichtet, er erscheint am Anfang und am Ende. Er sollte auch zwischendurch auftauchen. Sonst haben wir eine reine *Klammergeschichte*. Der Vorteil für den Journalisten kommt am Ende. Es ist einfach, einen Schluss zu finden, man kehrt zurück zum Anfang. Man spricht von einer eingebetteten Geschichte: »nested narrative«, »a story within a story«, »a circular story«. So ist auch die Geschichte über die Marathonläuferin Paula Radcliffe aufgebaut (siehe Kasten).

Elemente einer Rahmengeschichte

Beispiel:
Ulrike von Bülow: Das Glück einer jungen Mutter (den vollständigen Text aus der SÜDDEUTSCHE ZEITUNG finden Sie im Kap. 11):

> Neun Monate nach der Geburt ihrer Tochter gibt Paula Radcliffe ein beeindruckendes Marathon-Comeback.

	Text	Analyse
Anfang	Ungewöhnlich: Isla, neun Monate alt, spaziert im New Yorker Central Park, an der Hand ihrer Mutter, Marathonläuferin Paula Radcliffe. Das Baby hat pränatal trainiert!	Das Kind ist die Rahmengeschichte. Mit dieser Szene wird das Thema eingeführt. Die Marathonläuferin hat vor 9 Monaten ihr Kind geboren.
Mitte	Radcliffe rennt und gewinnt den New Yorker Marathon in 2:23:09	Ein Bericht über den Sieg Radcliffes am New Yorker Marathon. Rhetorische Frage: Schafft sie es oder schafft sie es nicht? Erst durch die *Mutter-Erzählung* wird aus dem Bericht eine Geschichte. Das Motiv Kind und Schwangerschaft tauchen immer wieder auf, z.B. im Aspekt »Blutdoping« während der Schwangerschaft. Bei einer *durchkomponierten Rahmengeschichte* wird die Eingangs- und Schlussthematik auch zwischendurch aufgenommen. Bei einer *Klammer-Geschichte* kommt sie nur am Anfang und am Ende vor.

Ende	Zitat: Radcliffe: »Wenn ich glücklich bin, trainiere ich besser, und renne schneller, und die Tatsache, dass ich nun diesen kleinen Engel im Leben habe, macht mich sehr glücklich.«	Sie gewinnt trotz der Geburt. Die Aussage wird noch gesteigert. Radcliffe gewinnt wegen der Geburt: Das Kind beflügelt sie als Läuferin. Das Baby hat die Mutter zum Erfolg getragen.
Subtext Echoraum (siehe Kap. 12)	Erwartungshorizont der Leserinnen: Eine Frau, die vor 9 Monaten ein Kind geboren hat, kann keinen Marathon laufen und schon gar keinen Marathon gewinnen. Der Widerspruch macht die Geschichte spannend. Das hat Oxymoron-Qualitäten (siehe Oxymoron-Kapitel).	
Fazit	Ein exemplarisches Beispiel für den Bau einer Rahmen-Geschichte.	

Elemente einer Rahmengeschichte

6.3   Gondelbahngeschichte

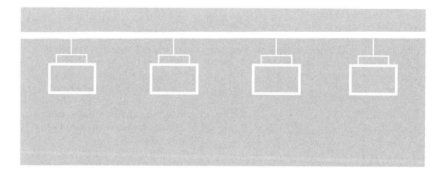

Ein starkes Seil als Basiserzählung. Einzelne Geschichten werden als Gondeln ans Seil gehängt.

Ein Journalist besucht 20 Jahre nach dem Abitur seine Studienkollegen, ohne Voranmeldung. Seine Reise bildet die Basiserzählung. Sie ist das verbindende Seil. Die einzelnen Erzählungen über die Besuche werden am Seil wie Gondeln aufgehängt. Andere Beispiele: Holger Gertz, SÜDDEUTSCHE ZEITUNG, sitzt auf dem Oktoberfest und notiert, was auf ihn zukommt. Ein BILD-Journalist hat in einem Straßencafé Platz genommen und beobachtet und beschreibt, wie ein Bettler nach dem andern zu ihm kommt.

Reto U. Schneider verwendet das Gondelbahn-Bauprinzip in seinem Artikel »Am Rand der Welt«. Als Seil verwendet er die Beerdigung einer Frau (siehe Kasten).

Elemente einer Gondelbahngeschichte

Beispiel:
Reto U. Schneider: »Am Rand der Welt«
Besuch in der nördlichsten Stadt der Welt – Qaanaaq auf Grönland (in: NZZ FOLIO, vollständiger Text siehe Kap. 11).

Das Seil, das die Gondeln trägt	Einstieg mit Trauerzug durch Qaanaaq.	Der Trauerzug und die Beerdigung werden als Basis benutzt, um immer wieder neue Episoden von der Stadt mit 686 Einwohnern zu erzählen. So gelingt es, Recherchen über das Leben in Grönland strukturiert im Rahmen einer Geschichte zu präsentieren.
Gondeln Ausgangs- und Anknüpfungspunkte für Episoden	Funktion	Inhalt
Handgeschriebene Einladung zur Trauerfeier an der Pinnwand im Supermarkt.	Aufhänger für Porträt des Supermarktes.	Schilderung des Supermarktes, der auch Kühlschränke verkauft.
Die 39-jährige Frau hatte sich in Dänemark das Leben genommen. Alkohol soll im Spiel gewesen sein.	Anknüpfungs-Punkt für das Alkoholproblem.	Thema Alkohol wird geschildert.

Gondeln	Funktion	Inhalt
Die Beerdigung musste immer wieder verschoben werden, weil kein Flugwetter war.	Aufhänger zum Schildern der Lebensbedingungen in Grönland.	Die sogenannte »Vielleicht-Air« und andere Umstände des Lebens in Grönland: ein Leben ohne Struktur. Wegen der Mitternachtssonne gibt es kein Morgen Mittag und Abend. Und auch keine richtigen Jahreszeiten.
Kamera-Schwenk von der Beerdigung auf Bagger.	Die Beobachtung gibt Raum dafür, die Wasserversorgung in Quaanaaq zu erklären.	Über die Köpfe der Betenden hinweg kann man draussen auf dem Eis sehen, wie der Bagger der Stadtverwaltung von einem Eisberg einen tischgrossen Klotz abbricht, den er vor einem der Wohnhäuser abladen wird.
Das Grab der Frau auf dem Friedhof. In der Nähe das älteste Grab aus dem Jahre 1953.	Führt zur Geschichte des Dorfes.	Zeit- und Ortsprung in die Jahre vor 1953. Nach Thule, der ursprünglichen Siedlung. Thule wurde zum US-Armeestützpunkt und die Grönländer mussten nach Quaanaaq ziehen, 100 Kilometer nach Norden.
Wie kommt er von der Beerdigung zur Jagd mit Hundeschlitten?	Aufgabe: Der Erzähler will noch an einen andern Ort, um mit dem Hundeschlitten auf die Jagd zu gehen. Wie schafft der Erzähler den Ortswechsel? Die Basisgeschichte von der toten Frau bietet dazu keine Anknüpfungsmöglichkeit. Kunstgriff, einen funktionierenden deus ex machina. Es gebe nur zwei Wege, aus Quaanaaq wegzukommen, sagt er am Anfang. Das Flugzeug oder der Tod. Nun fügt er einen dritten hinzu: den Hundeschlitten. Und schon sind wir auf Robbenjagd.	Savissivik liegt 200 Kilometer südlich von Quaanaaq. Da sind zwei Stunden im Helikopter oder vier Tage mit dem Hundeschlitten […] Von den 80 Einwohnern sind 16 vollberufliche Jäger. Einer davon ist Magnus Eliassen.

Gondeln	Funktion	Inhalt
Zurück zum Seil der Gondelbahn	Die Basis-Geschichte endet am Grab. Wir sind am Ende des Seils. Auch die ambivalente Geschichte Grönlands wird zu Ende gebracht. Trotz allem: das Leben geht weiter.	In dem Moment, als das Gefühl aufsteigt, hier sei nicht nur ein Mensch begraben worden, sondern eine ganze Kultur, fährt auf dem Eis ein Hundeschlitten vorbei. Ein Jäger von Qaanaaq geht auf Jagd.
Subtext **Echoraum** (Begriffe siehe Kap. 12)	Die Beerdigung einer Frau schwingt auch als Metapher für das prekäre Leben in Grönland mit. Eine Zivilisation, in der es schwierig ist zu überleben, und die auszusterben droht. Das Leben in Grönland spielt sich nicht nur geographisch am Rand der Welt ab.	

Elemente einer Gondelbahngeschichte

Die Idee, einen Trauerzug als *Seil* für eine Geschichte und ihre *Gondeln* zu benützen, funktioniert. Auf dem Weg zum Grab und am Grab selbst werden immer neue Episoden eingeführt. Ein journalistischer Kunstgriff, mit dem der Text strukturiert wird. Ans Seil werden immer wieder neue Gondeln gehängt, die zu anderen Erzählorten oder Schauplätzen führen. Und die Geschichte kommt immer wieder auf das Seil zurück.

Der Text ist ein Lehrstück dafür, mit welchen Mitteln man von einer Basishandlung aus auf Episoden schwenken kann. Er gibt einen Einblick in die Kunst der Verknüpfung und zeigt Möglichkeiten auf, wie man Anknüpfungspunkte schaffen kann.

Die Analyse fördert allerdings auch eine inhaltliche Schwächte zutage: Der Leser hätte gerne mehr erfahren über das Leben und das Sterben der namenlosen Toten. Die Verstorbene ist eben eine *künstliche Heldin* (siehe Kap. 4). Sie hat die Aufgabe, die Erzählung am Leben zu halten.

6.4 Episodenerzählung

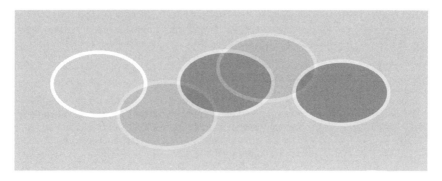

Von Episode zu Episode: die Kunst der Übergänge

Verzichtet man auf das verbindende Seil entsteht eine reine Episodenerzählung. Sie besteht aus mehreren unabhängigen Einzelgeschichten und stellt hohe Anforderungen an die Erzählkunst. Gefordert wird der Autor durch die Art und Weise, wie er von der einen auf die nächste Episode kommt und wie er einen Zusammenhang kreiert. Meister dieses Fachs ist Regisseur *Robert Altman*. Sein Film *Short Cuts* (1993) hat keinen klassischen Spannungsaufbau. Er präsentiert 22 Hauptfiguren in wechselnden Episoden. Was ist das Geheimnis dieser Dramaturgie? Erstens die klassische Einheit von Ort und Zeit. Der Film spielt an einem Wochenende in derselben Stadt: Los Angeles. Und zweitens die meisterhafte Verknüpfung der Szenenübergänge, sagt die Dramaturgin Dagmar Benke (2002: 240). Sie analysiert den Film in ihrem Buch »Freistil – Dramaturgie für Fortgeschrittene und Experimentierfreudige«:

> »Altman nutzt und variiert alle möglichen von fließenden und kontrastierenden Szenenübergängen. Oft setzt er visuelle Motive ein: ein Glas Milch auf Caseys Nachttisch – ein umstürzendes Glas Milch im Fernsehprogramm, das Earl sich ansieht. Oder: Fische im Aquarium – Fische, die die Angler aus dem Wasser ziehen.«

Die Episodengeschichte heißt bei anderen Autoren auch *Kaleidoskop-* oder *Anekdotenstory*. Berühmte Beispiele sind die legendär abschweifenden, aber funktionierenden Romane von Javier Maria, »Mein Herz so weiß« (siehe Kap. 5) und »Tristram Shandy« von Laurence Sterne.

6.5   Rückblenden

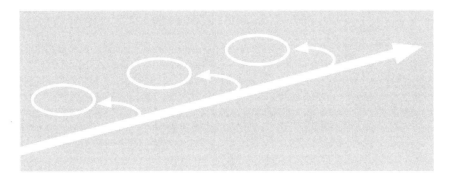

Blick zurück in die Vergangenheit – Journalisten sollten bald wieder in die Gegenwart zurückkehren.

Im Film wurden früher oft die Bilder überblendet mit einer Episode aus einer anderen, früheren Zeit. Nahaufnahme auf den Kopf: Jemand legt sich schlafen und es folgt z. B. eine Episode aus der Kindheit. Berühmt ist aus der Literatur die »Madeleine«, ein Gebäck, das der Erzähler in Marcel Prousts »Auf der Suche nach der verlorenen Zeit« isst. Der Geschmack bringt ihn zurück in seine Jugend, die Proust dann erzählt. Irgendeine Begegnung oder Begebenheit kann eine Erinnerung auslösen. In der Regel pendelt die Geschichte zwischen Gegenwart und Vergangenheit und endet in der Gegenwart. Die Rückblende, *Flashback,* bedeutet eine Umkehrung der Erzählrichtung, von der Vergangenheit in die Gegenwart. Diese Vorwärts-Rückwärts-Bewegungen können zum Problem für das Erzähltempo werden. Lange Rückblenden können den Erzählfluss bremsen.

6.6   Parallelgeschichte

Die Parallelstruktur eignet sich dafür, Ordnung in Alltagsgeschichten zu bringen. Beispiel: Sie erzählen von einem behinderten Mädchen mit Trisomie 21, das in einer normalen Schulklasse unterrichtet wird. Die Story spielt auf zwei Ebenen. Einerseits beobachten Sie das Kind und andererseits wollen Sie Informationen über Trisomie 21 vermitteln. Sie portionieren die Informationen auf zwei parallelen Ebenen: Das Mädchen, die Trisomie, das Mädchen und so weiter. Das Muster wird auch beim Schreiben von Reportagen angewendet: Szene, Fakt, Szene. Wenn Sie diese Struktur wählen, haben Sie ein klares Kompositionsmuster im Kopf und die Story ist einfach zu lesen.

Zwei Geschichten laufen parallel nebeneinander.

Die Parallelstruktur kann auch zwei Leben in eine Geschichte bringen: Der Alpinist Joe Simpson schneidet in einer Extremsituation in den peruanischen Anden das Sicherungsseil durch, weil er sich selber retten muss und weil er glaubt, sein abgestürzter Kamerad Simon Yates sei tot. Der vermeintliche Tote überlebt. In einer Parallelmontage wird erzählt, wie das Leben der beiden weitergeht, bis sie wieder aufeinandertreffen. »Touching the Void« (Sturz ins Leere) lautet der Titel dieses britischen Dokudramas aus dem Jahr 2003.

Auch die Geschichte zweier obdachloser Frauen von Monika Held führt zwei Figuren parallel – eine alte und eine junge Protagonistin. So werden Ähnlichkeiten und Verschiedenheiten des Alltags und des Lebenswegs deutlich. Und im Zwischenraum steht die Frage, ob die Junge es schaffen wird, dem Schicksal der Alten zu entgehen und die Weichen anders zu stellen (siehe Kap. 7.5).

Das Skript der Parallelerzählung verlangt, dass die Protagonisten in Beziehung stehen. Auch Gegensätze können Bezüge schaffen. Am einfachsten ist das, wenn die Protagonisten irgendwann zusammentreffen. Wenn der Autor mitinszenieren kann, wird er in der Regel eine Begegnung organisieren. Was ist zu tun, wenn das nicht möglich ist? Klaus Wiegrefe beschreibt im SPIEGEL die Auseinandersetzung zwischen Deutschland und England im Zweiten Weltkrieg als Duell zwischen Winston Churchill und Adolf Hitler:

> Vor 70 Jahren eilte Hitlers Wehrmacht von Sieg zu Sieg, doch dann stellte sich Winston Churchill dem Diktator entgegen. Ihr Duell entschied den Zweiten Weltkrieg. Der britische Premier zählt seitdem zu den Lichtgestalten des 20. Jahrhunderts. Adolf Hitler und Winston Churchill werden porträtiert, sie treten abwechselnd auf die Bühne. Hitler und Churchill sind Antagonisten, aber sie haben sich nie persönlich getroffen. Der SPIEGEL-Autor verknüpft die Schicksale von Held und Antiheld auf drei Ebenen. Er schildert Fastbegegnungen und hebt Gemeinsamkeiten hervor. Und DER SPIEGEL schafft es paradoxerweise, gerade mit den Widersprüchen und Gegensätzen der Porträtierten enge Verbindungen zu schaffen.

Zweimal waren sich Hitler und Churchill geografisch nah. Im Ersten Weltkrieg liegen der Gefreite Hitler und Oberstleutnant Churchill in Flandern im gleichen Frontabschnitt in den Schützengräben. Die Distanz zwischen beiden betrug nur 13 Kilometer, rechnet Wiegrefe. 1932 hatte der damals auch als Journalist arbeitende Churchill ein Treffen mit dem Naziführer im Hotel Continental in Berlin abgemacht. Hitler kam ins gleiche Hotel und sagte den Termin im letzten Moment ab. Churchill traf nur Hitlers damaligen Pressesprecher, Ernst Hanfstaengl. Wenn die Protagonisten sich nicht treffen und sich damit nicht an das Drehbuch der reinen Lehre halten, muss es der Text leisten. Das geschieht auf der Metaebene durch die Betonung von Gemeinsamkeiten:

> Beide sind mäßige Schüler, die wie alle jungen Männer glauben, das Schicksal habe Großes mit Ihnen vor.

Das Duell des Helden mit dem Antihelden ist eine ideale Vorlage. Spannung wird mit der Dramaturgie des Widerspruchs aufgebaut. Über diese Dialektik des Aufbaus sprechen wir im folgenden Kapitel über das Oxymoron-Plot.

Wir lernen am Beispiel der Parallelgeschichte, dass Bauformen für Geschichten dramaturgisch wirksam sind. Und gleichzeitig illustriert der SPIEGEL-Artikel auch, dass sie flexibel umgesetzt werden können. Es zeigt sich, dass der Begriff Parallelgeschichte eine wichtige Anforderung unterschlägt. Benannt wird das Nebeneinander oder Nacheinander. Es genügt nicht, dass Handlungen wie Parallelen in der Geometrie ewig nebeneinander herlaufen. Wichtig ist die Verknüpfung der beiden Ebenen. Deshalb biegen wir die Geraden und zeichnen zwei Wellenlinien. Auch sie verlaufen parallel. Aber sie kommen zusammen, berühren sich und gehen wieder auseinander. So kommen wir auf die Dramaturgie der parallelen Wellen.

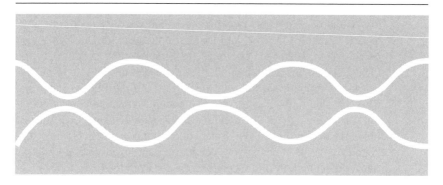

Wellengeschichte: Die Parallelen kommen immer wieder zusammen.

6.7 Oxymoron-Plot

Geschichten laufen gegeneinander: Widersprüche erzeugen Spannung.

Bittersüß, beredtes Schweigen. Zwei einander scheinbar widersprechende, sich gegenseitig ausschließende Begriffe werden zusammengebracht. Diese Verbindung heißt in der Rhetorik *Oxymoron* (griech. *oxys*, scharf, und *moros*, dumm).

Uns ist aufgefallen, dass sehr viele erfolgreiche Geschichten nach diesem Muster gestrickt sind: Zwei Handlungsstränge laufen nicht parallel, sondern einander entgegen. Spannung wird aufgebaut, weil die Geschichten zwischen zwei Polen oszillieren. So versucht das Schweizer Boulevardblatt BLICK mit extremen Gegensätzen Aufmerksamkeit zu generieren:

Miss Südostschweiz Carole Jäggi überlebt einen tödlichen Autounfall.

Entweder überlebt man einen Unfall oder man stirbt. Beides ist nicht möglich. Aber die Schlagzeile dokumentiert die überstrapazierte Absicht, mit Widersprüchen Dramatik zu erzeugen.

Realistischer umgesetzt ist die Dramaturgie der Gegensätze bei folgenden Beispielen:

> Karl Merk ist der erste Mensch, dem zwei Arme transplantiert wurden. So ganz gehören sie ihm noch nicht, selbst wenn sie ein Jahr später schon mehr können als erwartet. Der Landwirt ist fest entschlossen, ihrer ganz Herr zu werden – auch wenn es ein lebenslanger Kampf bleibt. (SÜDDEUTSCHE ZEITUNG)

Kinder können Gegensätze ohne Hemmungen nebeneinanderstellen. So bringt ein Sohn die Situation und die Arbeit seiner Mutter als Schuldensaniererin auf den Punkt, genauer zwischen zwei Pole:

> Meine Mama ist beruflich pleite und damit hilft sie vielen Menschen. (WWW.SUITE101.DE)

Wir nennen diese Dramaturgie der Widersprüche Oxymoron-Plot.

Die Oxymoron-Story verspricht von Anfang an Spannung. Sie macht die Ambivalenz zum Thema und bietet ein dankbares Spannungsfeld: *Noch und schon, sowohl als auch.* Im Film »Alexis Sorbas« feiert der Titelheld seinen Misserfolg: Der Grieche tanzt vor Freude, als seine soeben vollendete Materialseilbahn bei der ersten Belastungsprobe zusammenbricht. Vielleicht bleibt uns der Film deshalb so stark in Erinnerung. Widersprüche faszinieren das Publikum.

Vom russischen Autor Leo Tolstoi kann man lernen, dass Romanfiguren mit inneren Widersprüchen die Leser in Bann ziehen. Für viele Leserinnen von »Anna Karenina« sind die Figuren des Buches mehr als Fiktion. Anna Karenina pflegt die Ambivalenz bis zum bitteren Ende. Sie wirft sich unter den fahrenden Zug (Tolstoi 1968: 246).

> »Und gerade in dem Augenblicke, als sie die Mitte zwischen den Rädern sich gegenüber sah, schleuderte sie ihr rotes Handtäschchen von sich, stürzte sich, den Kopf zwischen die Schultern einziehend, unter den Wagen auf die Hände und ließ sich mit einer leichten Bewegung auf die Knie sinken, als wolle sie gleich wieder aufstehen. Und im selben Augenblicke entsetzte sie sich über das, was sie tat. ›Wo bin ich? Was tue ich? Weshalb?‹

Sie wollte sich aufrichten, sich zurückwerfen, aber etwas Ungeheures, Unerbittliches stieß sie gegen den Kopf und schleifte sie am Rücken weiter.«

Die Leute sprechen über Tolstois Charaktere, als ob sie real gelebt hätten. Als Journalisten können wir daraus etwas lernen. Lassen wir unseren Helden ihre Ecken und Kanten und Widersprüche. So wirken sie überzeugender.

Zwischen zwei Polen bewegt sich auch die Titanic, das absolut sichere Schiff, das untergeht. Oder die Raumfähre Challenger, ein Wunderwerk der Technik, das explodiert und die Raumfahrer tötet.

Widerspruch als Motor der Dramaturgie

Das Momentum des Widerspruchs lässt sich beim Bauen einer Geschichte nutzen. Suchen Sie Gegensätze, Kontraste, Widersprüche, und arbeiten Sie diese klar heraus.

Es gibt kaum ein einfacheres Drehbuch für eine Geschichte. Sie suchen eine These und eine Antithese. Der Widerspruch zwischen den beiden Polen schafft eine Leerstelle (siehe Kap. 5.1). Das regt die Fantasie an. Die Rezipienten versuchen zu verstehen, einen Sinn zu konstruieren, und bauen eine Synthese. Das Publikum wird kokreativ tätig wie bei einem Krimi. Der Leser bildet ständig neue Hypothesen: Wie geht es weiter? Wer ist das nächste Opfer? Wer ist der Täter? Es werden Kräfte geweckt, die versuchen, Getrenntes zu verbinden oder zusammenzubringen. Am Ende entscheidet der Autor, ob es zum Happy End oder zu einem tragischen Schluss kommt. Die weitere Entwicklung kann auch offenbleiben. Das Publikum soll aber verstehen, warum es keine einfache Lösung gibt. Das dramatische Grundmuster entwickelt sich in drei Schritten: Situation, Komplikation und Lösung (Lyon 2004: 38).

Mit dem Wortschatz der Philosophie ausgedrückt, haben wir es mit Dialektik zu tun. Sophokles, Platon und Hegel beschäftigte der dialektische Dreischritt: von der These zur Antithese zur Synthese. Wir machen ihn zur dramatischen Maxime als *dramatischer Dreischritt*.

Wir illustrieren den Ansatz des *dramatischen Dreischritts* am Beispiel eines Artikels von Beate Lakotta im SPIEGEL:

Weil Ärzte eine Spätabtreibung ablehnten, lebt eine Familie in München mit einem Kind, das sie so nicht haben wollte. Heute ist Ludwig zwei Jahre alt und geistig und körperlich schwer behindert.

Als die Ärzte am Anfang des 9. Schwangerschaftsmonats merkten, dass der Kna-be eine schwere Hirnschädigung hatte, unternahmen Reinhard und Claudia Senge alles, um das Kind legal abzutreiben. Alle kontaktierten Kliniken lehnten ab. Zwei Jahre später sagen die Eltern, sie lieben das Kind. Trotzdem würde sich die Fami-lie auch heute noch gegen das Kind entscheiden, wenn sie die Möglichkeit hätte.

Die Textanalyse zeigt: Die Geschichte ist systematisch als *Oxymoron-Plot* gebaut. Jede neue Entwicklung der Geschichte wird als *dramatischer Dreischritt* inszeniert.

Beispiel:
»Spätabtreibungen. Der Ludwig lacht« von Beate Lakotta im SPIEGEL:

These	Eltern freuen sich auf ein gesundes Kind.
Antithese	Das Kind hat eine schwere Hirn-schädigung. Die Eltern wollen es nicht.
Synthese	Lösung: Abtreibung. Ist aber in der 32. Schwangerschaftswoche nicht möglich, verstößt gegen ungeschriebene deutsche Gesetze.
These	Eltern haben ihr Kind zu lieben, auch wenn es behindert ist.
Antithese	Die Familie lehnt das Kind ab und will das Baby bis 10 Tage nach der Geburt nicht sehen.
Synthese	Nach 10 Tagen akzeptiert die Familie das Kind, stellt ihr Leben um und beginnt es zu lieben.
These	Der Staat hat die Frau gezwungen, das Kind zu gebären.
Antithese	Der Staat lehnt es ab, sich an der kostspie-ligen Betreuung des Kindes zu beteiligen.
Synthese	Ein Anwalt erreicht, dass der Staat bezah-len muss.
These	Der Sohn ist 2 Jahre alt. Die Familie sagt, sie liebe ihr Kind.
Antithese	Trotzdem würde sie sich auch heute noch gegen das Kind entscheiden, wenn sie die Möglichkeit hätten.
Synthese	Keine

Beliebt ist das Oxymoron auch in Überschriften:

Todkrank in die Freiheit
> Die FRANKFURTER ALLGEMEINE ZEITUNG über einen englischen Posträuber, der vorzeitig aus dem Gefängnis entlassen wurde, weil er todkrank ist.

Wer etwas wirklich Neues will, darf keine Angst vor dem Alten haben
> BRANDEINS über eine Anleitung für Erfindungen, die zum Erfolg führen.

Süße Nahrung für bittere Zeiten
> Die FRANKFURTER ALLGEMEINE ZEITUNG über Schokolade.

Er tötete und missbrauchte die kleine Corina (9). Dabei ist er selber Vater.
> BILD

Noch eine Stufe weiter getrieben wird der Oxymoron-Widerspruch, wenn er mit ähnlichen Wörtern formuliert wird (Paronomasie):
Eile mit Weile, betrogene Betrüger, Rheinstrom Peinstrom, Bistümer Wüsttümer

6.8   Die Heldenreise als Urgeschichte

Alle Geschichten fußen auf einer Urgeschichte: der Reise des Helden. Sie ist älter als Stonehenge oder die Pyramiden und sie enthält die gleichen strukturellen Elemente, wie sie in Mythen, Märchen, Träumen und Filmen vorkommen. Apoll, der Froschkönig, Wotan, Krimhild und Buddha haben eine ähnliche Geschichte. Das

Heldenreise: Eine Urgeschichte schwingt mit.

hat der Mythenforscher Joseph Campbell (1987) herausgefunden. Der Held taucht in anderen Gestalten und in unendlichen Variationen auf. Entsprechend lautet der Christopher Vogler, Drehbuchberater in Hollywood, hat diese Idee weiterentwickelt. Wer das archetypische Geschichtenmuster aufnimmt, wird vom Leser und den Zuschauern verstanden und hat Erfolg. Zu diesem Schluss kommt er in seinem Buch »The Writers Journey – Mythic Structure for Writers«. Mit einer mythischen Struktur könne man eine dramatische, unterhaltende und psychologische Story konstruieren. Gleichzeitig diene sie dazu, Fehler in Drehbüchern aufzudecken.

Die zwölf Szenen der Urgeschichte nach Campbell (Vogler 1987: 35)

1. Der Held wird in seinem Leben in der gewöhnlichen Welt vorgestellt und
2. erhält seine Berufung.
3. Er zögert und verweigert die Berufung, wird aber
4. von einem Mentor ermutigt,
5. die erste Schwelle zu überschreiten, worauf
6. Proben, Verbündete und Feinde auf ihn warten.
7. Der Held nähert sich der geheimsten Höhle, wobei er eine zweite Schwelle überschreiten muss, und
8. hat dann die äußerste Prüfung zu überstehen.
9. Er nimmt die Belohnung an sich und
10. ist auf seinem Rückweg in die gewöhnliche Welt Verfolgungen ausgesetzt.
11. Danach hat er eine dritte Schwelle zu überschreiten, erlebt seine Auferstehung und wird durch diese Erfahrung grundlegend verändert.
12. Nun kann er mit dem Elixier oder dem Schatz in die gewöhnliche Welt zurückkehren.

Mythische Strukturen oder einzelne Mythologeme (siehe Kap. 12) verstärken die Wirkung von aktuellen Geschichten. Gibt es solche archetypische Elemente im Journalismus von heute? Nehmen wir als Beispiel »Tauchgang in die Freiheit« von Evelyn Roll aus der SÜDDEUTSCHEN ZEITUNG (vollständiger Text siehe Kap. 11). Roll erzählt die Geschichte der Flucht Bernd Böttgers aus der Deutschen Demokratischen Republik. Im Jahre 1968 taucht Böttger 24 Seemeilen durch das Meer nach Dänemark. Er erfindet dazu den Unterwassermotor, den Scooter, der heute zur Standardausrüstung von Rettungsschwimmern gehört. Beim ersten Fluchtversuch wird er entdeckt und kommt ins Stasi-Gefängnis. Beim zweiten Anlauf wird er am Strand von jemandem beobachtet, den er weder als Freund noch als Feind identifizieren kann. Um Mitternacht erspäht er die Umrisse eines Küstenwachbootes und gerät in Lebensgefahr.

Wir finden zahlreiche mythische Themen in der Geschichte. Wir kennen sie auch aus den Märchen. Der Held muss mehrere Anläufe zur Flucht unternehmen, er begibt sich in Lebensgefahr, scheitert vorerst und schwimmt am Schluss knapp an der Katastrophe vorbei. Damit er aufbrechen kann, muss er ein Zauberding erfinden, gewissermaßen eine Tarnkappe. Das ist der Scooter, der ihn unsichtbar durchs Wasser trägt. Nach seiner Landung in Dänemark wandelt sich der Held. Die Meldungen über seine spektakuläre Flucht haben seine Erfindung populär gemacht. Er feiert seine Auferstehung als freier Unternehmer. Seinen lebensrettenden Scooter produziert er in Serie. Vier Jahre später taucht Böttger mit neuen Freunden und testet eine Neuentwicklung. Da trifft ihn die Rache der Götter. Nach dem Tauchgang treibt die Leiche des Unterwasser-Ikarus aus der DDR tot auf dem Wasser. Seine Familie ist überzeugt davon, dass er im Auftrag der Stasi ermordet wurde.

Die Geschichte enthält eine große Zahl von mythischen Strukturen. Wir kennen diese Muster auch aus den Märchen: Der Held oder die Heldin bricht auf und hat schwere Mutproben zu bestehen. Zur Steigerung der Spannung werden Krimis nach diesem mythischen Strickmuster inszeniert. Beispielsweise geht der Held jeweils kurz vor Schluss über die gefährlichste Schwelle und entrinnt nur knapp dem Tod. Auch viele journalistische Geschichten basieren auf einer einfachen mythischen Formel:

> Der Held bricht auf.
> Er will ein Ziel erreichen.
> Er trifft auf Widerstand.

(Foto: Hartmuth Schröder/Eichborn AG)

Erzählen ist Zaubern

Monika Held

Das ist ein wunderbarer Titel, über den ich mich, nachdem ich ihn ausgedacht hatte, nachträglich erschrocken habe. Weil er die Leichtigkeit und Mühelosig-keit suggeriert, mit der der Zauberer das Kaninchen aus dem Hut zieht. So ein-fach ist Erzählen ja nun auch nicht. Zaubern aber auch nicht – deswegen ist der Titel genau richtig. Bevor der Zauberer das Kaninchen aus dem Hut zie-hen kann und im Ärmel wieder verschwinden lässt, hat er geübt und geübt und geübt – er hat hart gearbeitet. Hinter seiner Leichtigkeit verstecken sich alte, ungeliebte Tugenden: Fleiß, Geduld, Ehrgeiz, Disziplin, Verantwortung für die eigene Leistung. So ist das mit dem Erzählen auch. Je leichter sich die Ge-schichten lesen, desto mehr Arbeit ist darin versteckt.

Der Zauberer übt Fingerfertigkeit, Geschicklichkeit, Täuschung der Wahr-nehmung seiner Zuschauer, alles, was er für seinen Auftritt braucht. Bei uns heißen diese Übungen: Recherche. Sinnliche Wahrnehmung. Konstruktion der Geschichte. Arbeit am eigenen Schreibstil.

Die Reportage über die obdachlosen Frauen besteht aus zwei unterschied-lichen Recherchen. Die eine kümmert sich um Daten, Fakten und Hintergrund-informationen. In welchen Wohnheimen hat die alte Edith gelebt. Was sagt man dort über sie. Mit welchen Sozialstationen hat sie zu tun. Mit welchen Sozial-arbeitern. Was denken sie über sie, was denkt Edith über die Menschen, die ihr helfen wollen, und wie geht sie mit ihnen um. Zu dieser ersten Recherche gehörten nächtliche Fahrradtouren mit Sozialarbeitern, die hilflosen Perso-nen ihre Hilfe anboten. Die guckten, ob die, die auf Parkbänken liegen, noch atmen. Die zweite Hälfte der Recherche war Beobachtung. Mitlaufen, den Tagesablauf begreifen, die Menschen begreifen, die nicht wohnen wollen oder nicht wohnen können. Zu verstehen, was die Straße mit den Menschen macht, worin ihr Lebensknacks besteht. Da muss man gucken und horchen und eine Basis schaffen, auf der man nicht nur Klischees erzählt bekommt.

Dramaturgisch gute Geschichten sind überlegt und gebaut, erdacht und gemacht. Sie sind nicht zufällig so wie sie sind, sie sind mit Absicht so wie sie sind. Ich entscheide, wie die Geschichte heißen soll. Es ist gut, sich das vorher zu überlegen, damit man in die Richtung schreiben kann, in die man will. Ich schreibe mir in wenigen Sätzen auf, worum es mir in meiner Geschichte geht. In dem Fall der obdachlosen Frauen: Ich möchte wissen, warum sie auf der Straße leben, die Junge und die Alte. Mich interessieren sie nicht als hilflose Opfer, sondern als Menschen, die die Stärke haben, dieses Leben auszuhalten. Und zu schwach sind, um das Leben auf der Straße zu beenden. Ich schreibe: Was ist eigentlich das Spezifische an weiblicher Obdachlosigkeit? Damit habe ich mir selbst einen Fokus gegeben innerhalb des großen Themas: obdachlose Frauen. Das hilft mir, den Überblick nicht zu verlieren. Und es hilft mir aus vielen Geschichten, die ich finde, die richtigen auszusuchen.

Ich entscheide die Dramaturgie. Ich entscheide über das Tempo und über den Ton, in dem die Geschichte erzählt wird. Bei der Reportage über die Frauen habe ich mir aufgeschrieben: »Kein sülziger Mitleidston«. Ich entscheide, was mit meinem Material geschieht. Ich bestimme die Erzählperspektive.

Warum Erzählen statt Informieren? Informationen werden vergessen, Geschichten bleiben haften. Sie werden als Geschichten erinnert – haften bleibt aber auch das, was sie mit ihren Personen und ihren Handlungen transportieren wollen. Die Stimmung, das Gefühl, die unaufdringliche Absicht, weswegen sie geschrieben wurden. Der Sinn. Das, was über sie hinausgeht.

Monika Held absolvierte ein Tageszeitungs-Volontariat in Hannover, arbeitete beim HESSISCHEN RUND-FUNK, war 12 Jahre Reporterin für BRIGITTE und schreibt heute als freie Autorin für Zeitschriften, vor allem aber Romane.

7 Wie arbeite ich?

Erfahrene Journalistinnen und Journalisten haben ihren Kollegen zweierlei voraus. Profis
- steuern bewusst ihren Arbeitsprozess und
- achten stärker auf Sinn und Funktion ihrer Texte.

Das hat Daniel Perrin herausgefunden, als er in einer aufwändigen Analyse untersucht hat, was erfolgreiche Kollegen besser machen als andere (Perrin 2001: 11).

Wir haben deshalb bewährte Methoden zum Steuern des Arbeitsprozesses zusammengetragen, Beispiele gesammelt und Auskünfte von Kollegen eingeholt. Manche von ihnen schreiben Magazingeschichten, große Reportagen oder drehen lange Filme. Sie haben etwa aus Anlass einer Preisverleihung über ihren Arbeitsprozess gesprochen.

Wir ziehen daraus nicht den Schluss, dass die Reflexion des Arbeitsprozesses bei kurzen Beiträgen überflüssig ist. Wir meinen: Wer große Stücke schreibt, ist gezwungen, die eigene Arbeitsweise zu reflektieren. Wer kleine macht, ist gut beraten, das auch zu tun. Es schreibt sich leichter, schneller, besser.

> Reflektieren Sie Ihren Arbeitsprozess. Experimentieren Sie mit Ihren Schreibstrategien.

7.1 Suchen und Finden

Drei Fragen muss eine erzählende Journalistin beantworten:
1. Wo ist mein Fokus? Daraus ergibt sich in der Regel die Entscheidung für den oder die Helden, für die Handlung und den Ort.
2. Was ist meine Aussage?
3. In welcher Form bzw. Reihenfolge erzähle ich? Das ist die Frage nach Anfang, Mitte und Ende.

Geschichtenerzähler bedenken die spätere Form ihres Stoffes ab dem Moment, in dem ein Thema sich in ihrem Kopf festsetzt. Schon beim Brainstormen stellen sie die Frage nach dem möglichen Verlauf, dem Bogen, der Spannung im Thema. Die Überlegungen und Recherchen mit dem Suchraster Held/Handlung/Ort (siehe Kap. 4) gewährleisten, dass beim Schreiben alles da ist, was die Geschichte braucht. Klären Sie vor der Gemeindeversammlung: Welche Themen stehen auf der Tagesordnung? Worauf könnte also ihr Fokus liegen? Wer hat etwas zu verlieren? Wer stellt einen Antrag? Wer hat welche Rechnungen offen? Wer hat möglicherweise das Zeug zur Hauptfigur? So casten Sie schon vorab zwei bis drei potenzielle Protagonisten. Dann können Sie sich überraschen lassen. Entweder der Plan geht auf – dann läuft die Geschichte. Oder der Plan geht nicht auf, weil etwas anderes wichtiger, interessanter ist. Dann disponieren Sie um. Ein Beispiel ist die Gemeindeversammlung in Lohn-Ammannsegg, eine Gemeinde im Kanton Solothurn, Schweiz, mit ca. 2.600 Einwohnern:

> Um 19.50 Uhr zeigte sich Stephan Vögeli noch siegessicher.

Damit Herr Vögeli die ganze Versammlung trägt, brauchen wir weitere Szenen und Zitate. Behalten Sie also Ihre möglichen Hauptfiguren im Blick, machen Sie Notizen, sammeln Sie Schnappschüsse. Vögelis Siegesgewissheit erweist sich als Irrtum. Das ist für unsere Geschichte kein Verlust. Verlauf und Ergebnis der Versammlung lassen sich auch aus der Perspektive des Verlierers spannend erzählen.

Entscheidend ist etwas anderes. Der Erzähler lässt seine Protagonisten niemals schnöde fallen. Er führt sie weiter – als dünnen oder auch dicken roten Faden. Dünner roter Faden hieße: Auftritt am Anfang und am Ende, vielleicht auch in der Mitte. Dicker roter Faden hieße: Der Protagonist kommt öfter vor, und/oder er wird prominent in satten Farben dargestellt. Der Erzähler kann das Ereignis der Gemeindeversammlung als die Geschichte des Verlierers erzählen. Er kann aber auch entsprechend dem Verlauf der Sitzung umdisponieren, Verlierer und Gewinner gegenschneiden oder eine Siegerstory daraus machen – mit einem anderen Helden.

> Fragen Sie sich schon vor dem Termin: Wo könnte der rote Faden meiner Geschichte sein? Was kann ich jetzt schon dafür tun, dass ich später einen Bogen spannen kann?

Damit das alles nicht zu einfach wird, bedenken Sie aber: Die Erzählerin wirft nicht nur ihr Koordinatennetz über das Thema. Sie lässt wie absichtslos Blicke schweifen und nimmt Stimmungen auf. Die Dialektik des Erzählens heißt: zielgerichtet zu suchen von Anfang an. Held, Handlung, Ort. Aussage. Anfang, Mitte, Ende. Und dabei absichtslos Eindrücke sammeln. Vielleicht gibt es noch eine stärkere Geschichte hinter der Geschichte. Der große amerikanische Journalist Gay Talese nannte diese Arbeitshaltung: The fine art of hanging around.

Üben Sie die Dialektik des Erzählens: zielgerichtet suchen, absichtslos finden.

7.2   Der kreative Prozess

Beim Storytelling müssen wir kreativ arbeiten. Kreative Prozesse lassen sich in fünf Phasen beschreiben, die jeweils eigene Haltungen und Arbeitsweisen erfordern.

Diese Prozesse enthalten zwei grundlegende aktive Prinzipien. Die Verengung des Fokus, den analytischen, kritischen Blick einerseits und das kreativ-assoziative, chaotische Wursteln andererseits. Das Kind und der Manager kommen zum Zug. Gut, wenn sie Hand in Hand arbeiten. Den rechten Zeitpunkt für das Umherschweifen erfassen, den richtigen Zeitpunkt für das Fokussieren und Planen. Und dann gehört zum kreativen Prozess noch ein drittes Prinzip, das Passive, das Nichts-

Phase des kreativen Prozesses	Haltung/ Arbeitsweise
1. Aufgabe definieren	analytisch
2. Ideen sammeln Explorieren	a. kreativ, assoziativ, chaotisch, spielerisch b. halb strukturiert
3. Bebrüten/Inkubation	nix zielgerichtet tun, vor allem nicht hirnen
4. Erleuchtung/Illumination	geschehen lassen
5. Ausarbeiten/Elaborieren	a. analytisch – die Anforderungen aus 1 erfüllen b. kreativ c. analytisch

Die fünf Phasen des kreativen Prozesses

	Phase im Arbeitsprozess	Fragen und Aufgaben
1. Aufgabe definieren	Der Ausgangspunkt	Gegeben: ein Thema, eine Idee, ein Termin, ein Jubiläum, eine Serie, eine Person, ein Ereignis, eine leere Seite.
	ggf. Vorrecherche	Wie formuliere ich das Thema? Wie fokussiere ich?
	Ziel oder Sinn und Funktion formulieren	Warum sollen die Leser/Hörerinnen und Zuschauer meinem Beitrag Aufmerksamkeit schenken? Was können sie davon haben? Was will ich bewirken? Was soll der Beitrag auf dieser Seite/ in dieser Zeitschrift/ in dieser Sendung leisten?
2. Sammeln/ explorieren	Sammeln und assoziieren	Was gibt das Thema/ die Person her? Hypothesen bilden: Was könnte interessant sein oder spannend werden? Wo steckt das Kraftfeld, das Potenzial des Themas? Sehe ich mögliche Schwerpunkte? Was sind meine Forschungsfragen? Welche Aspekte vertiefe ich, was sind weiterführende Fragen?
	Phantasieren und Recherchieren	Was genau ist los, was gehört zum Thema? Welche Hintergründe gibt es zu erzählen? Welche Randaspekte könnten drin sein? Welche Personen, Orte oder Handlungen gibt es rund um mein Thema? Welche Perspektive ist für mein Publikum reizvoll/ vielversprechend? Worauf spekuliere ich? Ist eine Heldengeschichte in Sicht? Ergeben sich erste Ideen für eine spätere Dramaturgie? Interview/ Fototermin ggf. entsprechend vorbereiten.
	Augen- und Ohrenschein	Ortstermin Interview, Gespräch
	Rechercheergebnisse verdauen und sortieren	Wo sind die Emotionen? Konflikte? dramatische Momente? Wie lautet mein Aussagewunsch? Welche Elemente können meine Storykurve ausmachen?

	Phase im Arbeitsprozess	Fragen und Aufgaben
3. Inkubation / 4. Illumination	Abstand gewinnen	Essen Sie einen Apfel oder bewegen Sie sich. Sagen Sie sich: »Ich bin bei derArbeit. Mein kreativer Prozess ist in der entscheidenden Phase.« Bleiben Sie gelassen und zuversichtlich.
5. Ausarbeiten/Elaboration	Struktur bauen	Aussagewunsch überprüfen. Aufbau entwerfen. Was ist Anfang, was Ende, was kommt in der Mitte? Was fliegt raus?
	Schreiben	Wenn Aussage, Anfang Mitte, Ende klar sind: durchschreiben! Sich tragen lassen von der Lust an der Arbeit. Vom Fluss des Schreibens.
	Redigieren	Übergänge glätten, nacharbeiten. Hält das Stück, was der Anfang verspricht? Kommt die Kernaussage klar raus? Kann der Anfang bestehen oder ist der Einstieg drei Sätze später besser? Kann der Schluss bestehen oder steht drei Sätze früher der bessere Schluss?
	Einreichen	Journalistenpreis gewinnen.

Der kreative Prozess beim Schreiben

tun in Phase drei. Diesen Moment zu erkennen und auszuhalten ist eine Kunst für sich (siehe S. 156 ff.).

Frank Berzbach hat einen Ratgeber für Kreative geschrieben, sein Buchtitel ist bezeichnend: »Kreativität aushalten. Psychologie für Designer«.

Wenn ein Beitrag entsteht, kann man die Abfolge der Teilschritte als *einen* kreativen Prozess auffassen. Genau genommen ist es aber so: Sie durchlaufen die fünf Phasen von der Idee bis zum fertig produzierten Stück nicht nur einmal, sondern mehrmals. Meist geht alles automatisch irgendwie ineinander über. Sie kommen vom Thema zum Fokus, zur Aussage, über den Einstieg und die Mitte ans Ende. Es soll jetzt aber nicht irgendeine, sondern die wunderbare Geschichte entstehen. Wir zerlegen also den Arbeitsprozess, und vielleicht entsteht der Tausendfüßler-Effekt. Sie haben immer alle Füße voreinander gesetzt, emsig und behände die Steinplatten überquert und irgendwie ihr Ziel erreicht. Jetzt gucken Sie auf die Füße und nichts geht mehr. Denken Sie an Daniel Perrin: Profis steuern bewusst ihren Arbeitsprozess. Je besser Sie die Phasen unterscheiden können, umso eher können Sie Hängepartien verkürzen und Blockaden verflüssigen. Sie laufen schneller und eleganter. Müheloser. Und bald auch wieder automatisch.

> Machen Sie sich klar, wie viele Entscheidungen Sie treffen, bevor die Geschichte steht: Für den Fokus, die Aussage, die Form.

7.3   Methoden kreativen Arbeitens

Machen Sie sich die Arbeit leicht. Kreativitätsmethoden sind Werkzeuge, die Brücken bauen zwischen Exploration und Illumination. Einige eignen sich hervorragend, um journalistische Arbeitsprozesse zu befördern, Abstand zu gewinnen und zu sortieren.

Die größte Hürde dabei ist nicht der Zeitbedarf. Die Methoden sind, wenn man mit ihnen vertraut ist, oft in wenigen Minuten angewandt. Die größte Hürde ist unser innerer Kritiker, der Ideen miesmacht und verwirft, noch ehe wir sie wohlwollend prüfen und konstruktiv an die Aufgabe anpassen können. Kreativitätsmethoden zielen auf das Erzeugen von Qualität auf der Grundlage von Quantität. Sie sammeln zunächst möglichst viele Ideen mittels Mind-Map, Cluster, Brainstorming etc. In einem separaten zweiten Schritt, am besten nach einer kurzen Pause, nehmen Sie die Ergebnisse analytisch in Augenschein. Dann erst geht es um das Bewerten ihrer Qualität.

Sammeln Sie Ideen. Machen Sie Pause. Dann bewerten Sie die Ideen.

Der Einfall liebt die Abwechslung, er schätzt es, durch eine visuelle Methode wie Skizze, Cluster oder Mind-Map stimuliert zu werden. Deshalb ist es erfolgversprechend, nicht nur die Gedanken durch die Synapsen strömen zu lassen.

Mind-Mapping

Mind-Mapping ist ein Verfahren, das dazu dient, Stoffmengen zu überblicken und zu sortieren, Ordnungsprinzipien zu entwickeln, Wichtiges von Unwichtigem zu trennen. Der Engländer Tony Buzan hat es entwickelt. Sie können es einsetzen, um einen Rechercheplan zu erstellen, um Ihr recherchiertes Material auf die Reihe zu kriegen, um den Kern Ihrer Geschichte herauszudestillieren, um einen übergeordneten Aspekt für Ihre Überschrift zu entdecken.

Mind-Maps ...

- schaffen Ordnung in Ihren Gedanken,
- lenken den Blick auf Zusammenhänge,
- offenbaren Informationslücken,
- geben ein systematisches Bild Ihres Themas,
- aktivieren sämtliche Gehirnregionen und
- kommen der Struktur Ihres Denkens entgegen.

Sie ordnen zunächst die Aspekte Ihres Themas auf einem großen Blatt Papier – von der Mitte ausgehend. Ein Querformat unterstützt den spielerischen Zugang zur Aufgabe (notabene: Locker macht begabt – spielerisch macht auch begabt). In die Mitte schreiben Sie Ihr Thema. Die Schlüsselworte bringen Sie an Ästen an. Für das erste Betrachten eines Themas hat es sich bewährt, vier Hauptäste anzulegen: Helden, Orte, Handlungen und Hintergrund. Sie können auch noch einen weiteren Ast »Gegenstände/Details« hinzufügen. Auf diese Weise nehmen Sie von Anfang an sowohl die künftige Struktur als auch die Inhalte Ihres Themas in den Blick.

Sie können an Ihre Mind-Map anbauen, gleich oder später, sind flexibler als mit hierarchisch strukturierten Aufzeichnungen. Schon beim Aufmalen werden sich einige Begriffe in den Vordergrund schieben, Schwerpunkte andeuten.

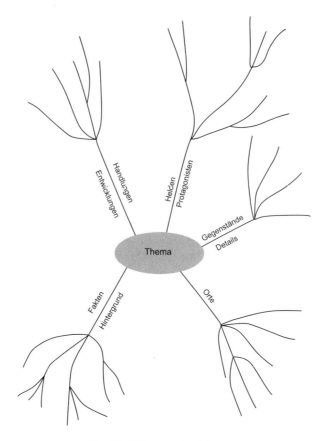

Die Mind-Map – ein Schema

Sind Ihre Recherchen weitgehend abgeschlossen, können Sie ein zweites Mal zum selben Thema mindmappen. Sie haben jetzt ein sehr viel differenzierteres Bild vom Feld. Wenn Sie Ihre Blicke von Ast zu Ast wandern lassen, gleichsam meditativ, sehen Sie wahrscheinlich neue Verbindungen, Motive oder Schlüsselbegriffe, kriegen aber auch Ideen für alternative Aufhänger oder Perspektiven.

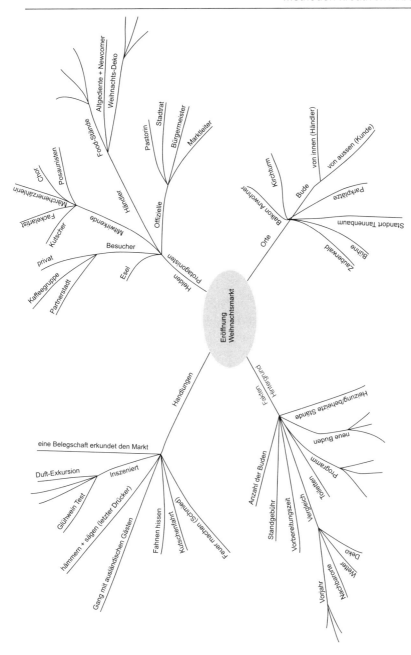

Ideen suchen mit der Mind-Map

Clustern

Clustering ist ein sich selbst strukturierender Prozess. Sie beginnen mit einem Kernbegriff, den Sie auf eine leere Seite schreiben und mit einem Kreis umgeben. Lassen Sie sich treiben. Versuchen Sie nicht, sich zu konzentrieren.

Folgen Sie dem Strom der Gedankenverbindungen, die in Ihnen auftauchen. Schreiben Sie Ihre Einfälle rasch auf, jeden in einen eigenen Kreis, und lassen Sie die Kreise vom Mittelpunkt aus ungehindert in alle Richtungen ausstrahlen, wie es sich gerade ergibt. Verbinden Sie jedes neue Wort oder jede neue Wendung durch einen Strich oder Pfeil mit dem vorigen Kreis. Wenn eine Assoziationskette erschöpft ist, beginnen Sie mit der nächsten Ideenkette wieder beim Kern.

Möglicherweise erfüllt Sie diese Tätigkeit mit einem Gefühl der Ziellosigkeit oder mit dem Verdacht, das alles führe nirgendwohin. Wenn Ihnen vorübergehend nichts mehr einfällt, dann duseln Sie ein wenig – kehren Sie dann zum Cluster zurück und setzen Sie Pfeile ein oder ziehen Sie die Kreise dicker.

> »Der Verstand allein reicht nicht zur Wahrnehmung der Realität. Der Autor braucht, um Wirklichkeiten deutlicher zu machen, die Antennen der Empfindung. Der Reiz gelungener Beschreibungen liegt darin, dass ein fremder Mensch, der Autor, uns bewusstmacht, was uns einmal unbewusst erreicht hat.«
> (Ernst August Rauter)

Während Sie scheinbar wahllos Wörter und Wendungen um den Mittelpunkt herum gruppieren, werden Sie – ein überraschendes Erlebnis – im Strom Ihrer Einfälle Muster entdecken. Es kommt der Augenblick, in dem Sie auf einmal wissen, wo der Schwerpunkt Ihres Textes liegen wird. Es gibt keine richtige und keine falsche Art, ein Cluster zu bilden. Es ist alles erlaubt. Das Cluster ist die Kurzschrift Ihres bildlichen Denkens und das weiß, wohin es steuert, auch wenn es Ihnen selbst noch nicht klar ist.

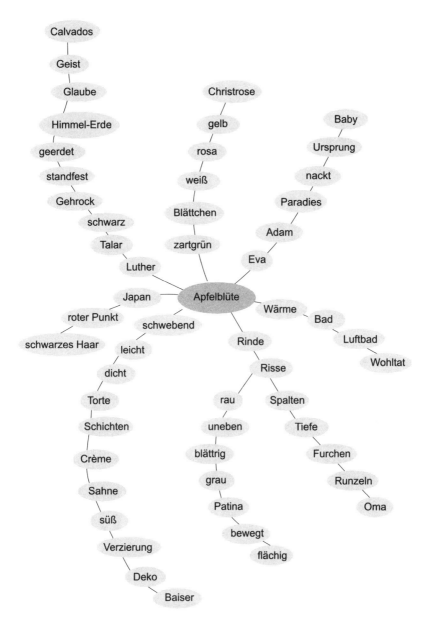

Ideen suchen mit dem Cluster

Brainstorming

Der Sprachlehrer Wolf Schneider behauptet: Qualität kommt von Qual. Die Kreativitätsforschung sagt etwas anderes, nämlich: Qualität kommt von Quantität. Die Spielregeln fürs Brainstormen heißen entsprechend:

1. Möglichst rasch möglichst viele, auch weitschweifende und absonderliche Ideen und Assoziationen erzeugen, aufschreiben und während des Sammelns nicht bewerten.
2. Mit Blick auf die Zielvorgabe Favoriten bestimmen oder zunächst unbrauchbare Ideen aussortieren, verbleibende Optionen prüfen, priorisieren.
3. Favorisierte Ideen präzise auf die Zielvorgabe hin ausarbeiten.

Brainstorming hilft beim Themenfinden, beim Fokussieren, beim Suchen von Helden, Orten oder Handlungen. Aber auch beim Suchen von Autoren. Oder beim Überschriftenmachen. Die schwierigste Übung beim Brainstorming ist: Halten Sie Ihren inneren Kritiker im Zaum. Er soll das Bewerten zurückstellen, bis die Sammelphase abgeschlossen ist. Keine Killerphrasen wie: Das hatten wir schon, das schaffe ich nicht, den Gesprächspartner kriegen wir eh nicht. Folgen Sie der Devise: Heiter weitersammeln bis zum höheren Blödsinn. Oder bis die Sammelzeit von drei bis fünf Minuten ausgereizt ist.

Darüber reden

Um herauszufinden, was Sie genau sagen wollen, erzählen Sie es einer Freundin oder einem Kollegen. Nach dem Motto: Ich erzähl dir jetzt mal, was ich erlebt habe, um herauszufinden, was ich schreiben will. Durch ein dialogisches Verfahren, Fragen, Gegenfragen, Zusatzfragen, kristallisiert sich Ihr Aussagekern heraus. Im Gespräch wird das Komplexe, Ungereimte plötzlich wieder einfach – Sie dröseln es auf, nacheinander, Schritt für Schritt. Und wenn Sie fertig sind mit dem Disput, fassen Sie ihn zusammen: Also eigentlich geht es dabei um ... Das »Eigentliche« steuern Sie in Ihrem Text an.

Zettelwirtschaft oder »copy and paste«

Sie können die Aspekte Ihres Themas handhabbar machen, indem Sie sie verzetteln. Von Herbert Riehl-Heyse, einem großen Reporter der SÜDDEUTSCHEN ZEITUNG, heißt es, er habe Zettel mit den Etappenzielen seiner Reportagen an eine Wäscheleine gehängt und seine Geschichte mittels Wäscheklammern auf die Reihe gebracht

(Fey/Schlüter 2006: 58). Die Zettelwirtschaft funktioniert im Prinzip wie »copy and paste«. Da aber Zettel, zumal bunte oder bunt beschriebene, eine Anmutung von Spiel haben, kann es sein, dass sich Ihr kreatives Denken damit eher stimulieren lässt als mit markierten Buchstaben auf einem Bildschirm.

1. Zettel herstellen
   - Informationen aus dem Material destillieren
   - Menschen, Handlungen, Orte verzetteln
2. Mit Zetteln spielen (auf dem Schreibtisch, dem Boden, der Wäscheleine oder im Zettelkasten)
   - Welchen Zettel zieht es wohin?
   - Welche Gruppen wollen sich bilden?
   - Welche Zettel leuchten hervor?
3. Zettel ordnen
   - eine Reihenfolge herstellen
   - Struktur für die Dramaturgie erproben
   - sich für einen Anfang entscheiden, eine Mitte und für ein Ende
4. Zu schreiben beginnen

SPIEGEL-Redakteurin Barbara Hardinghaus hat für ihre Reportage »Der Fremde« den Axel-Springer-Preis 2008 erhalten. Sie handelt davon, wie eine gut integrierte türkische Familie den deutschen Freund der Tochter entführte. Vater, Mutter und Bruder erhalten Freiheitsstrafen ohne Bewährung wegen erpresserischen Menschenraubs. Dem MEDIUM MAGAZIN hat Barbara Hardinghaus erzählt, wie sie die Dramaturgie entwickelt hat.

> »Ich habe alle Mosaiksteine der Handlung, die ich von meinen Gesprächspartnern bekommen hatte, in eine Zeitleiste eingetragen.«

Barbara Hardinghaus klebte ihre Zeitleiste aus mehreren Papierbögen. Sie trug historische und individuelle Momente ein, markierte Menschen und ihre Aussagen gelb oder pink und erhielt so das Skelett einer Nacherzählung. Sie übertrug die Leiste in den PC – und erprobte ihre Dramaturgie mittels »copy and paste«.

> »Dann habe ich die Informationen in Themen unterteilt und eine Gliederung gebaut. Ich brauchte dazu nur aus meiner Chronologie die einzelnen Stücke herauszuschneiden und zu verschieben. Diese Vorbereitung hat zwei bis drei Tage gedauert, dafür konnte ich mich dann auf das Schreiben – also auf Ton, Bilder, Komprimierung – konzentrieren, ohne mir Ge-

danken machen zu müssen, ob ich mich wiederhole oder ob die Abfolge stimmt. Das Schreiben hat noch mal etwa drei Tage gedauert.«

Wir ahnen den Einwand: Die haben es gut, die Edelfedern. Sechs Tage zum Sortieren und Schreiben! Vielleicht ist das luxuriös. Der Punkt ist aber: Gut sortiert ist halb geschrieben. Die Zeitleiste und die vorab erdachte Dramaturgie sorgen dafür, dass das Schreiben zügig vonstattengehen kann, dass der Schreibfluss eine Chance hat, weil Weg und Ziel festliegen. Wer eine Gliederung hat, muss sich beim Schreiben nicht verzetteln.

> Machen Sie Experimente: Was hilft Ihnen zu strukturieren? Zettel schneiden, Zeitleisten anlegen, Textfragmente verschieben?

Bilderspaziergang

Welche Bilder haben Sie beeindruckt? Welche Töne und Sätze? So wie Sie Zettel sortieren können, können Sie auch mit Bildern oder Tönen verfahren. Eine imaginäre Diashow veranstalten oder einen akustischen Film bauen. Die Reporterin Monika Held guckt Kino, bevor sie ihre Entscheidungen trifft (Lampert 2007: 19):

> »Ich lege mich aufs Bett, schließe die Augen und betrachte die Bilder, die ich von der Recherche im Kopf habe, wie einen Film: Connys Tagebuch. Ein Wort, tausend Buchstaben, mit dem sie zwei Seiten ihres Tagebuchs gefüllt hatte: Ferien! Ich sehe sie mit den Freundinnen morgens an der Bushaltestelle stehen. Ich betrachte ihr ›Kinderzimmer‹. Ich setze mich probeweise in der Klasse neben sie. Ich stelle sie mir vor, wie sie das Zeugnis überreicht bekommt. Ich formuliere schon mal im Kopf mögliche erste Sätze und prüfe, ob sie den Ton treffen, mit dem diese Geschichte erzählt werden muss.«

Schlafen und andere Inkubationshandlungen

John Irving, der Schriftsteller, der ohne seinen letzten Satz nicht zu schreiben beginnen kann, schildert im Gespräch mit Klaus Brinkbäumer eine typische Inkubations-Illuminations-Phase. Er spricht über die Denkphase vor dem Schreiben seines Romans »Letzte Nacht in Twisted River«:

Irving: Das Ende fehlte. [...] Ich hatte nicht den Hauch eines letzten Satzes. [...] Ich konnte es nicht greifen. Aber dann fuhr ich Auto [...] und im Radio lief der Bob-Dylan-Song, von dem ich wusste, dass er das Motto von »Twisted River« sein würde.

SPIEGEL: »Tangled up in Blue«.

Irving: Ich hörte zu, dachte an gar nichts, und plötzlich war es da.

SPIEGEL: Ihr Schluss?

Irving: Die Idee, ja.

Die *Illumination* besteht häufig in einer *Idee*, wie die Aufgabe zu lösen ist. Es ist dann meist noch beträchtliche handwerkliche Arbeit vonnöten, um diese Idee umzusetzen und sie passgenau mit der Aufgabenstellung in Einklang zu bringen.

Typisch an Irvings Illuminationserlebnis ist seine Autofahrt. In der Regel sind es automatisierte Handlungen wie Auto fahren, Radeln, Joggen, Duschen, Musik hören oder Bügeln, die Einfälle begünstigen. Irvings Satz »Ich dachte an gar nichts und plötzlich war es da« ist das klassische Kennzeichen einer solchen Eingebung. Sie kommt gerne dann, wenn die Hausaufgaben eines kreativen Prozesses mit Phase 1 (»Aufgabe definieren«) und Phase 2 (»explorieren«) erledigt sind. Warum erst dann? Bevor der Auftrag an die Suchmaschine im Hirn nicht präzis formuliert ist, kann sie kein brauchbares Ergebnis liefern. Und dann muss eine wie auch immer geartete Pause folgen, die Inkubationsphase. Die Zeitspanne, in der wir nicht aktiv und wissentlich nach einer Lösung suchen. Inkubation bedeutet in der Vogelkunde das Bebrüten von Eiern. Und in der griechischen Mythologie den Tempelschlaf. Übergebe deine (Schicksals)Frage den Göttern und leg dich im Tempel nieder zum Powernap. Lass die Frage los, hör auf zu suchen. Dann wird dir die Antwort geschenkt.

Deshalb ist das Steuern des eigenen Arbeitsprozesses so effektiv: Wir stimulieren unser unbewusstes Know-how durch die zielgerichtete Vorarbeit und lassen »es« – die *Illumination* – dann passieren.

> Nichts tun gehört zum kreativen Prozess. Gestatten Sie sich Inkubationsphasen.

Versuchen Sie herauszufinden, ob Ihre Schreib-Ausweich-Bewegungen nicht in Wirklichkeit Inkubationsphasen sind. Die Inkubation verlangt vor allem, dass Sie nicht aktiv an der Lösung ihrer Aufgabe arbeiten.

Das Mühsame beim Scheiben ist mitunter der Umstand, dass wir unsere Gedanken zur Story allmählich verfertigen und die Phasen kreativer Prozesse mehrmals durchlaufen müssen, bevor alle Entscheidungen getroffen sind. Je opulenter ein Thema, je umfänglicher ein Stück sein soll, umso komplexer ist auch der entsprechende Arbeitsprozess.

Deshalb gilt vor allem für große Textsorten und Aufgaben: Zerlegen Sie Ihren Arbeitsprozess so lange in kleinere Einheiten, bis die sich handhabbar anfühlen. Hania Luczak, GEO-Redakteurin, erhielt den Egon-Erwin-Kisch-Preis 2010 für ihre Reportage »Ein neuer Bauch für Lenie«. Darin geht es um Darmtransplantationen. Daniel Kastner hat sie für das MEDIUM MAGAZIN befragt, wie sie so eine komplexe Aufgabe meistert.

> »Wenn ich an einem langen Text arbeite, trete ich jeden Morgen in einen inneren Dialog mit mir selbst. Etwa: Deine heutige Aufgabe besteht *nur* in der Darstellung dieser einen kleinen Szene, in diesem einen wissenschaftlichen Aspekt oder jenem winzigen Übergang. Ich fraktioniere die vor mir liegende Aufgabe in kleine Parzellen.«

Die als unüberwindbar und unverdaulich empfundene Masse an Stoff führe sie sich *häppchenweise* zu – *in homöopathischer Dosis sozusagen.*

Wir ahnen den Einwand: Die haben es leicht bei GEO. Die können es sich leisten, einen ganzen Tag für *einen* Übergang zu brauchen. Das ist aber nicht der Punkt. Der Punkt ist, dass der Profi seinen Arbeitsprozess portioniert und in überschaubare Einzelschritte zerlegt. Das stärkt die Motivation und hebt die Stimmung. Und dann wird es auch ziemlich sicher mehr als ein Übergang pro Tag.

> Zerlegen Sie Ihre Aufgabe in Einzelteile. Dann haben Sie mehr Lust und den besseren Überblick.

> »Ich tat, was ich immer tue in solchen Momenten der Verzweiflung: Ich legte mich schlafen, mitten am Nachmittag.«

Marianne Pletscher, Dokumentarfilmerin beim Schweizer Fernsehen, steuert ihren Arbeitsprozess – und das Sofa an. Eine Inkubationsphase ist angesagt (siehe Kap. 7.2). Vorangegangen ist das Definieren der Aufgabe und das Sammeln von Ideen. Marianne Pletscher arbeitet an einem Film über Suizid.

»Ich war unfähig, an erste Gestaltungsideen und an eine Dramaturgie zu denken, notierte einfach mal alle Elemente auf, die in den Film sollten. Ich kenne diesen Prozess, er überfällt mich bei jedem Film, gehört dazu, und eine Seite von mir weiß immer, dass ich dann schon eine Lösung finden werde. Nur war diesmal noch alles etwas schwieriger. Und prompt brachte ein Traum Hilfe.«

Die ausführliche Geschichte ihres Arbeits- und Verzweiflungsprozesses erzählt Marianne Pletscher am Ende des Kapitels 7.5.

Unterbrechen Sie bewusst. Entspannen Sie sich und lassen Sie das Unbewusste arbeiten. Und wenden Sie sich dann wieder der Aufgabe zu.

SPIEGEL-Reporter Alexander Osang zog aus, den amerikanischen Journalisten Gay Talese zu porträtieren. Er erzählt von der Begegnung und dem Sich-gegenseitig-Beobachten zweier Reporterkollegen. Er beschreibt als notwendige Vorstufe für das Gelingen seiner Texte den Zustand des Abwartens, des Noch-nicht-Wissens (Talese 2009: 7).

»Reporter […] haben keine Meinung oder haben noch keine Meinung. Reporter sind unsicher, ängstlich, verletzlich, haltlos, sie suchen.«

7.4   Wie komme ich zur Aussage?

Was willst du eigentlich sagen? Redakteurinnen und Journalismusdozenten wollen anständig sortierte, klar aufgebaute und spannende Geschichten lesen, hören, sehen. Und sie behaupten, dafür sei es unabdingbar, dass Sie, die Autorin, wissen, was Sie sagen wollen. Nur: Woher sollen *Sie* das wissen? Bei manchen Themen ist alles klar, von Anfang an. Bei anderen ist gar nichts klar. Um die geht es hier.

»Immer weißt du mehr, als du siehst. Immer fühlst du mehr, als du weißt.«

Der Satz stammt vom SPIEGEL-Reporter Jürgen Leinemann. In Seminaren über das Porträtschreiben sprach er über die Schwierigkeit, zum Eigentlichen eines Themas, einer Person vorzudringen. Für ihn war selbstverständlich:

>>Gefühle sind Rechercheergebnisse.<<

Sie gilt es wahrzunehmen, ernst zu nehmen und professionell zu nutzen. Zusammen mit den harten Fakten geben Sie ein Bild.

Nehmen Sie wahr, was Sie berührt. Arbeiten Sie damit.

Die fünf Phasen des kreativen Prozesses können Sie auch beim Auswerten und Umsetzen Ihrer Eindrücke und Gefühle durchlaufen:
1. Die Aufgabe definieren: Sie wollen Ihre Eindrücke auf den Punkt bringen, ihren Schwerpunkt und ihre Kernaussage finden.
2. Explorieren: Sie durchstreifen mehr oder weniger systematisch Ihre Eindrücke, Gefühle und die Fakten. Systematisch heißt: Sie suchen mit Hilfe einer Kreativitätsmethode oder Ihres eigenen Systems. Weniger systematisch heißt: Sie pirschen sich durch Fragen heran. Was hat Sie berührt? Was ist besonders an diesem Thema, dieser Person? Was finden Sie am spannendsten? Was erzählen Sie ihrer Freundin sofort, wenn Sie heimkommen?
3. Inkubation: Sie sehen den Wald vor lauter Bäumen nicht und essen deshalb einen Apfel, gehen in die Teeküche der Redaktion, joggen, radeln nach Möglichkeit.
4. Illumination: Sie haben eine Idee, wo es langgeht.
5. Ausarbeiten: Sie arbeiten an der Formulierung Ihrer Aussage, bis sie sich stimmig anfühlt. Und behalten dabei Sinn und Funktion Ihres Stückes im Auge.

Barbara Hardinghaus hat im Verlauf ihres Arbeitsprozesses umdisponiert. Sie hat eine Aussage verworfen und eine andere gewählt. Sie hat sich gegen die Geschichte einer Entführung entschieden und für die Geschichte der Grenzen von Integration. Über ihrer SPIEGEL-Reportage steht jetzt: >>Integration<<. Der Titel lautet: >>Der Fremde<<. Und im Lead heißt es:

34 Jahre lebt der Türke Muharrem E. wie ein besserer Deutscher in München, mit Arbeit, Kindern, Eigentumswohnung. Dann verliebt sich seine Tochter in einen Deutschen. Die türkische Familie entführt ihn und wird zum Musterfall für die Grenzen von Integration.

Dem MEDIUM MAGAZIN erzählt die Autorin über ihren Arbeitsprozess:

>Ich wusste sehr lange nicht, was ich schreiben würde. Am ersten Tag wurde ich erst mal über den genauen Tathergang aufgeklärt […] Aber mit jedem Prozesstag hat mich die Geiselnahme weniger interessiert.
Wann haben Sie entschieden, nicht Fatma und ihren Freund Sascha, sondern Fatmas Vater in den Mittelpunkt zu rücken?
Nachdem ich mit Turan, der älteren Tochter der Familie, geredet hatte. Da wurde mir klar, dass sich die Geschichte um kulturelle Grenzen dreht, dass die Tragik beim Vater lag.«

Wenn eine Information oder ein Ereignis Sie langweilen, nehmen Sie das als Hinweis. Dann ist es möglicherweise nicht das, worum es eigentlich geht. Und sicher nicht das, was Sie erzählen sollten.

Nur wenn Sie selber staunen, können auch die Leser staunen.

7.5   Wie komme ich zur Form?

Sortieren Sie Ihr Material. Was sind die Filetstückchen? Die tollen Szenen, Sätze, Schlüsselmomente? Denken Sie an die Storykurve und an den Story-Punkt. An Ihre Kernaussage und die Leser. Dann puzzeln Sie, bis Sie Ihre Preziosen auf der Reihe haben. Anfang, Mitte und Ende sollen die feinsten Stücke abkriegen. Und dazwischen treibt jeder Absatz die Geschichte voran. Das ist das Prinzip.

Methode	wofür
Mind Mapping	*vor der Recherche:* Rechercheplan entwickeln Brainstorming sortieren *nach der Recherche:* Überblick verschaffen Sortieren von Eindrücken und Infos Muster und Verdichtungen erkennen Schwerpunkte ausmachen Fokus und Perspektive wählen Entwicklungen im Material sehen *außerdem:* Serie planen Events vorbereiten etc. spielerischer Übergang von der Recherche ins Schreiben
Clustern	Reizworte finden poetisches Feld kreieren Synonyme sammeln die richtige Tonalität/ Atmosphäre umkreisen und erspüren Material für Überschriften und Bildunterschriften bereitstellen Das Finden von Metaphern, bildlichen oder sprachlichen Motiven stimulieren Muster im Thema bilden oder erkennen Den Fokus finden – die Geschichte in der Geschichte Unbewusste Wahrnehmungen zu Tage fördern Detail/Aspekt für den Einstieg finden Schichten eines Themas erschließen

Methode	wofür
Brainstorming	Assoziationen bilden Fülle von Einfällen generieren Thema erschließen originellen Zugang finden
Darüber reden	Eindrücke sortieren testen, wie sich die Geschichte erzählen lässt Erzählfaden spinnen Kernaussage erzählend entdecken Unwichtiges abspalten Feedback und Resonanz vom »Testpublikum« erkunden
Zettelwirtschaft	Szenen und Zitate auf die Reihe bringen Reihenfolge der Absätze variieren gute Anschlüsse finden Entbehrliches aussortieren
Bilderspaziergang	visuelle Eindrücke filtern Details sichten und auswählen Schlüsselmomente bildlich festhalten Szenen auswählen Drehbuch entwerfen
Inkubieren: schlafen, joggen, bügeln, Auto fahren etc.	Abstand gewinnen Entspannen Kräfte sammeln »es« sich setzen lassen im Unbewußten weiterspinnen

Was hilft wann?

Monika Held hat ihren Text zum Thema »obdachlose Frauen« mit zwei Protagonistinnen gestaltet. Warum?

> »Zwei deshalb, weil es nicht nur einen, sondern viele Wege in die Obdachlosigkeit gibt und weil es nicht nur alte, sondern auch junge Obdachlose gibt. Ich möchte wissen, warum sie auf der Straße leben, die Junge und die Alte.«

Das Spezifische an weiblicher Obdachlosigkeit? Frauen wollen nicht, dass ihre Armut sichtbar wird. Sie schlafen nicht gern auf der Parkbank oder im Hauseingang. Dahin führt die Autorin schon der erste Absatz. Nur wissen die Leser noch nicht, dass hier die Antwort steht auf eine Frage, die der Text sich stellt (vollständiger Text siehe Kap. 11):

> Sechs Gründe sprechen für das Damenklo als Nachtquartier.

Checkliste: Story finden

- Entscheiden Sie sich für einen Fokus innerhalb Ihres Themas.
- Suchen Sie innerhalb des Fokus nach einer Emotion. (Umgekehrt funktioniert es auch. Gehen Sie von der stärksten Emotion in Ihrem Thema aus. Fokussieren Sie entsprechend das Thema.)
- Entwickeln Sie eine Aussage mit Blick auf diese Emotion.
- Entwickeln Sie einen Bauplan.

Oder Sie entwickeln Ihre Form aus dem Thema. Herbert Riehl-Heyse schrieb einmal über die Suche der Stadt München nach einem neuen Generalmusikdirektor. Er gliederte sein Stück in fünf Sätze, musikalische Sätze. Womöglich mit der Wäscheleine-Methode. Der Titel lautete: Münchner Dirigentensuche – eine symphonische Dichtung in fünf Sätzen. Die Satzbezeichnungen der symphonischen Dichtung in der SÜDDEUTSCHEN: Präludium – Andante grave; Allegro vivace spirituoso; Andante con moto; Scherzo – molto triste; Finale – presto.

Jedes Thema hat seine spezielle Herausforderung, eine Aufgabe, die zu lösen ist. Meistens gibt es mehr als eine gute Lösung und verschiedene Wege dahin. Es gibt kein Verfahren, das für alle Themen und für alle Schreibtäter gleichermaßen funktionieren würde. Das Verfeinern des eigenen Arbeitsprozesses ist eine »never ending story«.

Ich –
die verlassene Autorin

Marianne Pletscher

»Liebe Marianne, Ich liebe Dich, sei nicht traurig, Werner.« Mein Mann hat seine letzten Zeilen auf einem Zettel auf einer roten Parkbank in der Nähe der Limmat hinterlassen. Jemand hat den Schuss gehört und die Zürcher Polizei gerufen. Auf der Bank fanden sie auch einen Revolver und meinen Mann. Werner hat sich selbst erschossen.

Wie gehen Menschen, die jemanden durch Suizid verloren haben, mit diesem furchtbaren Erlebnis um? Und kann eine Journalistin darüber einen Film machen, wenn sie selbst betroffen ist? Zweieinhalb Jahre nach dem Verlust meines Partners stellte ich mir diese Frage. Ich begann zu recherchieren und stellte fest, dass in Zürich bald ein internationaler Suizid-Kongress stattfinden würde. Wenn ich diesen Kongress aushalte, kann ich auch den Film machen, sagte ich mir. Ich ging hin, fuhr psychisch Achterbahn, hatte aber auch so viele Aha-Erlebnisse, dass klar war: Ich muss diesen Film machen, ich will, dass Menschen bewusst wird, was es heißt, jemanden auf diese Weise zu verlieren. Ich will, dass sie Symptome einer Suizidgefahr besser erkennen können. Und ich will vielleicht sogar, dass jemand, der an Suizid denkt, weiß, was er bei seinen Angehörigen anrichtet. Damit war auch schon der Aussagewunsch formuliert. Mir war klar, dass ich in irgendeiner Form meine eigene Betroffenheit thematisieren musste.

Die meisten Faktenrecherchen hatten sich am Kongress schon erledigt. Ich lernte interessante GesprächspartnerInnen kennen, darunter einen führenden Suizidforscher, der einen Sohn durch Selbsttötung verloren hatte. Im Kontakt mit ihm wurde mir klar: In diesem Film sollen nur Betroffene vorkommen. Ich begann »LeidensgenossInnen« zu treffen. Die ersten Gespräche warfen mich zurück in die ersten Monate meiner Trauerzeit – fast hätte ich aufgegeben. Doch die journalistische Neugier war zu stark. Es war unglaublich spannend, nicht einfach nur zu fragen, sondern Gefühle auszutauschen. Nach rund 20 Gesprächen hatte ich eine erschreckende Coolness erreicht, die mich auch wieder verwirrte. Wo waren meine Gefühle geblieben? Für einen persönlichen Ansatz brauchte ich sie. Gleichzeitig stieg die Angst, zu viel von mir selbst preiszugeben. Ich war unfähig, an erste Gestaltungsideen und an eine Dramaturgie zu denken, notierte einfach mal alle Elemente, die in den Film sollten. Ich kenne diesen Prozess, er überfällt mich bei jedem Film, gehört dazu, und eine Seite von mir weiß immer, dass ich dann schon eine Lösung finden werde. Nur war diesmal noch alles etwas schwieriger. Es ging ja schließlich auch um mich ganz privat.

Ein Traum bringt Hilfe

Ich tat, was ich immer tue in solchen Momenten der Verzweiflung: Ich legte mich schlafen, mitten am Nachmittag. Und prompt brachte ein Traum Hilfe. Ich träumte, dass ich meinem Partner allein davonsegelte, in einem kleinen, weißen Schiff. Später fand ich nur noch seine nassen, kaputten Kleider in einem Seesack – ich akzeptierte, dass er tot war. Jetzt waren die Gefühle wieder voll da, und es gelang mir innerhalb weniger Tage, meine GesprächspartnerInnen auszuwählen und Bilder und Texte für die Titelsequenz und die Rahmengeschichte – meine eigene – zu finden. Alles sehr provisorisch, denn ein Dokumentarfilm muss lebendig und offen bleiben bis zum Schluss.

Wichtig ist, eine gute Struktur zu finden, wichtig ist, genügend Bilder bereit zu haben, damit beim Schnitt nicht plötzlich etwas fehlt. Und so stürze ich mich jetzt, wie immer mit einer Mischung aus Angst und Selbstsicherheit, in die Dreharbeiten. Alles ist geplant und alles bleibt offen. Fest steht der Aussagewunsch. Den schreibe ich mir, wie immer, auf die hinterste Seite meines Notizblocks, damit er im Aufruhr der Gefühle während des Drehs nicht verloren geht. Ich will den Zuschauern bewusst machen, was es heißt, jemanden auf diese Weise zu verlieren. Sie sollen Symptome einer Suizidgefahr besser erkennen. Denn eines ist klar: Psychisch Achterbahn fahren werde ich bei diesem Film bis zum Schluss.

Marianne Pletscher, »Grande Dame des Schweizer Dokumentarfilms« (TAGES-ANZEIGER), DOK-Redakteurin beim SCHWEIZER FERNSEHEN SRF, beschreibt hier ihr Ringen mit dem Film »Wir Zurückbleibenden«, der am 24. Februar 2011 erstmals ausgestrahlt wurde. Für ihre Filme erhielt sie gut ein Dutzend nationale und internationale Auszeichnungen. Sie unterrichtet an der Schweizer Journalistenschule MAZ und an der Internationalen Film- und Fernsehschule in San Antonio de los Banos in Kuba. Marianne Pletscher ist gelernte Dolmetscherin, studierte politische Wissenschaften an der

Harvard University in Cambridge und absolvierte einen Nachdiplomstudiengang am American Film Institute in Los Angeles.

Das Foto zeigt sie mit ihrem verstorbenen Partner, dem Kameramann Werner Schneider.

167

8   Wie prüfe ich?

Während der Recherchen entstehen Ideen für die mögliche spätere Form des Stückes. Die folgende ausführliche Checkliste unterstützt Sie dabei, diese Form zu entwickeln. Die entsprechenden Kriterien können Sie auch an fertige Texte anlegen. Wenn Texte, Radio- oder Fernsehstücke Ihnen sehr gelungen scheinen – nehmen Sie sich die Zeit, genau hinzusehen. Welche Anforderungen des Katalogs sind gut eingelöst, besonders gut sogar? Welche sind ohne Schaden unter den Tisch gefallen – oder welche hätten den Text noch geschmückt?

8.1   Die Checkliste

Was steckt in meinem Thema? Wie findet es zur Form? Mit den folgenden Fragen können Sie Ihr Thema umkreisen, um den Fokus zu setzen, die Aussage zu formulieren und Ihre Dramaturgie zu entwickeln.

Der Aufhänger oder Anlass
- Kann ich einen stichhaltigen aktuellen Aufhänger für mein Thema nennen?
- Wie muss ich das Thema wenden, damit ich ggf. lokale Bezüge herstellen kann?

Die Heldin, der Held
- Habe ich eine Hauptperson, die durch die Geschichte führt und Emotionen weckt?
- Gibt meine Hauptperson eine relevante neue Perspektive oder zumindest eine interessante neue Facette für mein Thema?
- Warum wähle ich gerade sie?
- Was fasziniert mich selbst?
- Was muss ich Lesern bieten, damit sie für meinen Helden Feuer fangen?
- Welche Charakteristika dieses Menschen sind für mein Thema und meine Aussage relevant? Welche nicht?
- Falls es mehrere Personen gibt: Wie helfe ich den Lesern bei der Orientierung? Durch Namen, Attribute, klares Nacheinander ihres Auftretens?

Der Ort

- Wo spielt meine Geschichte?
- Wie kann ich die Atmosphäre des Ortes für meine Aussage nutzen?
- Welche Charakteristika dieses Ortes sind für mein Thema und meine Aussage relevant?
- Welche Details muss ich meinen Lesern beschreiben, damit für sie ein Bild entsteht?

Die Handlung

- Wo im Thema oder in Personen finde ich Kontraste, Konflikte, Wendepunkte?
- Kann ich eine Entwicklung zeigen, ein Vorher/Nachher?
- Kann ich eine Handlung mit Anfang, Mitte und Ende erzählen?
- Von welchem Standpunkt aus, von welcher Person aus gelingt mir das?

Die Aussage

- Was hat mich im Verlauf der Recherche bewegt, beschäftigt, angerührt? Welche von diesen Erfahrungen sind relevant für das Thema, erhellend für meine Leser und gehören somit in das Stück?
- Ist mir klar, was ich aussagen möchte – auf der Handlungsebene und gegebenenfalls im Subtext?
- Wie lautet die Aussage, die Essenz meiner Geschichte in zwei bis drei Sätzen?
- Wovon muss ich mich trennen, weil es in diese Geschichte nicht hineingehört?

Der Aufbau

- Kann ich aus meiner Aussage eine Form organisch entwickeln?
- Welche Form stützt meine Aussage?
- Womit fange ich Leser ein? Gibt es eine Szene, ein Bild in meinem Stoff, das für mein Publikum zugleich vertraut und fremd wirkt? Einen Einstieg, der leicht und schnell hineinzieht?
- Hab ich für die Mitte einen Höhepunkt, Wendepunkt, einen Mittelpunkt?
- Wie kann ich meine Leser so führen, dass sie Zwischentöne wahrnehmen und in meinem Sinne deuten?
- Falls ich mehrere Textebenen gestalte: Wie sorge ich dafür, dass meine Leser folgen können?
- Kann ich meine Form stringent durchhalten?
- Wie entlasse ich meine Leser? Welcher Schluss macht die Geschichte rund?

Die Sprache

- Welcher Ton stimmt, welche Bilder passen?
- Welches Tempo, welcher Satzbau ist angemessen?
- Kann ich mit meinen Beschreibungen verschiedene Sinneskanäle ansprechen (Sehen, Hören, Riechen, Fühlen)?

Die Erzählerin, der Erzähler

- Wie viel Präsenz der Autorin, des Autors ist dem Thema angemessen?
- Führe ich diskret Regie und lasse meine Figuren leuchten oder gewinnt der Text, wenn ich explizit vorkomme?

8.2   Die Textanalyse

Beispiel:

Das Kloster Plankstetten ist einer der größten Biobauernhöfe Bayerns – die Mönche zeigen, wie sich Geschäftssinn mit ökologischer Verantwortung verbinden lässt. Uwe Ritzer hat darüber in der SÜDDEUTSCHEN ZEITUNG am 24.3.2007 geschrieben (siehe die beiden folgenden Seiten).

Ausgangslage / Aktueller Anlass		Ein Kloster in wirtschaftlich schwieriger Lage entwickelt sich binnen 15 Jahren zum florierenden Biobauernhof – einem der größten in Bayern.
Held / Heldin		Bruder Richard Schmidt, ehemals Bäcker, heute Landwirt. *Nebenfiguren:* 1. Abt auf Zeit Pater Beda Sonnenberg, gibt Infos über die Abtei und Benediktiner allgemein, zuständig für den spirituellen Überbau; 2. Ulrich Visschers, Verkaufsleiter, Zahlengeber; 3. Frater Bonifaz, Bäckermeister (Rausschmeißer), Anekdoten-Geber.
Ort		Abtei Plarkstetten, Altmühltal, Bayern. Hofgebäude (kleiner Rundgang), Hofküche: Gespräch mit Frater Richard, Backstube: Gespräch mit Frater Bonifaz
Handlung		Der Heldenweg von Bruder Richard gibt den Faden, an dem die Erfolgsgeschichte des Klosters deutlich wird. Vom Stillstand über den Aufbruch (neuer Beruf) über Wagnis und Risiko (Öko-Landwirtschaft) zum Erfolg. Bruder Richard Schmidt durchläuft eine Entwicklung.
	Anfang	Bruder Richard Schmidt stapft über den Hof. Den geistlichen Herrn sieht man ihm nicht an. (Zoom auf Protagonisten, dann Totale – Rundgang über den Hof). Explizites Versprechen: Hier wird eine ungewöhnliche Erfolgsgeschichte erzählt.
	Mitte	Richard Schmidt spricht von zwei *Wendepunkten.* Er hat sich entschieden, von Bäcker auf Landwirt umzusatteln. Und von konventioneller Landwirtschaft auf ökologische umzusteigen.
	Ende	Frater Bonifaz erzählt von seinen Ökobrötchen, von Gebetszeiten und Gottesdienst. *Pointe und Zitat.*

Subtext	Krise als Chance. Wer wagt, gewinnt. Das Gute setzt sich durch (vgl. Echoraum).
Dramatische Elemente	Grundmuster der Heldenreise: Bruder Richard hört den Ruf, macht sich auf den Weg, überwindet Hindernisse, entdeckt das Elixier, das seiner Gemeinschaft das Überleben sichern kann, überzeugt Skeptiker, besteht Prüfungen, kehrt zurück an den Ausgangspunkt seiner Reise und bringt das Elixier (nämlich das ökologische Wirtschaften) als segensreiche Neuerung in seine Gemeinschaft. Kontrast: Schmidt wirkt nicht spirituell sondern holzfällermäßig Gegensatz: Kloster in der Krise (Ende der achtziger Jahre) – Kloster in der Blüte Wendepunkt 1: Schmidt sattelt um Wendepunkt 2: Öko-Betrieb statt konventioneller Landwirtschaft Das Sowohl-als-auch: Geschäftssinn und Schöpfungsglaube der Plankstettener Benediktiner Anekdoten: Frater Bonifaz
Aufbau	Formal eine statische Handlung mit Szenen und Hintergrund: 1. Bruder Richard zeigt den Hof. 2. Rückblick auf die wirtschaftliche Situation (Richard erzählt) 3. Einschub: Abt Beda Sonnenberg über den Orden 4. Die Krise Ende der achtziger Jahre: Schließung des Internats. Was wird aus dem wenig rentablen Ackerbau? 5. Bruder Richard lernt Landwirt. Zweifelt und setzt auf Öko. 6. Öko als durchgehendes Prinzip in Plankstetten (im Text vermittelt vom Abt) 7. Das Kloster als Unternehmen. Erfolgszahlen. 8. Rausschmeißer-Szene: Bäcker Bonifaz in der Backstube
Stil und Sprache	Sprache knapp und pointiert, treibt die Handlung voran, dichte, auf Kontrast zielende Beschreibungen, Zitate prägnant, ausgewogen verteilt, rasche Wechsel vom Abstrakten zum Konkreten (vgl. Leiter des Erzählers) und umgekehrt

Textanalyse unter Aspekten des Storytelling

Online – die interaktive 3-D-Erzählung

Domenika Ahlrichs

(Foto: Julia Junfer)

Wäre dies ein Text im Internet, könnte ich einzelne Worte verlinken, so dass sie mit einem Klick auf weiterführende Informationen führen. Ich könnte Bilder einfügen, die sich als Sammlung von Fotos entpuppen, wenn man sie berührt, Videos, Audioaufnahmen, interaktive Grafiken oder Quizformate in den Text einbauen. Ich könnte die Leser bitten, zum Thema Stellung zu nehmen, mit mir zu diskutieren, den Text zu bewerten. Mit anderen Worten: Ich könnte meinen Text mehrdimensional gestalten.

Storytelling im Internet ist so etwas wie die 3-D-Variante journalistischen Erzählens. Es gibt die auf einen Blick sichtbare Oberfläche, die den Einstieg ins Thema ermöglicht. Zumeist ein Text, angereichert mit grafischen Elementen. Wer es zweidimensional mag, kann dort verweilen und eine Geschichte lesen, die so auch gedruckt funktionieren könnte. Doch wie viel spannender ist es, sich auf die Komplexität der Gesamtkomposition einzulassen. Onlinejournalisten wählen Punkte in ihrer Erzählstruktur aus, von denen aus andere Ebenen erreichbar sind; kurze, bereichernde Exkursionen, die eigene kleine Geschichten erzählen.

Da ist dann etwa der libysche Oberst Gaddafi zu hören, der sich per Telefon an sein Volk wendet und behauptet: Eigentlich ist Bin Laden an allem schuld. Ein Video zeigt einen der bizarren Auftritte des selbsternannten Revolutionsführers, und eine Fotostrecke dessen skurrile Outfits aus vier Jahrzehnten. Auf einer interaktiven Karte sind die Orte markiert, in denen Regimegegner Gaddafis Herrschaft durchbrochen haben.

Der User entscheidet selbst, wie viele dieser Abzweigungen er geht, ob er zurückkehrt, ob er sich weiterleiten lässt, ob er sich selbst einbringt. Reizt eine Geschichte zu besonders viel Feedback, kann sich daraus ein neuer Handlungsstrang entwickeln. So ist Storytelling im Internet beides: Eine durchdachte Dramaturgie, die lineare und nichtlineare Strukturen verknüpft – und ein dynamischer Prozess.

Domenika Ahlrichs ist stellvertretende Chefredakteurin von ZEIT ONLINE. Vorher leitete sie die Redaktion der NETZEITUNG, Deutschlands erster Tageszeitung, die ausschließlich im Internet erschien. Ihre journalistische Laufbahn begann sie klassisch als Reporterin für Lokalzeitungen in Niedersachsen. Eine Ausbildung in allen vier Medienbereichen absolvierte sie an der Evangelischen Journalistenschule. Als Dozentin bleibt sie ihr verbunden. Domenika Ahlrichs ist leidenschaftlich gern Onlinejournalistin.

9   Im Labor der Aufmerksamkeit

Es gibt Medien, die schnell und systematisch Feedback von ihren Usern bekommen. Durch Einschaltquoten beim Fernsehen und Klicks auf den Websites. Was lässt sich aus dem Feedback des Publikums für das Storytelling lernen? Dieser Frage gehen wir am Beispiel des Nachrichtenmagazins »10vor10« des SCHWEIZER FERNSEHENS und der Website des Zürcher TAGES-ANZEIGERS nach.

9.1   Die Einschaltquote – am Beispiel des Nachrichtenmagazins »10vor10«

Der Zapper vor dem Fernsehapparat ist gleichzeitig ein berechenbarer und ein unberechenbarer Mensch. Berechenbar, weil man weiß, wenn er eine Geschichte nicht versteht oder wenn sie ihn langweilt, dann zappt er weiter, zum nächsten Sender. Unberechenbar ist er deshalb, weil man nicht genau voraussagen kann, ob er sich für ein Thema interessiert. Wer sich selber vor dem Bildschirm genau beobachtet, weiß: Das ist ein dynamisches Geschehen. Die Einschaltquote bildet diesen Prozess ab. Das Publikum vor dem Fernsehapparat hat die Möglichkeit, aus vielen Kanälen auszuwählen. Die Einschaltquote dokumentiert den Konkurrenzkampf unter den Sendern.

Die Grafik zeigt den Verlauf der Einschaltquote der Sendung von »10vor10«, des Schweizer Fernsehens vom 10. Dezember 2010. Nach dem Start um 21.50 Uhr wird die Zuschauerquote alle 30 Sekunden gemessen. Als Erstes stellt man fest: Die Zuschauer des Schweizer Fernsehens sind nicht alle von Sendebeginn an dabei. Viele schalten später ein. In den ersten 10 Minuten kommen dann immer mehr Zuschauer dazu. Die Einschaltquote steigt kontinuierlich. Sie bildet diesen Verlauf ab, der sich jeden Abend ähnlich abspielt, fast unabhängig davon, was für Beiträge am Anfang gezeigt werden. Die Sendung vom 10. Dezember beginnt mit 350.000 Zuschauern und erreicht im Maximum 553.000 Zuschauer. Die Zahlen werden aus einem Sample von 1000 Fernsehhaushalten hochgerechnet (siehe unten: so werden die Einschaltquoten gemessen). 32,8 Prozent aller Zuschauer, welche an diesem Abend in der Schweiz vor dem Fernsehapparat saßen, haben »10vor10« geschaut.

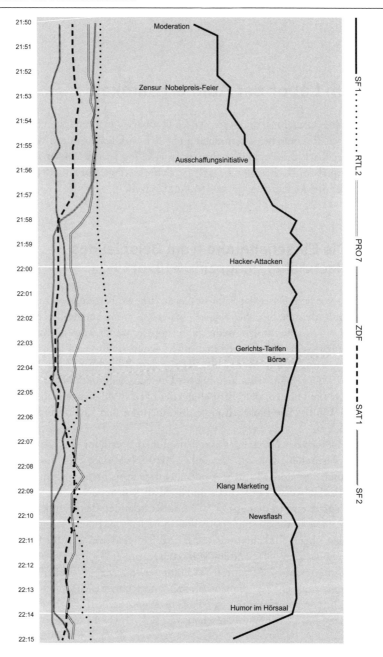

Zuschauerkurve des Nachrichtenmagazins »10vor10«

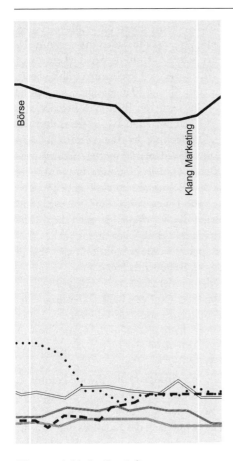

Die Sendung bringt fünf Beiträge, eine Information zur Börse und einen Newsflash mit den wichtigsten Nachrichten vom Tage. Am stärksten interessierten sich die Zuschauer für folgende Themen:

- Wie die Schweiz sich gegen Hacker-Attacken schützen will (»Angst vor Hacker-Attacken«).
- Das Chaos bei den Gerichtsgebühren, die in jedem Kanton anders geregelt sind (»Chaos bei den Gerichts-Tarifen«).
- Eine kabarettistische Vorlesung des Schweizer Komikers Fabian Unteregger in jenem Hörsaal, in dem er Medizin studiert (»Humor im Hörsaal«).

(Ganze Sendung: http://www.videoportal.sf.tv/video?id=ac3cfa2d-ba97-4d66-afb6-3224a845a027)

Warum sinkt die Quote?

Der untere Teil der Grafik zeigt, welche anderen Sender gleichzeitig Publikum anziehen. Wir haben fünf Sender ausgewählt, in Wirklichkeit werden elf ausgewertet. Die Kurve zeigt: Zwischen 21.58 und 21.59 Uhr verlieren das ZDF und PRO7 Zuschauer. Diese zappen zu »10vor10« und verfolgen die Informationen über die Hackerabwehr.

Ein anderes Bild ergibt sich nach 22.04 Uhr. Jetzt verlassen die Zuschauer RTL2, aber sie zappen nicht um auf »10vor10«. Warum?

Das Nachrichtenmagazin bringt ein originelles, neues Thema: Die Akustik als Marketinginstrument: Wie gluckert das Bier beim Einschenken? Mit was für einem Ton knackt der Schokoladenriegel beim Abbrechen? Klangdesigner sagen, dass Töne beim Kundenfang eine Rolle spielen. Die Zuschauer interessiert das weniger. 10 Prozent, hochgerechnet 50.000 Zuschauer, zappen weg. »Eine Badewanne« nennt Redaktionsleiter Hansjörg Utz diese Senke in der Kurve. Warum zappen die Leute weg? Liegt es am Thema? Oder an der Art und Weise, wie die Geschichte erzählt wird?

Die Moderatorin kommt auf Umwegen zum Thema Klangdesign. Der Beitrag steigt ein mit zwei kurzen Beispielen, dem Gluckern von Bier, dem Brechen von Schokolade und einem einladenden Text »Ohren auf«. Ein Experte erläutert das Klangdesign in einer abstrakten Einleitung. Die Technik der Analyse der Töne vorgestellt. Der Effekt des Tons wird am Beispiel des klangoptimierten Staubsaugers demonstriert. Dann kommen zwei ausführliche Beispiele: Eine Autotüre wird zugeschlagen. Der Experte demonstriert, was Töne bei Autofahrern auslösen. Ein tiefer, brummender Automotor signalisiert Kraft, hohe Töne nerven. Am Schluss präsentiert und kommentiert der Maître Chocolatier die Knackqualität der Schokolade. Insgesamt sehen wir einen professionell gemachten Beitrag über ein originelles Thema. Ein korrekter Aufbau: Im Kino (siehe Kap 2.2) würde er funktionieren. Aber in der Subito-Dramaturgie des Fernsehens steigen 50.000 Zuschauer aus.

Kann die Analyse der Storykurve das Verhalten der Zuschauer erklären?

- Erstens: Die Moderation bringt das Thema nicht auf den Punkt. Der originelle, kurze Einstieg mit dem Knacken der Schokolade und dem Gluckern von Bier schafft offenbar zu wenig Erlebnis und Nachhall (siehe Kap 2.2), um die Aufmerksamkeit der Zuschauer zu gewinnen. Wir nennen das einen tiefen Story-Punkt auf der Storykurve (siehe Kap. 2.3).
- Zweitens: Es folgen 40 Sekunden abstrakte Erklärungen. Die Theorie kommt zu früh. Hier gilt es, erst zu zeigen, dann zu erläutern. Fazit: Im ersten Teil entspricht der Aufbau der Geschichte nicht dem Muster der Storykurve (siehe Kap. 2.2).
- Drittens: Es folgen zwei Höhepunkte. Der Wohlklang des Zufallens der Autotür und des Motorbrummens. Und der Confiseur, der das anmachende Knacken der Schokolade vorführt. Das packt die Zuschauer. Jetzt wirkt die Dramaturgie: Die Quote bleibt stabil, sie steigt leicht.

Was für eine Einschaltquote hätte der Beitrag erreicht, wenn man ihn gemäß Storykurve umgebaut hätte, mit einer Erlebnisdramaturgie anstelle einer Erklärungsdramaturgie? Mit einer »Ohren-auf-Moderation« direkt einsteigen. Einen Höhepunkt an den Anfang setzen: Mit dem offenbar mehrheitsfähigen Beispiel des Autos anfangen und zeigen, worauf die Kunden achten. Dann die theoretische Erklärung nachliefern und, wie gehabt, mit dem Maître Chocolatier aussteigen. Schade, dass man das nicht testen kann.

Solche Einbrüche der Quoten seien ziemlich selten. Erfahrungsgemäß gehen einige zehntausend Leute weg, wenn ein Beitrag über den Gazastreifen angesagt wird, sagt Redaktionsleiter Hansjörg Utz. Auch bei anspruchsvollen Kulturthemen am Schluss der Sendung könne die Quote sinken.

Aber die Zuschauer können auch geduldig sein. In einem »10vor10«-Bericht über den sexuellen Missbrauch von Behinderten kommen zwei Invalide zu Wort. Sie sprechen langsam und man versteht nicht alles, was sie sagen. Die Zuschauer zeigen Empathie und bleiben dabei. Ein anderes Bild zeigt die Kurve, wenn auf dem zweiten Kanal die Schweizer Nationalmannschaft ein wichtiges Spiel austrägt. Dann entscheidet sich die Mehrheit für Fußball und »10vor10« verliert einen Teil seines Stammpublikums. Andererseits steigt die Quote, wenn die Redaktion kreativ auf die Aktualität reagiert. Eine Sendung mit dem Schwerpunkt Volksaufstand in Libyen (21.2.2011) holte 790.000 Zuschauer ins Nachrichtenmagazin. Das entspricht einem Marktanteil von 40,8 Prozent. Der Marktanteil der analysierten Sendung vom 10. Dezember 2010 liegt unter dem Durchschnitt aller Sendungen. Normalerweise hat »10vor10« mehr als eine halbe Million Zuschauer. Genau Zahlen zur durchschnittlichen Beachtung während eines Jahres will das Schweizer Fernsehen nicht veröffentlichen.

Insgesamt zeigen die Profile der »10vor10«-Sendungen ein ähnliches Bild. Die Kurve steigt vom Anfang bis zum Schluss. Das hängt mit der Erfahrung der Macher und der Auswertung der Einschaltquoten zusammen. Sie werden jeden Tag im Rahmen der Sendekritik analysiert. Und es werden Lehren gezogen. »Wir sind nicht quotenfixiert«, sagt Hansjörg Utz. Bei einem wichtigen Thema nimmt er es in Kauf, dass Zuschauer aussteigen: »Der Verlauf der Kurve zeigt uns, ob die Dramaturgie stimmt. Wenn wir es schaffen, die Spannung während der Sendung zu halten, bleiben die Zuschauer, und allenfalls kommen sogar neue dazu.« Entscheidend für die Macher sei, so Utz, wie sich die sogenannte Binnenkurve, das Zuschauerinteresse während der Sendung entwickelt.

Womit lockt ein spätabendliches Nachrichtenmagazin seine Zuschauer? »10vor10«-Redaktionsleiter Hansjörg Utz nennt folgende Erfolgsfaktoren:

- Relevanz und hoher Newsgehalt: Die Sendung bringt die wichtigsten Themen des Tages und deren Hintergründe, und zwar aus dem In- und Ausland.
- Eigener Zugriff: Die tagesaktuellen Berichte gehen das Thema anders an als die übrigen Medien. Je überraschender der Zugang, desto besser.
- Mehrwert und Eigenrecherchen: Jede Sendung soll eigene News oder neue Aspekte zu News generieren. Man muss die Sendung gesehen haben, um mitzureden.
- Starke Bilder, bewegende O-Töne: Die Reporter sollen eigentliche Geschichten erzählen, über die man sich auch mal aufregen darf.
- Verständlichkeit: Der 15-jährige Schüler muss die Beiträge verstehen; gleichzeitig darf sich der Professor nicht langweilen.
- Spannender Themenmix: Neben Politik und Wirtschaft kommen auch andere Lebensbereiche vor (Wissenschaft, Kultur, Gesellschaft, Sport, Lifestyle).

- Guter Rhythmus: Kurze und lange Beiträge müssen sich abwechseln. Auch die Moderationen unterscheiden sich in der Länge.
- Kopf und Herz ansprechen: Analyse und Einordnung sind wichtig. Zwischendurch darf das Publikum auch entspannen und aufatmen bei einem visuell starken Bericht über ein weniger anspruchsvolles Thema.

So werden die Einschaltquoten gemessen

Die Zuschauerzahlen der Fernsehsendungen werden elektronisch gemessen und dann wie bei Meinungsumfragen hochgerechnet. In repräsentativ ausgewählten Haushalten werden Geräte in die Fernsehapparate eingebaut, die registrieren, was für Programme geschaut werden. Die einzelnen Mitglieder der Familien oder Fernsehhaushalte müssen sich mechanisch anmelden, wenn sie vor den TV-Apparat sitzen. Kinder ab drei Jahren und auch die Gäste werden mitgezählt. Der Rest wird durch die sogenannten Metersysteme automatisch gemessen und verarbeitet. In den deutschen Panelhaushalten sind 5640 Meter über alle Bundesländer verteilt: 220 in Mecklenburg-Vorpommern, 1014 in Nordrhein-Westfalen (Frey-Vor 2008: 156 ff.). In Deutschland zählte man 2006 34,99 Millionen Fernsehhaushalte mit 73,42 Personen. In Österreich gibt es 1500 Metergeräte und in der Schweiz 2000 (1000 in der deutschsprachigen, 750 in der französischen und 250 in der italienischen Schweiz). Die Zahlen bilden die Grundlage für die sogenannten Tausenderkontakte für die Berechnung der Werbetarife. Auch für die Fernsehanstalten sind die Einschaltquoten wichtig. Sie entscheiden über das Schicksal von Sendungen.

9.2   Im Banne des Web-Seismografen

Online-User sind wie Skispringer. So sieht es Peter Wälty, Chefredaktor der Online-redaktion des TAGES-ANZEIGERS in Zürich. Die User steigen in die Abspringspur und nehmen Fahrt auf. Die Anlaufstrecke von Titel und Lead und Bild muss steil und dynamisch ausgelegt sein. Wenn sie auf den Schanzentisch kommen, müssen die User genügend Tempo haben. Sie springen dann nicht wie Athleten in die Weite, sondern sie brauchen die Energie, so Wälty, für die für die Bewegung des Zeigefingers auf der Maustaste, für den Klick, um vom Frontanriss auf den Haupttext zu gelangen. 180 Zeichen lang ist die Anlaufstrecke des Leads. Sie entscheidet das Rennen: Liest die Userin weiter? Steigt der User aus?

Die Redaktoren können diese Klicksprünge auf drei Flachbildschirmen von 1 Meter Breite und 60 Zentimeter Höhe im Großraumbüro in Zürich live mitverfolgen. Wälty hat den Web-Seismografen selbst entwickelt. Die Grafik zeigt der Redaktion, wie viele Klicks eine Geschichte, ein Link oder eine Diashow gerade bekommt und wie sich das Interesse der User entwickelt. Die Redaktoren wissen sofort, ob sie die Piste gut präpariert haben, oder ob sie »Stacheldraht aufgebaut haben, um die User fernzuhalten«. In Form von aufsteigenden oder absteigenden Treppen sind die Klickraten zu sehen. Im Moment liegt auf www.tagesanzeiger.ch »Der Mann, der niemals schläft« von Denise Jeitziner an der Spitze. Ein Beispiel für einen erfolgreichen Titel. Eine Überschrift im Stile von »Ein Film über Schlaflose« wäre wohl weniger beachtet worden. Jeitziner berichtet über den Film von Jacqueline Zünd, die unter anderen den Ukrainer Fyodor Nesterchuk porträtiert, der seit 20 Jahren nicht mehr schlafen kann. An zweiter Stelle liegt: »Irland schürt neue Ängste«. Thema ist die neue irische Finanzkrise. An 10. Stelle: »Wie die USA das Internet kontrollieren«. Was kommt an, wo wird weitergescrollt? »Die Leser wollen nicht nur Brüste und Blut«, sagt Michael Marti, stellvertretender Chefredaktor. Aktualität und Geschichten, die sich entwickeln, »breaking news« sind gefragt. Deshalb will TAGESANZEIGER.CH schneller als die andern am Ball sein. Drei rote Drehlichter im Großraumbüro beginnen lautlos zu rotieren, wenn eine Eilmeldung über die Agenturen kommt. Ein spezielles Phänomen: »Wenn wir zum Beispiel live die Rücktrittsankündigung des deutschen Verteidigungsministers zu Guttenberg protokollieren, dann vermittelten wir den Usern ein Gefühl der Unmittelbarkeit, des Miterlebens eines bedeutsamen Ereignisses«, sagt Marti. Die Redaktion weiß aber auch, wie schnell solche News wieder verglühen. Reine Newsmeldungen haben eine kurze Halbwertszeit. Die Klicks auf die Meldung »Verteidigungsminister Guttenberg tritt zurück« gehen nach 30 bis 60 Minuten auf die Hälfte zurück. Die Aufmerksamkeit kann durch Fortsetzungsgeschichten gehalten werden. Neue Aspekte der Geschichte sorgen für bleibende Klickraten.

News-Momentum

Der Web-Seismograph zeigt, was aktuelle Themen für ein »News-Momentum« (Wälty) auslösen können. Zum Beispiel nach dem Erdbeben in Japan im März 2011 und der Atomkatastrophe im Werk Fukushima. In den folgenden Tagen stieg die Zahl der Klicks um 30 Prozent. Die User wollten mehr erfahren und kamen ständig zurück auf TAGESANZEIGER.CH.

Wenn ein Beitrag wenig Klicks bekommt, kann das Bild oder die Schlagzeile geändert werden. Ein Sachtitel wie »BP versucht mit einem Tauchroboter das Bohrloch zu stoppen« fand wenig Aufmerksamkeit. Marti änderte die Überschrift: »Schlamm drüber«. Die Beachtung stieg. Ähnliche Erfahrungen machte er mit einem Bild von Paris Hilton. Ein Beitrag mit einem Studiobild von Hilton generierte wenige Klicks. Als er es durch ein unscharfes Handybild eines Users ersetzte, stieg die Quote. Man sah weniger auf dem Bild, aber die Paparazzoaufnahme vermittelte Authentizität.

Interaktives Storytelling

Onlinekommunikation hat eine gewisse Ähnlichkeit mit der oralen Kommunikation. Fast wie ein Redner vor Publikum erhält die Redaktion sofort Feedback. Die Redaktion weiß sofort, was die User beschäftigt. Auch durch das Talkback, die Kommentare der User. Die Rückmeldungen werden von drei Freischaltern bearbeitet. Rassistische, beleidigende Rückmeldungen oder Kommentare, die mit falschen Prominentennamen ins Haus kommen, werden gelöscht. Der andern werden aufgeschaltet. Wenn besonders viel Feedback kommt, werden die Meinungen in einem Artikel zusammengefasst. Zahlreich haben sich die User gemeldet, als in der Schweiz über das emotionale Thema der Minarett-Initiative abgestimmt wurde. Was lernt die Redaktion aus den Rückmeldungen? Sie seien eine Herausforderung, sagt Marti. Zuweilen wissen Leser mehr über das Thema, als der Journalist, der darüber berichtet. Monierte Rechtschreibefehler werden sofort korrigiert. Manchmal führen die Hinweise auch zu neuen Recherchen.

TAGESANZEIGER.CH gehört mit 1,8 Millionen Unique Clients pro Monat zu den vier größten Onlineredaktionen der Schweiz. Unique Clients sind die Computer, von denen aus auf eine Website zugegriffen wird. Der Wert gibt den Webanbietern Auskunft darüber, wie viele verschiedene Personen die Website besuchen. Er ist vergleichbar mit der Netto-Reichweite bei Printmedien.

Das Handwerk des Storytelling wird im publizistischen Handbuch des TAGESANZEIGER.CH festgehalten. »Magna Charta Editoris« lautet der Titel. Hier einige Tipps.

Titel		
Keine genialen Über-schriften – solide Titel	News-Titel orientiert über den Kern des Themas und ist dynamisch formuliert mit einem Verb und nennt die Akteure.	Verboten sind Titel mit den Worten: »nichts Neues« oder »weiterhin«. Wenn es nichts Neues gibt, ist das keine Geschichte.
Kontrollfragen fürs Schreiben eines Titels: Was interessiert den User? Was nützt ihm im Alltag? Was bedeutet die Geschichte für ihn? Welchen Bezug zum Alltag? Wie mache ich das sichtbar? Was amüsiert und unterhält ihn?		
Lead		
Führt den Leser auf den Schanzentisch. (Siehe oben)	Verrät dem Leser nur so viel wie nötig, um ihn neugierig zu machen.	Wenn es am spannendsten ist, bricht der Lead ab. Er en-det mit einem Versprechen.
Bilder		
Ein Bild sagt mehr als tausend Watt.	Das Teaserbild, die Brief-marke neben dem Lead muss zusammen mit der Schlagzeile einen Sinn geben.	Das Storybild, das Bild zum Text. Amateuraufnahmen kommen gut an: Authentizität
Bildlegenden		
Wichtig in der Aufmerk-samkeits-Hierarchie. Der Blick des Lesers wandert vom Storybild auf die Bildunterschrift zum Titel und Lead. Die Legende wird oft vor der Überschrift wahrgenommen.	*Schmuckzeile* schafft den Leseanreiz und erklärt das Motiv	*Sachzeile* erklärt, was das Motiv zu bedeuten hat
	Beispiel: 2 Tote 4 Verletzte:	Unfallwagen auf der A1
Publikumstest	Ausprobieren von Titeln und Bildern ist erlaubt und er-wünscht. Der Web Seismograf ist ein Testinstrument.	

Storytelling-Tipps von der Onlineredaktion des TAGES-ANZEIGERS

10 Ausleitung:
vom Hol-Prinzip zum Bring-Prinzip

Warum nennen wir das Kapitel Ausleitung? Wir verwenden den Begriff Ausleitung um darauf hinzuweisen, dass Journalisten mit theoretischen Einleitungen Leser vertreiben (siehe Kap. 12). Reflexionen gehören nicht an den Anfang, sondern in die Ausleitung. Wir wollen uns an die eigenen Vorgaben halten. Wir haben ein praktisches Handbuch geschrieben. Wenn Sie sich für ein paar Gedanken zum Thema interessieren, dann lesen Sie weiter. Der Journalismus hat sich in den letzten Jahrzehnten stark verändert. Die Entwicklung vom Hol-Prinzip zum Bring-Prinzip lässt sich nicht mehr aufhalten. Storytelling serviert die Botschaft nach dem Bring-Prinzip: appetitanregend und attraktiv. Anti-Storytelling funktioniert nach dem Hol-Prinzip: Die Botschaft ist schwer verständlich und mit viel Arbeit für den Rezipienten verbunden. Der Leser einer Zeitung unternimmt vielleicht einen zweiten Anlauf, wenn er etwas nicht gleich versteht. Die elektronischen Medien verlieren Zuschauer und Zuhörer, wenn ihr Interesse nicht geweckt wird oder wenn sie nicht auf Anhieb verstehen, worum es geht. Und online werden komplizierte Botschaften gar nicht erst angeklickt. Wer im Wettbewerb um die Aufmerksamkeit erfolgreich sein will, muss vom Hol-Prinzip weg kommen und zum Bring-Prinzip finden.

Anti-Storytelling hat eine lange Geschichte. Je länger wir uns mit Journalismus und Kommunikation beschäftigen, umso mehr kommen wir zu einer paradoxen These: Viele Leute haben gelernt, *nicht* zu kommunizieren. Sie haben richtig gelesen: *nicht*. Das klingt seltsam und mag überraschen, macht aber durchaus Sinn. Wer klar kommuniziert, wird verstanden, und das hat Folgen. Man wird verantwortlich gemacht für seine Gedanken und bekommt manchmal eins aufs Dach. Da ist es einfacher nicht klar zu sagen, was man will. Dafür kann man nicht behaftet werden. Bekannt ist das Phänomen der Verschleierung oder der indirekten Kommunikation, der Camouflage, auch aus unterdrückten Gesellschaften. Filmregisseure in der Sowjetunion mussten Botschaften versteckt unterbringen, um an der Zensur vorbeizukommen. Man nennt das – in Anlehnung an die Fabeln von Aesop – Aesop'sche Sprache. Verbreitet ist das Verschleiern von Botschaften in akademischen Texten und Referaten. Der Philosoph Karl Popper dagegen fordert Verständlichkeit:

> »Jeder Intellektuelle hat eine ganz besondere Verantwortung. Er hatte das Privileg und die Gelegenheit, zu studieren; dafür schuldet er es seinen Mitmenschen (oder ›der Gesellschaft‹), die Ergebnisse seiner Studien in

der einfachsten und klarsten und verständlichsten Form darzustellen. Das Schlimmste – die Sünde gegen den heiligen Geist – ist, wenn die Intellektuellen versuchen, sich ihren Mitmenschen gegenüber als große Propheten aufzuspielen und sie mit orakelnden Philosophien zu beeindrucken. Wer's nicht einfach und klar sagen kann, der soll schweigen und weiterarbeiten, bis er's klar sagen kann.« (Quelle: Wikipedia)

Auch Journalisten müssen sich die Frage stellen: Wie viel Anstrengung ist der Konsument bereit zu investieren, um die Botschaft zu entschlüsseln? Die Schweizer Autorin Gisela Widmer hat es auf den Punkt gebracht:

>Einer leidet immer. Entweder der Autor oder der Leser« (Widmer 2011).

Der Leidenswille von Lesern, Hörerinnen, Usern und Zuschauerinnen ist begrenzt. Sie lassen sich nicht peinigen, sondern sie zappen weg. Besser ist es wohl, wenn der Autor sein Bestes gibt. Da wäre es ideal, man könnte die Botschaft so verpacken, wie das Cordt Schnibben (2010: 9) für die Reportage beschreibt:

>Die Reportage […] funktioniert wie ein trojanisches Pferd: Der Sog der Erzählung bringt die Informationen – verpackt im Innern – leicht und leichtgängig zum Leser.«

Aufstieg und Fall des Anti-Storytelling

Anti-Storytelling gibt oder gab es auch in vielen Medien. Markante Beispiele dafür sind die NEUE ZÜRCHER ZEITUNG (NZZ) und die FRANKFURTER ALLGEMEINE ZEITUNG (FAZ). Beide Blätter gelten als Leuchttürme und Leitmedien (Blum 2011) im Bezug auf Kompetenz und Seriosität der Inhalte. Storytelling hingegen war kein Thema. Ein Symbol für diese Haltung ist das Layout der 1780 gegründeten NZZ. Das »denkmalgeschützte Layout« (Aschinger 2010: 70) war keine Einladung an den Leser. Erst im Jahre 2005 kam ein Farbbild auf die Frontseite. Ein ähnlich leserunfreundliches Layout hatte die FAZ. DER SPIEGEL nannte es das »ernste Gesicht des Konservatismus«. Erst 2007 wurde die Frontseite der FAZ aufgeheitert. Von nun an zierte regelmäßig ein Farbbild die Seite eins. Vorher galt für beide Zeitungen – nicht nur im Layout – das Hol-Prinzip. Die Redaktionen boten wenig Leseanreiz. Der Leser musste die Informationen suchen, sie wurden ihm nicht aufgedrängt. Bei der NZZ waren Verben in den Überschriften erst verboten, später wurden die Redaktoren angehalten, sie möglichst zu vermeiden. Artikel wurden abstrakt, distanziert und unattraktiv angekündigt. Wie die folgenden Schlagzeilen zeigen, mussten die Leserinnen die Informationen entschlüsseln:

Die Senilität als Krücke der Staatsraison

titelte im Jahr 2000 die NZZ. Der Untertitel half dem Leser die Quizaufgabe zu lösen:

Londons juristischer Seiltanz zur Freilassung Pinochets

England hatte den chilenischen Diktator Augusto Pinochet für senil erklärt und nach Chile abgeschoben. Er war in Großbritannien verhaftet worden. Die Anklage lautete auf Völkermord, Staatsterrorismus und Folter. Wer den Artikel gelesen hat, versteht den Titel. Das journalistische Verfahren verläuft umgekehrt. Eigentlich sollte der Titel zum Lesen verführen und nicht der Text den Titel erklären.

Manchmal half auch die Reifeprüfung in Latein für die Deutung der NZZ-Titel:

Funktionswandel der botanischen Gärten – Vom hortus medicus zur Arche für aussterbende Arten

Wer kein Latein gelernt hat, erfährt im Artikel, dass Heilkräutergärten die Vorläufer der botanischen Gärten waren.

Nicht nur die Titel, auch die Botschaften vermittelte die NZZ dem Leser abstrakt. Analytischer Aufbau wurde verlangt, Geschichten erzählen war verpönt. Wer Zeit und Aufwand nicht scheute, fand mitten in einem Artikel Informationen, die andere Medien stolz als exklusive Meldungen verkauft hätten. Die NZZ hatte auf der Frontseite keine Übersicht der wichtigsten Meldungen. Die erste Seite war die erste Auslandseite. Den Aufmacher lieferten die Auslandskorrespondenten.

Kabinettsumbildung in Polen

lautete der Aufmacher der Zeitung am 9. Februar 1995. Die NZZ war ein extremes, aber nicht das einzige Beispiel für den Boykott von journalistischen Aufmerksamkeitsstrategien. Interessant: Das Hol-Prinzip funktionierte bis zum Ende des 20. Jahrhunderts. Es war Bestandteil der Marke Seriosität und Glaubwürdigkeit. Die beglaubigte Auflage stieg und stieg und erreichte 2001 das Maximum von 170.113 Exemplaren. Seither geht es abwärts. Genau genommen machten die NZZ und die FAZ keine Massenkommunikation. Die Zeitungen waren auf eine wirtschaftliche und intellektuelle Elite ausgerichtet, eine Zielgruppe, von der man annahm, sie verabscheue Boulevard und Infotainment. Selbstkritisch würdigte der ehemalige Chef des Inlandressorts, Matthias Saxer, bei einer Führung durch die Redaktion sein Blatt: »Wir machen eine Zeitung für pensionierte Studienräte, die viel Zeit zum Lesen haben.«

>
> »Das Vergnügen am Erzählen ist ein Zeichen von verfeinertem Geschmack.« (Soma Morgenstern)

Die Auflage der NZZ und der FAZ sind zurückgegangen. Die späte Korrektur zugunsten der Bedürfnisse der Leser hat dazu beigetragen. Die Auflage der FAZ sank zwischen 1999 von 416.499 auf 360.915 im Jahre 2007. Sie verkaufte 13 Prozent weniger Zeitungen. Bei der NZZ ist die Auflage seit 2002 um ein Fünftel gesunken. Sie liegt jetzt bei 136.894. Der neue Chefredaktor, Markus Spillmann, hat 2009 »dem hochwertigen Informationsmedium« bessere Leserführung, klarere Seitengestaltung und eine »hochwertige Bild- und Grafiksprache« verordnet. Die NZZ ist leserfreundlicher geworden, sie hat eine Frontseite, auf der sogar wichtige Sportereignisse angerissen werden. Und Verben dürfen nun in den Überschriften stehen. Neu sind auch bis zu einer Viertel Seite große Bilder im Blatt. Ein Kulturschock für die konservative Leserschaft. Das gilt auch für den Relaunch der FRANKFURTER ALLGEMEINEN ZEITUNG.

Warum haben die beiden Verlage so spät auf die veränderten Bedürfnisse der Leser reagiert? NZZ-Chefredaktor Spillmann lieferte eine Erklärung an einem Referat (2011) an der Universität Luzern: »Die Medienbranche weiss wenig über ihre Kunden«, sagte er und forderte: »Wir müssen sie kennen und über ihre Medien- und Informationsbedürfnisse Bescheid wissen.«

Die FAZ hat ihren Relauch durch Marktforschungen vorbereitet. Dabei zeigte sich, gemäß Auskunft von Geschäftsführer Tobias Trevisan, dass die bildlose Titelseite ein großes Problem war. Besonderer Stein des Anstoßes waren die Frakturschriften in den Titeln. »Da sieht man aber der Schrift an, was für eine rückständige Position ihr vertritt, das muss man gar nicht lesen«, sagten junge Leser, erinnert sich Trevisan. Der FAZ gelang es nach dem Relaunch eine Zeit lang, entgegen dem Branchentrend die Reichweite zu steigern. Inzwischen hat sich die Auflage laut Trevisan stabilisiert (Auflage 2010: 364.982). »Damit haben wir den Beweis erbracht, dass man mit einem modernen gestalterischen Ansatz, andern Themen und Formen eine seriöse Zeitung machen kann«, sagt Tobias Trevisan.

Beide Konzerne haben eine erfolgreiche Sonntagszeitung gegründet, die stärker dem Storytelling verpflichtet sind als die Werktagsblätter. Die Sonntagstöchter haben ihren Werktagsmüttern gezeigt, dass es moderne Möglichkeiten des Zeitungsmachens gibt. Die Töchter haben ihren Müttern beigebracht, wie man Geschichten erzählt. So hat die Maxime des Bring-Prinzips Eingang gefunden in die einstigen Bollwerke der elitären Hol-Kommunikation.

New Journalism: der Aufstand gegen die Langeweile

Nachhaltig für einen leserfreundlichen journalistischen Stil eingesetzt haben sich die New Journalists in den USA. Man kann die Bewegung auch als Aufstand gegen das Anti-Storytelling verstehen. Mitbegründer Tom Wolfe wollte »die Grenzen des konventionellen Journalismus« (Wolfe 1973: 17) überwinden. Er verabschiedete sich vom vornehmen, distanzierten Erzähler, der mit Understatement berichtet. Der »bleiche, beige« Erzählton langweile die Leser und mache den Journalisten zum Langweiler. Wolfe sieht eine andere Aufgabe für die Journalisten:

>»To excite the reader both intellectually and emotionally.«

Das Publikum intellektuell und emotional begeistern (ebd.: 15): Damit gibt er, obwohl er den Begriff selber nicht verwendet, eine elegante Definition für das Ziel des Storytelling. Die New Journalists – dazu gehören auch Truman Capote, Gay Talese, Joan Didion und Norman Mailer – haben das Storytelling im Journalismus nicht erfunden, aber Tom Wolfe hat es explizit thematisiert.

Wolfe wollte einen intensiveren und zeitaufwändigeren Journalismus. Er nennt vier Qualitätsmerkmale des New Journalism (ebd. 31 ff.):
- Aufbau von Szene zu Szene: so wenig historische Erzählweise wie möglich.
- Realistische Dialoge: Sie etablieren und definieren eine Figur sofort.
- Keine allwissende Erzählperspektive, sondern Wahrnehmung aus der Sicht der Protagonisten: Das gibt dem Leser das Gefühl, er sei dabei. Wie kann ein Journalist in die Gedanken einer Figur eindringen? Er interviewt ihn gründlich.
- Der Blick für die symbolischen Details: Sie geben über das Lebensmuster, das Verhalten, über Hab und Gut der Protagonisten Auskunft. Wolfe nennt das »status details« (ebd.: 32) und sagt auch gleich, worauf zu achten ist. Eine nützliche Checkliste von allem, was es zu beobachten gilt (siehe Kap. 2.6).

Wolfe steckt hohe Ziele. Von so arbeitsintensivem Journalismus können Nicht-Magazin-Journalisten nur träumen. Wir hoffen aber, wir haben gezeigt, dass schon einfache Mittel vom »bleichen« Alltagstrott wegführen können.

Literatur als Labor für den Journalismus

Wie kamen die New Journalists auf ihren neuen Schreibstil? Tom Wolfe sah die Literatur, besonders die Techniken der Romane des sozialen Realismus, als Labor für die Entwicklung von neuen Formen. Vorbilder waren die Schriftsteller Henry Fielding, Charles Dickens, Honoré de Balzac, Emil Zola und Nikolai Gogol. Nicht durch Theorie, sondern – so Wolfe (ebd.: 31) – »durch Ausprobieren« lernten die New Journalists. Zum Beispiel wie die Romanautoren die Leser fesseln, emotional packen, und wie sie Realität und Unmittelbarkeit herstellen. Wolfe nutzte die literarischen Strategien in seinem berühmten – später auch in Buchform erschienen – Artikel über das Aufmotzen von Autos: »The Kandy-Kolored Tangerine-Flake Streamline Baby«.

Bemerkenswert am New Journalism ist, dass Schriftsteller auch als Journalisten tätig sind und umgekehrt. Truman Capote schrieb mit »In Cold Blood« eine Non-Fiction-Novelle. Norman Mailer literarisierte die Anti-Vietnam-Demonstrationen in »The Armies oft he Night«. Tom Wolfe sah sich als Literat, der den Journalismus unterwandert hat. Der Journalist Gay Talese wollte seinen Texten eine literarische Aura geben. Dieser Transfer zwischen Literatur und Journalismus ist im Deutschen Sprachraum weniger geläufig. Angelika Overath hat ihn in der NZZ thematisiert. Sie stellt sich als Reporterin die gleichen Fragen wie beim Schreiben einer erfundenen Erzählung:

> »Eine gute, eine anschauliche Reportage ist ein von Grund auf erfundener Text. Schon während der Recherche muss abgewogen werden, welche Personen die Geschichte tragen können, welche Details zu Motiven taugen. Zu klären ist, in welcher Perspektive und Zeitstruktur erzählt werden soll und ob die Geschichte ein leitendes Ich braucht. [...] Was die Reportage von den sogenannten fiktionalen Genres grundsätzlich unterscheidet, ist ihr Verhältnis zur Welt. Eine Reportage muss in dem, was überprüfbar ist, stimmen.«

Eine Gruppe deutscher Dozenten und Autoren hat sich mit den Wirkungen und dem Erbe des New Journalism auseinandergesetzt. Joan Kristin Bleicher (2004: 156) kommt dabei zum Schluss:

> »Formen publikumswirksamen Erzählens, die den Anspruch der Wirklichkeitsnähe verfolgen, können auf Konzepte und Schreibweisen des New Journalism nicht verzichten.«

Als Zentralorgan des New Journalism in Deutschland verstand sich das Magazin TEMPO (1986–1996). Trends, Triviales, Tabubrüche, Recherchen und Reportagen sind seine Markenzeichen (ebd.: 308). Lifestyle-Magazine wie DUMMY und NEON gelten als Erben.

In den USA nennt man die Nachfolger von Wolfe und seinen Kollegen die *New New Journalists*. Zu ihnen gehört Jon Krakauer, ein Schreiner, der über die Schilderung von Klettertouren zum Journalismus kam. Er sei Tom Wolfe und den anderen kühnen Pionieren zu Dank verpflichtet, sagt Krakauer (Boynton 2005: 180). Er schreibe keine literarischen Feuerwerke wie Wolfe. Aber der New Journalism habe Schleusen geöffnet. Es sei ein Freiraum entstanden, in dem seine Schreibmarotten und Merkwürdigkeiten sich entfalten können. Krakauer ist bekannt geworden durch die beiden Bestseller »Into the Wild« (1996) und »Into Thin Air« (1997; Deutsch: »In eisige Höhen. Das Drama am Mount Everest«). Beide Tatsachenberichte wurden verfilmt. »Into the Wild« verfolgt den Weg eines jungen Amerikaners, der in der Abgeschiedenheit von Alaska ein neues Leben sucht und dabei umkommt. »In eisige Höhen« schildert das Drama einer Everest-Besteigung, bei der fünf Alpinisten ums Leben kamen.

Der Journalismus hat auch im deutschen Sprachraum vom Hol- zum Bring-Prinzip gewechselt. Das zeigen die rund 75 Beispiele, die wir als Belege für lebendiges Storytelling im Buch aufgenommen haben.

Widerstände gegen das Storytelling

Storytelling weckt auch Widerstände und Bedenken. Zum Beispiel beim Zürcher Publizistikprofessor Kurt Imhof. Die »aufmerksamkeitsheischenden Medienlogiken« gelten als Negativkriterium bei der Bewertung der Medienqualität (Jahrbuch 2010: 15):

> »Bezüglich der Medieninhalte sind eine zunehmende Personalisierung, Privatisierung, Konfliktisierung und Skandalisierung der Berichterstattung zu konstatieren.«

Imhof kritisiert die Auswirkungen des Storytelling auf den politischen Journalismus. Wir dagegen sehen im Storytelling eine Chance, komplexe politische Probleme an eine breite Öffentlichkeit heranzutragen. Wir interessieren uns dafür, wie guter Journalismus möglichst vielen Leuten Einsicht in demokratische Prozesse vermitteln kann.

Eine Möglichkeit ist das Personalisieren. Die Hintergründe des Volksaufstandes in Tunesien hat Oliver Meier am Beispiel des Gemüsehändlers Mohamed Bouazizi (26) im TAGES-ANZEIGER erzählt. Bouazizi muss nach dem frühen Tod seines Vaters für die ganze Familie sorgen:

> Er beschaffte sich einen Holzkarren und eine Waage, kaufte jeden Morgen im nahen Grossmarkt Gemüse und Früchte ein, marschierte dann vier Kilometer weit – bis ins Zentrum von Sidi Bouzid, einer Stadt mit 50.000 Einwohnern, wo er seine Ware zu verkaufen suchte. Etwa 50 Franken in der Woche brachte er so zusammen. Davon lebte die Familie. Dank diesem Geld konnten seine Geschwister die Schule besuchen. […] Eine Lizenz für sein Gewerbe hatte er nicht. Und so hielt ihn die Polizei ständig an, büsste und demütigte ihn. Er stemmte sich dagegen. Bis zum 17. Dezember (2010), als eine Polizistin seine Waage beschlagnahmte, sein wichtigstes Arbeitsgerät. Er wollte sich wehren, da kamen zwei weitere Beamte hinzu, nahmen ihn mit auf den Posten und auferlegten ihm eine Busse von 250 Dinar, rund 170 Franken. Als er protestierte, gab ihm die Polizistin eine Ohrfeige.

Es ist nicht mit Sicherheit geklärt, ob sich Mohamed Bouazizi aus Protest selber verbrannte oder ob er sich mit Benzin überschüttete und dann unbeabsichtigt Feuer fing. Jedenfalls führte sein Tod zu Unruhen, die sich immer stärker ausweiteten und am 14. Januar 2011 zum Sturz des Diktators Ben Ali führten. Die Minigeschichte vom Gemüsehändler Bouazizi illustriert die Lebensumstände in Tunesien. Sie macht nachvollziehbar, was das Volk auf die Straße treibt.

Ist diese Form der Personalisierung legitim? Sie vereinfacht und reduziert Komplexität auf eine einfache Geschichte. Die Frage lautet: Ist der Leser fähig, diese Komplexität mitzudenken? Oder liest er ein monokausales Märchen: Ein kleiner Gemüsehändler stürzt einen Diktator. Wenn das Publikum unfähig wäre, diese Minigeschichte in einen größeren Zusammenhang zu stellen, wäre die Skepsis von Imhof berechtigt. Imhof wäre dann der Anwalt jener, die nicht mit dem Storytelling in den Medien umgehen können. Ein aufgeklärtes Publikum überlegt: Ein einziger Vorfall kann unmöglich eine derartige Dynamik auslösen. Das Beispiel muss Teil eines Ganzen, eines breiteren Geschehens sein. Aber wir haben jetzt eine Ahnung davon, was in Tunesien geschieht. Der Journalist muss sich überlegen, welche Storyform er wählt. Wenn er – wie Hamlet – das Universum auf eine Nussschale reduzieren will, muss er sorgfältig abwägen, welche Minigeschichte im Zentrum stehen soll.

Selbstverständlich soll der Journalist die Welt nicht so zurechtbiegen, dass sie ins Schema der Story passt. Im Extremfall führen solche Manipulationen zu Fehlleistungen wie bei Tom Kummer, der Interviews erfand. Oder von Michael Born, der mit erfundenen TV-Beiträgen Infotainment für Fernsehstationen lieferte. Es kommt immer wieder vor, dass sich der Wunsch nach einer guten Geschichte verselbstständigt. Ein Produzent schickt eine Journalistin mit dem Auftrag los, eine am Redaktionspult vorfabrizierte Geschichte zu realisieren. Das ist nicht Storytelling, sondern Story Design.

Wir gehen davon aus, dass ein Journalist alles unternimmt, um so nahe wie möglich an die Fakten und die Quellen heranzukommen. Er sucht in Carl Bernsteins Worten »the best obtainable version of the truth«.

Dann beginnt das Storytelling, die Umsetzung, die Arbeit des Erzählers. Storytelling soll, so wie wir es verstehen, informieren, unterhalten und aufklären.

11   Texte und Beiträge

Wir haben die folgenden Texte als Beispiele für Aspekte des Storytelling ausgewählt:

- **Die Story in der Radiomoderation:**
  Sabine Brandi, »In meiner Dortmunder U-Bahn« (siehe Seite 198)
- **Rahmengeschichte:**
  Ulrike von Bülow, »Das Glück einer jungen Mutter« (siehe Seite 199)
- **Aufbau mit Anfang, Mitte und Schluss:**
  Monika Held, »Armut, die man nicht sieht« (siehe Seite 202)
- **Die Mitte:**
  Erwin Koch, »Auf dem Olymp« (siehe Seite 209)
- **Heldenreise mit Wendepunkten:**
  Uwe Ritzer, »Beten und ernten« (siehe Seite 213)
- **Heldenreise mit Urgeschichte:**
  Evelyn Roll, »Tauchgang in die Freiheit« (siehe Seite 216)
- **Storytelling in einem kurzen Text:**
  Christiane Schlötzer, »Herkulestat« (siehe Seite 219)
- **Gondelbahngeschichte:**
  Reto U. Schneider, »Am Rand der Welt« (siehe Seite 221)
- **Künstlicher Held:**
  Anja Treiber, »Ein ganz normaler Mensch – für anderthalb Stunden« (siehe Seite 231)

Sabine Brandi: »In meiner Dortmunder U-Bahn«

WDR MORGENMAGAZIN

In meiner Dortmunder U-Bahn sind morgens immer alle schweigsam, gucken sich kaum an, und wenn, dann gelangweilt, grimmig oder müde. Ich zum Beispiel guck müde.

Nur wenn Kontrolleure kommen, werden alle wach, und dann hoffen wir, dass einer gepackt wird. Dessen dünne, leise Entschuldigung, sein rotes Gesicht und der unbarmherzig laute Fahrscheinfahnder sind eine wunderbare Abwechslung. Wenn der Schwarzfahrer dann bei der nächsten Haltestelle raus muss, dann haben wir alle den »Siehste-das-kommt-davon-Blick« und wir fühlen uns belohnt, dass einer unsere ordnungsgemäß gestempelten Fahrscheine gesehen hat. Richtig gelobt für dieses Stempeln fühl ich mich dann.

Nur einmal war das anders, d.h., erst mal alles wie immer.

Auf dem Bahnsteig übten zwei gelackte Jungs, höchstens 17, ihren »Na-du-alte-Schlampe-Blick«, an mir natürlich.

In der Bahn versperrte eine Bohnenstange von Frau mit ihrem dösigen Kinderwagen den Einstieg und als ich endlich saß, nervten die ständig kichernden Schulmädchen neben mir.

Da kamen zwei alte Frauen rein. Die eine setzt sich, die andere stutzt und schreit laut: »Ach, ich hab mich nich entwertet!«

Was'n Satz, denke ich. Da stehste doch, wertvoll wie eh und je. Aber alle haben natürlich sofort verstanden: Die hat ihren Fahrschein nicht in den Klingeling-Automaten geschoben. Jetzt warte ich auf die Häme in den Augen und das Spähen nach einem Kontrolleur. Aber nix! Sie hat die Herzen mit ihrem Aufschrei im Sturm genommen. Die gelackten Jungs beschwichtigen ihre Freundin, ein Herr findet »Aussteigen, entwerten und auf die nächste Bahn warten ist echt zu zeitraubend«.

Die Schulmädchen fachsimpeln, dass, wenn schon im Bus kein Kontrolletti war, hier meist auch keiner kommt. Und die Bohnenstange, die mit dem Kinderwagen, die war überhaupt das Größte. Von ihr kommen regelmäßig beruhigende Töne: »Nee, keiner in Sicht. Auch diese Haltestelle hätten wir sicher geschafft.«

Der ganze hintere Wagen war plötzlich eine Verschwörung gegen die Regel und für die Ausnahme. Wir hätten jetzt jede Obrigkeit ausgeschimpft dafür, dass man sich tagtäglich entwerten muss. Stadtmitte stiegen die beiden alten Frauen dann aus, erleichtert, fröhlich und gut unterhalten.

Das war's dann. Danach waren wir wieder alle stumm.

Ulrike von Bülow: »Das Glück einer jungen Mutter«

SÜDDEUTSCHE ZEITUNG vom 6. November 2007

Das Glück einer jungen Mutter

Neun Monate nach der Geburt ihrer Tochter gibt Paula Radcliffe ein beeindruckendes Marathon-Comeback

New York – Vor ein paar Tagen spazierte ein kleines, blondes Mädchen durch einen New Yorker Park. Es trug eine kuschelige, graue Jogginghose und hielt sich an der Hand seiner Mutter fest. Das Mädchen heißt Isla und ist neun Monate alt, und man könnte sagen: ungewöhnlich, dass ein Kind in dem Alter bereits seine ersten Schritte macht. In diesem Fall aber ist es vermutlich nicht verwunderlich, Isla hat ja schon pränatal trainiert. Ihre Mutter ist Paula Radcliffe, der Vater Gary Lough, Gatte und Coach von Paula Radcliffe.

Paula Radcliffe, Langstreckenläuferin aus England, hält die Weltbestzeit im Marathon der Frauen. Sie trainierte die ganzen neun Monate über, in denen sie mit Isla schwanger war, und trainieren heißt in ihrem Fall nicht joggen, sondern 45 Minuten hohes Tempo morgens und 30 bis 45 Minuten hohes Tempo am Abend während der ersten fünf Monate, eine Stunde hohes Tempo morgens und Radfahren am Abend während der letzten vier Monate. Paula Radcliffe lief noch am Tag vor der Geburt, am 17. Januar 2007. So weit man weiß, war keine werdende Mutter vor Paula Radcliffe jemals derart sportlich unterwegs. Ihr Mann sagt, die Leute hätten ihr nachgeschaut, als sei sie verrückt. Wie kann die nur, mit ihrem Kugelbauch? Das arme Kind!

60 Prozent mehr Blutvolumen

Am Sonntag nun ging Radcliffe in New York bei ihrem ersten Marathon seit zwei Jahren an den Start. Sie trug bauchfrei, schwarzes Top und schwarzes Höschen, dazu weiße Handschuhe und weiße Söckchen – und sie übertrumpfte sich selbst: Paula Radcliffe gewann in 2:23.09 Stunden. 130 000 Dollar Preisgeld, sie war eine Sekunde schneller als 2004 bei ihrem ersten Sieg in New York. Keine zwei Minuten, nachdem sie durchs Ziel im Central Park gelaufen war, hatte Radcliffe ihre Tochter auf dem Arm, dann kam Gary Lough angesprungen, der seine Frau küsste und Islas rechte Hand nahm und sie wanken ließ zu den Zuschauern. New York war schwer bewegt.

Es war ein kühler, klarer Sonntag an der Ostküste, 39 000 Männer und Frauen liefen durch alle fünf New Yorker Bezirke, von Staten Island nach Brooklyn, weiter nach Queens und Manhattan, durch die Bronx und erneut nach Manhattan. Es gab ernsthafte Läufer in komischen Kostümen, Komiker, die nach 20 Kilometern nicht mehr komisch aussahen, und einen Star: Paula Radcliffe. Sie sei am

Start-Ziel-Sieg: Am Ende schüttelte Paula Radcliffe (links) in New York auch ihre ärgste Verfolgerin Gete Wami ab.   Foto Reuters

Start etwas nervös gewesen, sagte sie später, denn das war ja die Frage gewesen: Wurde sie je wieder die Alte sein? Und wann? Es gibt keine Studien darüber, wie sich eine Schwangerschaft auf den Körper einer Hochleistungssportlerin auswirkt, diese Schwangerschaft nur in den Trainingspausen zur Kenntnis nehmen schien. „Paula ist die erste Frau, die das gemacht hat", sagt ihr Mann Gary Lough, und damit nichts schiefging, habe sie mit ihrer Ärztin ausgemacht: Ihre Herzfrequenz durfte nicht höher sein als 160 (während eines Rennens ist sie bei 190), ab dem fünften Monat wurde sie regelmäßig per Ultraschall untersucht.

Im Körper einer werdenden Mutter spielt sich etwas ab, wovon Radrennfahrer träumen und sicher auch Leichtathleten. Das Blutvolumen steigt während der Schwangerschaft um 60 Prozent – so viel Extrablut, das Sauerstoff in die Muskeln transportiert, ist quasi natürliches Eigenblutdoping. Nach spätestens acht Wochen aber ist wieder der körperliche Normalzustand erreicht. Und Radcliffe war nach der Geburt dann doch „etwas wackelig", das hat sie gemerkt, erst zwölf Tage später wieder mit dem Laufen begann. „Aber ich war froh, meinen Körper zurück zu haben", sagt sie.

Toter bei Olympia-Qualifikation

Zwei Verletzungen hatten sie im Laufe des Jahres zu Pausen gezwungen, Pausen, die ihr Körper vielleicht gebraucht hat zur doppelten Regeneration von den Zipperlein und von der Schwangerschaft. Aber am Sonntag war Paula Radcliffe vom Start bis zum Ziel vorn. Nach sechseinhalb Kilometern hatte sie sich mit Gete Wami aus Äthiopien abgesetzt vom Feld, und Wami klebte ihr fortan an den Hacken. Wami hatte vor fünf Wochen den Berlin-Marathon gewonnen, auch ihr Start war ein medizinisches Experiment. So bald trat man eigentlich nicht wieder an. Dann kamen die letzten zwei Kilometer, es ging am Central Park South entlang, Wami überholte Radcliffe, es war wenige Meter vorn, aber dann zog Radcliffe wieder vorbei – in diesem Moment habe sie gemerkt: „Das ist mein Rennen heute." Am Schluss war sie 23 Sekunden schneller als Wami.

Am Samstag war bei den amerikanischen Marathon-Ausscheidungsrennen für die Olympischen Spiele 2008 der 28 Jahre alte Ryan Shay zusammengebrochen und wenig später im Krankenhaus gestorben, vermutlich an Herzversagen (die Autopsie sollte am Montag folgen), sein Tod beherrschte die Schlagzeilen am Sonntagmorgen. Dann kam Paula Radcliffe und sorgte mit ihrem Comeback für jenes Happy-End, dass der New York Marathon 2007 gebraucht hatte.

New York neigt nicht unbedingt zur Sentimentalität. Nun aber gab es da diese junge Mutter, die sagte: „Wenn ich glücklich bin, trainiere ich besser und renne schneller. Und die Tatsache, dass ich nun diesen kleinen Engel in meinem Leben habe, macht mich sehr glücklich." Und die lärmende Stadt war ganz still und gerührt.   *Ulrike von Bülow*

Neun Monate nach der Geburt ihrer Tochter gibt Paula Radcliffe ein beeindruckendes Marathon-Comeback.

New York – Vor ein paar Tagen spazierte ein kleines, blondes Mädchen durch einen New Yorker Park. Es trug eine kuschelige, graue Jogginghose und hielt sich an der Hand seiner Mutter fest. Das Mädchen heißt Isla und ist neun Monate alt, und man könnte sagen: ungewöhnlich, dass ein Kind in dem Alter bereits seine ersten Schritte macht. In diesem Fall aber ist es vermutlich nicht verwunderlich, Isla hat ja schon pränatal trainiert. Ihre Mutter ist Paula Radcliffe, der Vater Gary Lough, Gatte und Coach von Paula Radcliffe.

Paula Radcliffe, Langstreckenläuferin aus England, hält die Weltbestzeit im Marathon der Frauen. Sie trainierte die ganzen neun Monate über, in denen sie mit Isla schwanger war, und trainieren heißt in ihrem Fall nicht joggen, sondern: 45 Minuten hohes Tempo morgens und 30 bis 45 Minuten hohes Tempo am Abend während der ersten fünf Monate; eine Stunde hohes Tempo morgens und Radfahren am Abend während der letzten vier Monate. Paula Radcliffe lief noch am Tag vor der Geburt, dem 17. Januar 2007. So weit man weiß, war keine werdende Mutter vor Paula Radcliffe jemals derart sportlich unterwegs. Ihr Mann sagt, die Leute hätten ihr nachgeschaut, als sei sie verrückt: Wie kann die nur, mit ihrem Kugelbauch? Das arme Kind!

60 Prozent mehr Blutvolumen

Am Sonntag nun ging Radcliffe in New York bei ihrem ersten Marathon seit zwei Jahren an den Start. Sie trug bauchfrei, schwarzes Top und schwarzes Höschen, dazu weiße Handschuhe und weiße Söckchen – und sie übertrumpfte sich selbst: Paula Radcliffe gewann in 2:23:09 Stunden 130 000 Dollar Preisgeld, sie war eine Sekunde schneller als 2004 bei ihrem ersten Sieg in New York. Keine zwei Minuten, nachdem sie durchs Ziel im Central Park gelaufen war, hatte Radcliffe ihre Tochter auf dem Arm, dann kam Gary Lough angesprungen, der seine Frau küsste und Islas rechte Hand nahm und sie winken ließ zu den Zuschauern. New York war schwer bewegt.

Es war ein kühler, klarer Sonntag an der Ostküste, 39 000 Männer und Frauen liefen durch alle fünf New Yorker Bezirke, von Staten Island nach Brooklyn, weiter nach Queens und Manhattan, durch die Bronx und erneut nach Manhattan. Es gab ernsthafte Läufer in komischen Kostümen, Komiker, die nach 20 Kilometern nicht mehr komisch aussahen, und einen Star: Paula Radcliffe. Sie sei am Start etwas nervös gewesen, sagte sie später, denn das war ja die Frage gewesen: Würde sie je wieder die Alte sein? Und wann? Es gibt keine Studien darüber, wie sich eine Schwangerschaft auf den Körper einer Hochleistungssportlerin auswirkt, die diese Schwangerschaft nur in den Trainingspausen zur Kenntnis zu nehmen schien. »Paula ist die erste Frau, die das gemacht hat«, sagt ihr Mann Gary Lough, und damit nichts schiefging, habe sie mit ihrer Ärztin ausgemacht: Ihre Herzfrequenz durfte nicht höher sein als 160 (während eines Rennens ist sie bei 190), ab dem fünften Monat wurde sie regelmäßig per Ultraschall untersucht.

Im Körper einer werdenden Mutter spielt sich etwas ab, wovon Radrennfahrer träumen und sicher auch Leichtathleten: Das Blutvolumen steigt während der Schwangerschaft um 60 Prozent – so viel Extrablut, das Sauerstoff in die Muskeln transportiert, ist quasi natürliches Eigenblutdoping. Nach spätestens acht Wochen aber ist wieder der körperliche Normalzustand erreicht. Und Radcliffe war nach der Geburt dann doch »etwas wackelig«, das hat sie gemerkt, als sie zwölf Tage später wieder mit dem Laufen begann. »Aber ich war froh, meinen Körper zurück zu haben«, sagt sie.

Toter bei Olympia-Qualifikation

Zwei Verletzungen hatten sie im Laufe des Jahres zu Pausen gezwungen, Pausen, die ihr Körper vielleicht gebraucht hat zur doppelten Regeneration: von den Zipperlein und von der Schwangerschaft. Aber am Sonntag war Paula Radcliffe vom Start bis zum Ziel vorn. Nach sechseinhalb Kilometern hatte sie sich mit Gete Wami aus Äthiopien abgesetzt vom Feld, und Wami klebte ihr fortan an den Hacken. Wami hatte vor fünf Wochen den Berlin-Marathon gewonnen, auch ihr Start war ein medizinisches Experiment: So bald tritt man eigentlich nicht wieder an. Dann kamen die letzten zwei Kilometer, es ging am Central Park South entlang, Wami überholte Radcliffe, war wenige Meter vorn, aber dann zog Radcliffe wieder vorbei – in diesem Moment habe sie gemerkt: »Das ist mein Rennen heute.« Am Schluss war sie 23 Sekunden schneller als Wami.

Am Samstag war bei den amerikanischen Marathon-Ausscheidungsrennen für die Olympischen Spiele 2008 der 28 Jahre alte Ryan Shay zusammengebrochen und wenig später im Krankenhaus gestorben, vermutlich an Herzversagen (die Autopsie sollte am Montag folgen); sein Tod beherrschte die Schlagzeilen am Sonntagmorgen. Dann kam Paula Radcliffe und sorgte mit ihrem Comeback für jenes Happy-End, das der New York Marathon 2007 gebraucht hatte.

New York neigt nicht unbedingt zur Sentimentalität. Nun aber gab es da diese junge Mutter, die sagte: »Wenn ich glücklich bin, trainiere ich besser und renne schneller. Und die Tatsache, dass ich nun diesen kleinen Engel in meinem Leben habe, macht mich sehr glücklich.« Und die lärmende Stadt war ganz still und gerührt.

Monika Held: »Armut, die man nicht sieht«

BRIGITTE 26/1997

Sie sehen aus wie die Frau oder das Mädchen von nebenan, aber sie sind obdachlos. Sie tun alles, damit man es nicht merkt. 160.000 wohnungslose Frauen gibt es in Deutschland, und es werden täglich mehr.

Sechs Gründe sprechen für das Damenklo als Nachtquartier: Das Häuschen ist offen – auch nachts. Es wird täglich geschrubbt und riecht nach Zitrone. In der Nacht brennt weißes Neonlicht. Es gibt ein Waschbecken und Wasser. Die Klotüren lassen sich verriegeln und – darauf legt Edith Steimker besonderen Wert – das kleine Haus hat Gleisanschluss. Es steht direkt neben der U-Bahnstation Ostendstraße.

Wenn es morgens vier schlägt von der Kirchturmuhr, dann ist es mit der Ruhe in der Nacht vorbei. Gegen vier kreischen die Vögel, es nähern sich Stimmen und Schritte, die ersten Bahnen fahren. Edith Steimker reckt sich, wirft sich ein wenig Wasser ins Gesicht, versteckt sorgfältig ihr Stückchen Pappe vor Dieben und Regen. »Ohne mein Polster zwischen Hintern und Klobrille wär' mir das Bett hier echt zu hart«, sagt sie und lacht ihr typisches Edith-Lachen. Das kommt aus dem Bauch, wird in der Kehle zu einem heiseren Fauchen, wird kein Lächeln. Wird einfach nur kräftig ausgeatmet.

Ihr Tag ist gegliedert. Er hat Orte und Ziele. »Wer nur die Zeit totschlägt«, sagt Edith Steimker, »den schlägt die Zeit tot.« Sie steigt in die U-Bahn, spricht ihr Morgengebet: »Lieber Gott, halt' mir die Kontrolleure vom Hals« und fährt an den nördlichen Stadtrand zur großen Tankstelle, weil es dort früh um fünf schon frischen Kaffee gibt. »Gut und stark für nur einssiebzig.« Schwätzchen mit dem Tankwart, kurzer Gang zum Klo. »Ich mag das, wenn er mir den großen Schlüssel anvertraut«. Zurück zur U-Bahn Richtung Innenstadt. Der Bäcker auf dem Römerplatz öffnet um halb sechs, um sechs gibt's BILD am Kiosk auf dem Domplatz. Beim Lesen gehen die Uhren schneller. Ihr Lieblingsplatz ist die Bank am Rande der Ausgrabungen. Hier ist es still um diese Zeit. Kein Mensch stört die Bilder, die sie sich zaubert, wenn sie auf die Reste der alten Römischen Bäder schaut. Dort dampft es und in dem weißen Nebel wandeln Frauen mit strammen Brüsten und knackigem Hintern und feiner, weißer Haut. Sie hört sie kichern und fragt sich, ob die Menschen, die hier baden durften, wirklich so schön waren, wie sie sie sieht. Träumen vertreibt die Zeit.

Wenn der ›Domtreff‹ öffnet, um halb neun, steigt sie zusammen mit den anderen Armen und Obdachlosen dieser Stadt die Wendeltreppe hoch »in den Speisesaal der Katholen, wo es Frühstück gibt«. Hier darf sich jeder satt essen und so viele Brote einpacken, wie er für den Rest des Tages braucht. Edith Steimker packt fünf Stullen ein. Dann geht sie durch die Stadt. Schaut, ob die Galerien ihre Bilder ausgewechselt haben, weiß ohne Uhr, dass noch Zeit ist bis zum nächsten Ziel. Geht Richtung Bahnhof, um im ›Mosel-Eck‹ das erste Bier zu trinken. Eine Frau, die niemandem auffällt. Plastiktüte, Jeans und Anorak, Prinz-Eisenherz-Frisur. Nur wer sich ihrem Gang anpasst, merkt das Besondere: Hier geht ein Mensch, der keine Eile hat.

Edith Steimker lebt seit zehn Jahren in Frankfurt. Sie kennt alle Ämter und alle Ämter kennen sie. Sie kennt alle Unterkünfte, Notbetten, Frauenhäuser, Hotels und Pensionen, und alle Betreuerinnen von obdachlosen Frauen kennen Edith Steimker. Aus einigen Einrichtungen hat man sie rausgeworfen, weil sie sich ungern an Hausordnungen hält. Weil sie ›betreutes Wohnen‹ hasst. »Ich bin 59, meine Lieben, die letzte, die mich betreuen durfte, war meine Mutter.« Und weil sie Unterkünfte nicht leiden kann, in denen gesoffen und geklaut wird, und weil ihr eben Vieles nicht passt, lebt sie im Sommer auf der Straße und im Winter mal hier und mal dort – immer da, wo es möglichst warm und sicher ist. Sie bekommt 700 Mark Witwenrente, die sie Tante Klara anvertraut, die in der Innenstadt die besten Würste grillt. Von ihr holt sich Edith Steimker täglich zwanzig Mark. Die gehen drauf für Zigaretten und Bier, mal ein Stück Pizza oder eine günstige Werbesuppe im Maggi Kochstudio. Etwas Warmes für den Bauch leistet sie sich nicht jeden Tag. »Man lebt ja draußen, das ist schon immer etwas teurer gewesen.«

Tante Klara hat auch den Koffer, in dem sich alles befindet, was Edith Steimker – »und hoffentlich klappt das endlich mal in diesem Jahr!« – braucht, um in einer kleinen Wohnung ein neues Leben anzufangen: Bettwäsche, Bilder aus dem Familienalbum, warme Pullover, Papierkram. Das Schulzeugnis. Das Zeugnis von der Lehre. Vor zehn Jahren hatte sie noch »gute Jobs im Außendienst mit besten Referenzen«. Mal hat sie an Türen Zeitungsabos verkauft, mal ist sie mit Kosmetik über Land gefahren. Aber irgendwann war Schluss. Keine Jobs mehr, kein Geld mehr, keine Wohnung. »Aber das war nicht der Anfang vom Ende«, sagt sie, »das war eher das Ende vom Anfang.«

Am Anfang war die Ehe mit einem Trinker und Schläger. Einem Mann, den sie im zweiten Jahr ihrer Ehe erhängt in der Küche fand. »Den zu heiraten, hat sich echt nicht gelohnt.« Wie diesen Schock verdauen? Mit Schnaps und Bier und Männern, die Trost versprechen und, wenn sie getrunken haben, die Faust heben gegen die eigene Trostlosigkeit und immer die Frau treffen, die in der Nähe ist. Da war sie oft und viel zu lange. Irgendwann hat sie das Weglaufen entdeckt. Erst von den Kerlen, und jetzt sieht es so aus, als laufe sie vor den Menschen davon, die ihr helfen könnten.

So zwischen elf und zwölf erreicht Edith Steimker die Straßenambulanz in der Allerheiligenstraße zwischen Gericht und Puff und Döner-Buden. In den Räumen der Caritas gibt es immer Obst und immer Kaffee und medizinische Behandlung. Das Wartezimmer ist Aufenthaltsraum für alle, die eine Pause brauchen in ihrem Tag. Hier darf jeder ohne Obdach einmal pro Woche ein Vollbad nehmen und sich aus dem Vorratsschrank saubere, alte Kleider holen. Dr. Maria Goetzens verbindet Platz-, Schnitt- und vereiterte Schürfwunden, vertreibt Kopf- und Kleiderläuse, behandelt Leberzirrhose, Darmtumor und Alkoholismus und seit einem Jahr auch Edith Steimkers Berufskrankheiten: Blasen, Fußpilz, Hühneraugen. Wenn Edith Steimker gegen zwölf die Straßenambulanz verlässt, dann ist sie seit acht Stunden auf den Beinen und ziemlich müde.

Zwölf Uhr mittags. Das ist die Zeit, zu der Jasmin Cruse an diesem Morgen die Tür ihres Wohnwagens öffnet. Zuerst springt ein Schäferhund ins Freie, ein müdes Gesicht schaut hinterher. Wer nichts vorhat, sollte lange schlafen, sonst nimmt der Tag kein Ende. Das weiß Jasmin, seitdem sie von Zuhause weggelaufen ist. Vor drei Jahren war das, da war sie 14. Der Anlass war ein Streit mit ihrer Mutter. Und der Grund? Jasmin erklärt es in ihrer schönen, vorsichtigen Sprache.

Die Frage, die sie stets in kleine Pausen bettet und in vielen Sätzen unterbringt, heißt: Wie sagt man? Diese kleine Frage gibt ihr Zeit, sanfte Worte zu finden, um eine angefangene, schlimme Geschichte zu Ende zu bringen. Sie sagt: »Meine Mutter – wie sagt man? – hatte nie Glück in der Liebe.« Und meint einen Mann, der die Mutter prügelte und die Schwester missbrauchte. Sie sagt: »Ich wollte mich schon früh – wie sagt man? – von Zuhause trennen«. Und meint das kleine Mädchen, das immer, wenn es zu Hause laut und böse wurde, seinen Kinderkoffer packte und auf einen guten Engel wartete, der mit ihr davonfliegt. »Ich war ein schwaches Kind«, sagt sie und versteckt in dem einfachen Satz ihre schreckliche Krankengeschichte. Sie erinnert sich an viele Nächte, in denen sie schrie und kotzte und nicht zu beruhigen war. Sie hatte mit zehn Jahren Gürtelrose und mit 14 Nierenkoliken.

Sie hat mit Freunden auf der Straße gelebt. Bei Einbrüchen Schmiere gestanden. Die Schule geschwänzt und dann ganz aufgegeben. Hat viel zu viel getrunken und Drogen probiert – und sich rechtzeitig vor der Zukunft erschrocken. Hat dann den ›ordentlichen‹ Weg probiert. Sozialamt, betreutes Wohnen, zwei Jahre Mädchen-WG mit Sozialarbeitern. »Mädchen sind gehässig und gemein. Hab' mich da nicht gut benommen und bin rausgeflogen.« Sie hasst Gewalt und Verletzungen. Vor allem die, die Worte anrichten. Jasmin kann aussehen wie ein Engel – aber wer sie klein machen will, der kriegt es mit einer Furie zu tun, die kratzen und beißen und treten kann.

Seit einem halben Jahr lebt Jasmin Cruse auf dem Campingplatz am Main. Den Platz hat die ›Lobby für Arme und Wohnsitzlose‹ gepachtet. Auf dem Gelände gibt es Urlauber in Zelten, Dauermieter in Holzhäusern, durchreisende Camper. Und Wohnwagen mit Menschen, denen das Sozialamt die Gebühren für den Stellplatz bezahlt. Für Jasmin ist dieser Ort ein Warteplatz. Sie wartet auf eine Wohnung und auf eine Nachricht von der Schule, in der sie ihren Hauptschulabschluss machen möchte.

Jasmin beginnt den Tag mit einem Milchkaffee. Zu ihrem Hund sagt sie: »Komm Timo, wir gehen die Mutti besuchen.« Es wird wieder Streit geben zu Hause, das weiß sie im Voraus – sie geht trotzdem. »Meine Mutter ist eine Frau – wie sagt man? – die ihr Leben nicht schafft.«

Gleich große Schritte. Nicht zu kurz, nicht zu lang – so könnte sie von Flensburg nach München gehen. Im Augenblick geht Edith Steimker von der Ambulanz der Caritas in Richtung U-Bahn. Steigt Am Lindenbaum aus, holt sich am Kiosk ein Bier – »drei Liter am Tag soll der alte Mensch trinken, das sagt dir jeder Arzt« – und setzt sich auf ihre Lieblingsbank in der kleinen, verkehrsumtosten Grünanlage. »Erst mal ausruhen.« Das sagt sie oft. Ausruhen – wovon? Vom Laufen? Von dem Aufwand an Kraft, den es kostet, ein Leben auf der Straße zu führen? Immer sauber gekleidet, immer gepflegt. Immer unauffällig und wachsam. Edith Steimker ist vor einem Jahr von einem, den sie vorher nicht gehört und nicht gesehen hat, zu Boden gerissen und vergewaltigt worden. »Seitdem steh' ich unter Polizeischutz«, sagt sie und lacht dieses fauchende Lachen, das nur selten die Augen berührt, weil es vorher in der Kehle stecken bleibt.

Erst mal ausruhen. Erst mal Pause machen. Auf der Bank unter dem Lindenbaum beginnt der Nachmittag. Schlafen, dösen, schlafen. Mit den Kumpels reden, die hier ihren Stammplatz haben. Auf den Abend warten. In den dreihundert Jahre alten Lindenbaum gucken, sich in sein langes Leben hineinträumen, sich vorstellen, was der schon alles gesehen hat.

Keine Kinder, keine Familie, keine Freunde, keine Arbeit. Vielleicht ist das Anstrengendste an ihrem Leben das Aushalten von Einsamkeit. Wer es ohne Zuwendung so diszipliniert mit dem Alltag auf der Straße aufnimmt – der muss viel Kraft haben.

Der Nachmittag von Jasmin verläuft genau so, wie sie ihn sich vorgestellt hatte. Die Mutter freut sich über den Besuch. »Kaffee, mein Schatz? Hast du Hunger? Ein Schnäpschen? Komm, wir rauchen eine. Was machst du, wie geht es dir? Was? Du lebst noch immer auf dem Campingplatz?«

»Ja, Mama, da ist es gut für mich.«

Und als die Mutter, wie immer, die Tochter auffordert, wieder nach Hause zu kommen, da sind sie, wie immer, beim alten Thema. Wer hat Schuld? Die Mutter, die sich schlagen ließ und ihre Kinder schlug und die Schwester nicht vor dem Vater schützte? Oder die Kinder, die aus dem Hause flüchteten vor so viel Gewalt.

»Mama, ich werde nie zurückkommen.«

Und dann der Satz, den Jasmin kennt, weil er immer fällt, wenn sie ihre Mutter besucht. »Dann hau doch ab.« Dann steht sie auf, sagt: »Komm Timo, wir gehen.« Zieht in die Innenstadt, an den weißen Brunnen. Da sind immer ein paar Kumpels, mit denen man reden kann. Heute Eric, zu dem sie sagt: »Weißt du, wie meine Mutter mit Vornamen heißt? Bankert. Meine Oma hat sie nur Bankert gerufen. Ist das nicht traurig?«

Eric nickt. »Und was ist Bankert?«

»Ein Kind von einem Vater, der es auf der Parkbank zeugte und dann verschwand.«

So gegen zehn Uhr abends macht sich Edith Steimker auf den Weg in ihre abendliche Stammkneipe in der Ostendstraße. Die liegt schräg gegenüber des Häuschens, das sie »mein kleines Nachtasyl« nennt. Kurz bevor sie den ›Silberblick‹ erreicht, sieht sie in einem Hauseingang ein junges Mädchen, das dabei ist, sich einen Schuss zu setzen. Sie steuert direkt auf sie zu und sagt: »Entschuldigung, ich will nicht stören. Ich hab's noch nie gesehen – ob ich mal zugucken darf?«

Die Fixerin schließt die Augen und drückt ab. Edith Steimker wartet einen Moment, fragt: »Und? Sind Sie jetzt glücklich?«

»Nee«, sagt die Fixerin und fragt, weil sich die neugierige Zuschauerin nicht entfernen will: »Was machst du denn so?«

»Och«, sagt Edith Steimker, »ich geh' jetzt 'n Bierchen zischen.«

»Und das Bierchen, das macht dich glücklich?«

Edith lacht. »Nee, macht es nicht.« Wünscht eine gute Nacht und geht.

Jasmin Cruse sitzt bis elf Uhr abends am weißen Brunnen in der Innenstadt. Sie wartet auf Freunde, raucht, beobachtet die Menschen und raucht. Von ihren 530 Mark Sozialhilfe gehen 300 Mark für Zigaretten drauf und dreißig für Hundefutter. Die große Einkaufsstraße ist fast leer. Langsam finden sich die ein, die sich in den Eingängen der Kaufhäuser ihr Nachtlager bauen. Mehr Männer als Frauen. Manche betrunken. Einer beschimpft einen Baum. Einer, der seinen Schlafsack vor ihren Füßen ausrollt, sagt immer denselben Satz: »Da sind sie schon, da sind sie schon, wer hätte das gedacht.« Und als Jasmin sieht, dass in der Clique, die jetzt auf den Brunnen zusteuert, auch ihre Schwester ist – starre Augen, mager, zugefixt – hat sie von diesem Tag endgültig genug. Sagt: »Komm, Timo, das muss jetzt nicht sein.« Und zu ihrem Freund, der auf dem Campingplatz am

Niederräder Ufer auf sie wartet, sagt sie: »Die Anusch zerstört ihren Körper, weil sie ihn hasst. Ich hasse sie, weil ich sie liebe.« Und verspricht sich in dieser Nacht hoch und heilig – »ich bin doch noch jung genug, oder?« – aus ihrem Leben etwas Gescheites zu machen.

Die Zeremonie ist jeden Abend gleich. Gucken, ob die Straße leer ist. Ob da niemand ist, der sie beobachtet. Die Pappe aus dem Versteck holen und schnell ins Klo verschwinden. Abschließen. Schuhe aus, damit die Füße atmen können, sagt die Ärztin von der Caritas. Eine letzte Zigarette und der Versuch, eine Haltung zu finden, in der sich einschlafen lässt. Edith Steimker schläft wie ein Spatz, der den Sperber fürchtet. Leicht und flach, hellwach beim kleinsten Geräusch. Am Morgen ist sie gerädert. Startet trotzdem unverdrossen mit ihrer Überlebenstüte in den Tag. Programm wie immer – trotz des Nieselregens. U-Bahn, Tankstelle, Kaffee trinken. U-Bahn, Domplatz. Mit der BILD heute nicht auf die Bank im Freien, sondern auf die Bank im Dom. Dort ist es trocken, und aus den Lautsprechern kommt »schöne, heilige Musik«. Halb neun: Schnitten holen im Domtreff und dann – »aber nur weil es regnet« zum Sozialamt, Abteilung Sozialdienst für gefährdete Frauen. Seit Wochen liegt hier ein Brief für Edith Steimker – aber sie drückt sich vor dem Besuch. Sie kann Sozialarbeiter nicht leiden. »Schließlich leben die von meinem Elend.«

Fünf Frauen in der Warteecke. Schweigen. Ein junges Mädchen zieht seine Finger lang bis die Gelenke knacken. In die Stille hinein sagt Edith Steimker: »Warum machen sie hier eigentlich keine Musik? Das gibt's bei jedem Zahnarzt.« Die Frauen kichern. »Paar Bilder könnten sie hier auch mal aufhängen – ist doch echt trist hier – oder?« Als sie ›ihre‹ Sozialarbeiterin sieht, springt sie auf: »Hey, was steht denn in dem Brief drin, der hier für mich liegt?« Die sagt mit leisem Tadel in der Stimme: »Frau Steimker! Erstens sind Sie noch nicht dran. Und zweitens: Ich öffne Ihre Post nicht. Das müssen sie schon selber tun!« Da verbeugt sich die getadelte Frau Steimker und sagt mit honigsüßer Stimme: »Verzeihung, Hoheit! Bitte ergebenst um Verzeihung.«

Es gibt einen Tonfall, bei dem sie aggressiv wird und sich bis zum Tobsuchtsanfall steigern kann. Dann wird aus der lustigen Edith eine böse, alte Frau. »Die glauben wohl, sie wär'n was Besseres!«

Die Nachricht im Brief ist gut und schlecht zugleich. Das Sozialamt hatte eine Wohnung für sie: Zwei Zimmer, Küche, Bad in Frankfurt-Rödelheim. Und das Sozialamt hat die Wohnung in der Zwischenzeit vergeben – weil sich Frau Steimker nicht gemeldet hat. Ihr schnodderiger Kommentar: »Die Wohnung hätte ich sowieso nicht genommen – ich zieh' doch nicht in jedes Viertel!« Dabei hat sie sich längst eingerichtet in den eigenen vier Wänden. »Ich würde gegen elf Uhr abends schlafen gehen. Bisschen Fernsehen gucken, dann einschlafen. In einem richti-

gen Bett. Dann: Früh aufstehen. Schön starken Kaffee trinken. Bisschen Nachrichten gucken, dann raus in die Stadt – und abends zurück.« Auch wenn sie es
dem Sozialamt nie verraten würde: Sie hofft sehnsüchtig auf die nächste Chance. Sie braucht eine Wohnung. Egal, wo die liegt. Noch einen Winter in Notun-
terkünften und Notbetten, in Kälte und Schneematsch steht sie nicht durch. Jeder, der auf der Straße lebt, fürchtet sich vor dem Winter. Jeder kennt die Zahl:
Im letzten Jahr sind zehn Menschen erfroren.

›Jasmin Cruse. Niederräder Ufer 2‹. Der Brief bringt Glück in den Tag. Sie hat einen Platz in der Abendschule bekommen und feiert das Ereignis mit Keule und
Markus, Bernhard und Freddy und Primo, dem Freund. Wilde Burschen mit be-
wegtem Leben, findet ihre staatliche Betreuerin. Schon mal Knast dabei, lange ar-
beitslos, jetzt Camper. Zweifelhafter Umgang für ein junges Mädchen. Aber Jasmin nennt ihre Freunde »meine bodyguards«. Keule sagt: »Wer Jasmin belästigt,
großes Ehrenwort, kriegt ein Begräbnis erster Klasse.« Und, damit es kein Miss-
verständnis gibt, zeigt er zwei Arme, die er wie Keulen benutzen kann. Auf die
Zukunft! Sie duschen in Bier an diesem Abend. Auf den neuen Anfang! Auf Jasmin! Auf den Abschied! Der Campingplatz am Main ist kein Ort, an dem sie für
die Schule lernen kann.

Sie werden am Fluss sitzen, wenn sie am nächsten Morgen über die Zukunft
sprechen. Detlef Meier-Dern, Sozialarbeiter auf dem Lobby-Campingplatz, und
sein Schützling Jasmin. Je länger sie reden, desto enger wird sie ihren Hund an
sich ziehen. Den Kopf schütteln. Eine Wohnung, in der Hunde verboten sind?
Aber Timo ist doch ein Freund! Der zuverlässigste, den sie je hatte. Und wenn
die Wohnung an dem Hund scheitert? Und die Schule daran, dass es keine Wohnung gibt? Sie wird sich zurücklehnen bei dieser Frage und nicht mehr antwor-
ten. Eine Wohnung ohne Timo ist keine Wohnung für Jasmin.

Auf die Zukunft! Gefeiert wird bis Mitternacht. Am anderen Ende der Stadt
schläft Edith Steimker seit einer Stunde ihren leichten, wachsamen Schlaf auf
dem Damenklo.

Erwin Koch: »Auf dem Olymp«

DIE PRESSE vom 20. Juni 2010

Kurt Steinmann, frühpensionierter Gymnasiallehrer aus Reussbühl bei Luzern,
erntet für seine Übersetzung der altgriechischen ›Odyssee‹ Hymnen. Nun sitzt
er an Homers anderem grossen Werk, der ›Ilias‹ – und pflegt seine Mutter, die
er noch nie verliess.

Neulich rief doch einer aus Deutschland an, nannte sich Professor der Altphilolo-
gie, Universität So und so, und fragte, an was er, Steinmann, gerade sitze, welches Antikenwerk er im Begriffe sei zu übersetzen, denn er, Professor Doktor So
und so, wage nicht das Gleiche zu tun, weil so schön und vollkommen sei, was
aus Steinmanns Filzstift fliesse, und derzeit keiner die Kunst der gehobenen Tra-
duktion besser begreife als er, Kurt Steinmann, 6015 Reussbühl bei Luzern.

Steinmann, Gymnasiallehrer in früher Rente, fährt sich durchs schwere Haar.
Eitel genug sei man ja, sagt er im 65. Jahr seines Lebens, die Zurückhaltung des
deutschen Gelehrten als Lob zu deuten, zumal kaum eine Zunft auf Erden sich
besser darauf verstehe als die der Philologen, einander zu beäugen und zu be-
lauern, ein kleinster Fehler nur, und der werde einem zum Strick. Eine Neidge-
sellschaft, klagt Steinmann und stützt sich am runden Tisch, der leise ächzt, achter Stock an der Eichenstrasse.

Dass, im Vergleich zum Bisherigen, eine noch präzisere und auch ansprechen-
dere Übersetzung von Homers berühmter ›Odyssee‹ überhaupt möglich sei, sang
die NEUE ZÜRCHER ZEITUNG im Oktober 2007, hätte man bis dahin kaum für möglich
gehalten. Das Hamburger Wochenblatt DIE ZEIT pries Steinmanns Werk ein präch-
tiges Festmahl, der Berliner Tagesspiegel eine übersetzerische Grosstat. Die
Weltwoche ortete gar eine Literatursensation und empfand Steinmanns Verse als
unverbraucht hypnotisch. Und schliesslich, nach Besprechungen in achtzig Zeitungen der weiten deutschen Welt, berief eine Jury der Leipziger Buchmesse den
Reussbühler in den Kreis fünf Gesalbter, Bewerber um den Übersetzerpreis 2008.

Steinmann hat feine bleiche Hände, keine Falte im Gesicht, an der Wand eine
Uhr, die nichts misst, auf dem Boden zwei, drei Teppiche, einer über dem andern,
es ist warm in Steinmanns Bau, Zeitungen, Papiere, Bücher im Gestell, Bücher
an der Wand, auf Tisch, Stuhl und Sofa, über der Stuhllehne ein paar Hemden
und Jacken, eine über der andern.

Kennen Sie die Simpsons? Steinmann lacht auf, dass der Stuhl knarrt. Selbstverständlich kenne er die Simpsons, diese Zeichentrickfamilie aus Springfield,
Amerika, wer kennt sie nicht?, eine Köstlichkeit, weil unanständig und frech, zu-

dem wunderbar gezeichnet, ein Kunstwerk. – Es beleidigt Sie demnach nicht, dass der Vater der Familie, ein dümmlicher und feister Mensch, der wenig anderes … – Dass der Homer heisst? – Genau. – Hochmut und Enge sind das Letzte, sagt Steinmann, was wir Sprachwissenschaftler uns leisten sollten.

Homer, der klassische, war der erste namentlich bekannte Dichter der griechischen Antike, vermutlich gegen Ende des achten Jahrhunderts vor Christus. Er gilt als Schöpfer der ältesten Werke der abendländischen Literatur, der ›Ilias‹, der ›Odyssee‹ und einiger Hymnen.

Was, Herr Steinmann, bringt einen dazu, die ›Odyssee‹ ins Deutsche zu übersetzen, nachdem dies schon 31 andere getan haben? – Steinmann blickt zum Fenster, dahinter der Friedhof, es regnet.

Die ›Odyssee‹, bestehend aus 12.110 sechshebigen Versen, so genannten Hexametern, aufgeteilt in 24 Gesänge, erzählt, wie Odysseus, der König der kleinen Insel Ithaka, nach zehn Jahren Krieg in Troja weitere zehn Jahre lang umherirrt, Abenteuer und Verführungen ausgesetzt, und schließlich, unerkannt als Bettler, die Heimat erreicht, sein Haus voller Männer findet, die Penelope, Odysseus' treuer Gattin, nachstellen, und die, 108 an der Zahl, Odysseus schließlich ums Leben bringt.

Die Freude am Werk, sagt Steinmann, die Lust auf Homer habe ihn bewogen, sich der ›Odyssee‹ zu nähern. Denn jedes Werk der Weltliteratur verdiene es, von Zeit zu Zeit neu übersetzt zu werden, selbst die Philologie entwickle sich ständig fort. Er fährt sich durchs üppige Haar und sagt: Und bei allem Respekt vor meinen Vorgängern, von Schaidenreisser, 1537, bis Hampe, 1979 – verbesserungsfähig, meine ich, waren sie doch alle.

Jetzt hört er ein Geräusch, ein Murren vielleicht, er drückt sich schnell vom Stuhl und eilt ans Bett der Mutter, 92-jährig, die er pflegt, seit sie nicht mehr gehen kann. Vor Jahren fand er sie hier auf dem Sofa, fast lahm und stumm, ein Hirnschlag. Sie ist wunderbar, sagt er, meine Mama.

Alltäglich um halb acht trägt Dr. phil. Kurt Steinmann, in Rente seit sechs Jahren, seiner Mutter, die er nie verließss, das Frühstück ans Bett, hilft ihr, wenn nötig, beim Essen, bringt ihr die Glückspost oder die Frau mit Herz, stellt, wenn sie es möchte, das Radio an, liest dann eine der vielen Zeitungen, die im Kasten liegen, Neue Zürcher, FAZ, Die Zeit, Willisauer Bote, bricht schliesslich zum Einkaufen auf und trägt dann, kurz nach neun, ein zweites Frühstück zur Mutter, hilft ihr endlich ins Wohnzimmer, polstert ihren schmalen Rücken, schlägt sie, weil sie schnell friert, in Decken und stellt einen elektrischen Ofen an und fragt, Mama, geht es Dir gut?, Mama, hast Du warm genug?, bis sie nickt – und er sie streichelt.

Dann eile ich an meinen Tisch in meinem Zimmer und beginne zu übersetzen, fünfzehn Verse jeden Tag, zuerst im Kopf, dann schreibe ich sie nieder, schmecke sie ab, schreibe sie nieder mit schwarzem Filz, schmecke sie ab, bis ich glaube, nun seien sie gut, tippe sie dann in den Computer, sechs Stunden Arbeit für fünfzehn Verse, 807 Tage für die ›Odyssee‹.

In all den Jahren, da er nun schon übersetze – an die dreissig Werke, Euripides, Sophokles, Sappho, Petronius, Erasmus von Rotterdam –, in drei Jahrzehnten sei es ihm darum gegangen, möglichst genau zu sein, präzise und treu, gleichsam dokumentarisch, ja, den Ausgangstext begreife er als Dokument, und der Leser, die Leserin habe ein Recht darauf, zu erfahren, was darin stehe.

Übersetzen, schiebt Steinmann über den Tisch, meint die tiefstmögliche Bekanntschaft mit einem literarischen Werk, Wort um Wort, Vers nach Vers, Lied für Lied. Intimeres gibt es nicht. Übersetzen sei Einverleibung, Inkorporation, Übersetzen sei eine Sache der Transpiration und der Inspiration, Transpiration, also Anstrengung, erwirke Inspiration, Erleuchtung. Steinmann trinkt einen Schluck, schiebt die Brille hoch, schlägt ein Bein über das andere: Im Grunde genommen ist es wie mit einer Frau – Sie kennen sie erst, wenn sie mit ihr geschlafen haben. Steinmann lacht. Mama, ruft er, alles in Ordnung?

Herr Steinmann, gibt es Momente der Verzweiflung? – Verzweiflung weshalb? – Weil Sie, über einen Text gekrümmt, nicht weiter wissen. – Es gebe Krisen, sagt Steinmann, da sei man verhockt und verstockt, aber nie verzweifelt. Da muss man hindurch, wie beim berühmten Kilometer 35 im Marathonlauf, wenn du glaubst, du seist am Ende der Kraft. Rennst du weiter, wirst du leicht und beflügelt.

Das Leichte, allenfalls Ekstatische erfuhr Kurt Steinmann, Sohn eines Rechtsanwalts in Willisau, Luzerner Hinterland, schon früh. Ausser sich vor Freude tanzte er, zum Tanzen gerade fähig geworden, um den Weihnachtsbaum, bis er in den Armen der Mutter zusammensackte, erschöpft und bewusstlos. Jahre später war er Jugendmeister des Kantons im Weitsprung, Jugendmeister über hundert Meter, er spielte Fussball und Tennis, war Pfadfinder und Ministrant, ein Kämpfer in vielen Disziplinen.

Dann, in der dritten Klasse des Gymnasiums, 15-jährig, trat das Eigentliche in Steinmanns Leben, Griechisch. Der Lehrer, ein katholischer Priester, befahl seinen Schülern – es waren nur drei, die die Pein ertrugen – zu Beginn der Lektion die neuen Vokabeln zu lesen, einmal nur, um sie dann zu kennen. Kannte einer sie nicht, ergoßss sich der beißende Groll des Lehrers über ihn. Pädagogisch katastrophal, sagt Steinmann, aber nachhaltig entzündend.

20 geworden, 1965, begann Kurt Steinmann an der Universität Zürich zu studieren, Klassische Philologie und Germanistik, anderes stand nicht zur Debatte. Im Frühling 1971 schloss er sein Studium ab, Monate später war er Lehrer für Griechisch und Latein an der Kantonsschule Reussbühl bei Luzern und blieb es während 32 Jahren. Wieder wohnte er im Haus der Eltern im Hinterland, fast täglich reiste er in die Stadt, unterrichtete, fuhr am Abend zurück und feilte an seiner ersten Übersetzung, die ihm die Würde eines Doktors philosophiae ver-

sprach, nicht ein Schrieb von Vergil, Horaz, Cicero oder anderer Prominenz war ihm das Thema, sondern das Lied eines fast Unbekannten, Die Gelesuintha-Elegie des Venantius Fortunatus.

Herr Steinmann, wer liest denn heute noch die ›Odyssee‹? – Steinmann streichelt mit der bleichen Linken die bleiche Rechte, er zögert und wartet, sagt schliesslich: Athen gegen Springfield! – das ist in der Tat die Frage! Unabhängig davon, sagt er, dass seine Übersetzung 8000-mal verkauft worden sei, halte er die ›Odyssee‹ für sehr aktuell und heutig, denn Odysseus, der Held des Epos, entfalte Eigenschaften, die dem Idealtypus der modernen Gesellschaft entsprächen. Odysseus ist ein Trickser, laviert sich durch die Welt und erreicht auf diese Weise sein Ziel. – Wie Homer Simpson? – Steinmann lacht und schweigt.

Bereits im ersten Vers sei er, Steinmann, von seinen vielen Vorgängern abgewichen. Die hätten den Kriegsveteranen Odysseus *vielgewandert* genannt, er aber, um Homers Intention zu treffen, *wandlungsreich – Muse, erzähl mir vom Manne, dem wandlungsreichen, den oft es/abtrieb vom Wege, seit Trojas heilige Burg er verheerte.* Odysseus, sagt Steinmann, handelt nicht unmoralisch, sondern amoralisch, er ist ein durch und durch zerrissener Mensch.

Zieht es Sie, nach 30 Jahren des Übersetzens, nie zur Dichtung? – Dichtung brauche Phantasie oder Lebenserfahrung, wehrt Steinmann ab, ihm mangele beides.

Im Jahr 1981, der Vater war gestorben, verliess Steinmann mit seiner Mutter das Hinterland und zog nach Reussbühl, achter Stock an der Eichenstrasse, sie setzte ihm das Essen hin, wenn er von der Schule kam, freute sich an seinen Büchern und Preisen, die er erhielt, Werkpreis der Luzerner Literaturförderung für Übersetzungen und essayistische Arbeiten, Werkpreis Pro Helvetia, Kulturpreis der Stadt Willisau, Kunst- und Kulturpreis der Stadt Luzern, bis er sie hier auf dem Sofa fand, fast lahm und stumm, ein Hirnschlag.

Alltäglich um zehn Uhr am Morgen hilft Dr. Kurt Steinmann seiner Mutter ins Wohnzimmer, polstert ihren schmalen Rücken und fragt, Mama, hast Du warm genug?, bis sie nickt. Dann tritt er an seinen Tisch in seinem Zimmer und beginnt zu übersetzen, Homers anderes grosses Werk, die ›Ilias‹, fünfzehn Verse jeden Tag, zuerst im Kopf, dann schreibt er sie nieder, schmeckt sie ab, schreibt sie nieder mit schwarzem Filz, bis er glaubt, nun seien sie gut, tippt sie endlich in den Computer, sechs Stunden Arbeit für fünfzehn von 15.693 Versen, 1047 Tage für die ›Ilias‹, Hieb um Hieb, Schlacht nach Schlacht, Gott für Gott, Abgabetermin – 2018.

Uwe Ritzer: »Beten und ernten«

SÜDDEUTSCHE ZEITUNG vom 24. März 2007

*Das Kloster Plankstetten ist einer der größten Biobauernhöfe Bayerns –
die Mönche zeigen, wie sich Geschäftssinn mit ökologischer Verantwortung
verbinden lässt.*

Plankstetten. Den geistlichen Herrn sieht man Richard Schmidt beileibe nicht
an. Wie er über den Hof stapft, in Arbeitsstiefeln, Jeans, grauem Sweatshirt und
einer dicken, rotkarierten Holzfällerjacke – das wirkt nicht spirituell, sondern zu-
packend und hemdsärmelig. Was hatte sein Prior gesagt? »Wer nur arbeitet, wird
Workaholic, wer nur betet, verliert die Bodenhaftung.«

Um diesen Mann hier muss er sich vermutlich nicht sorgen: ein resoluter Bauer
von 40 Jahren, mit Stoppelfrisur, Brille und dem Dialekt dieses Oberpfälzer Land-
strichs. Mal drückt er hier im Vorbeigehen einen Schalter, mal schaut er dort in
einer Stallecke nach dem Rechten, und gleichzeitig referiert er über die richtige
Ernährung des Simmentaler Fleckviehs. Und dann entsetzt sich Frater Richard
darüber, wie sie ihm einst in der Landwirtschaftsschule beibringen wollten, Boden, Arbeit und Kapital seien gleichrangige Produktionsfaktoren.

Das könne doch nicht sein, habe er damals heftig widersprochen. »Man kann
die Schöpfung doch nicht gleichsetzen mit Kapital.« Dieser Gedanke war der Anfang für eine ungewöhnliche Erfolgsgeschichte.

Ende der achtziger Jahre standen Frater Richard und seine 20 Mitbrüder im
Benediktinerkonvent der Abtei Plankstetten im Altmühltal kurz davor, die Landwirtschaft aufzugeben und ihre Felder zu verpachten. Dann aber besannen sie sich
der bäuerlichen Tradition ihres 1121 gegründeten Klosters, bauten ihre Landwirtschaft sogar kräftig aus und stellten 1994 komplett auf ökologische Produktion
um. Die Dimension dürfte für eine Abtei in Deutschland einmalig sein: Mit knapp
200 Hektar bewirtschafteten Äckern und Wiesen, 55 Mutterkühen samt Kälbern
und Mast sowie etwa 150 Schweinen gehört das Kloster zu den größten Biobau-
ern in Bayern.

»Natürlich gab es dabei am Anfang viel Gesprächs- und Diskussionsbedarf«,
sagt Pater Beda Sonnenberg. Er ist Prior-Administrator, eine Art Abt auf Zeit, den
seine Mitbrüder kürzlich für drei Jahre gewählt haben, nachdem ihr bisheriger Abt
Gregor Maria Hanke zum Bischof von Eichstätt berufen wurde. Pater Beda ist 40
Jahre alt; ein sehr belesener Mann mit Nickelbrille, der nachdenklich formuliert.

Der Benediktinerorden schickt seine Mönche nicht durch die Welt. Sie beten
und arbeiten in Klöstern. »Wenn man fest an einem Ort lebt«, sagt Prior Pater

Beda, »dann möchte man, dass er gesund ist, und das setzt eine intakte Umwelt voraus.« Ganz abgesehen davon: »Wir denken generell nicht kurzfristig, sondern in Jahrhunderten.« Nun haben Mönche es immer schon verstanden, spirituelle Ansprüche geschickt mit weltlichem Pragmatismus und Geschäftssinn zu verbinden. Aber Ende der achtziger Jahre plagten die Plankstettener Benediktiner gleich zwei irdische Probleme.

Autos fahren mit Rapsöl

Mangels Schülern stand ihr Knabeninternat samt Realschule vor dem Aus, bis dato die Haupteinnahmequelle des Klosters. Ihr Staudenhof war ein wenig rentabler Ackerbaubetrieb, für den der Nachfolger fehlte, nachdem der letzte gelernte Bauer unter den Mönchen gestorben war. Frater Richard erzählt, eines Tages hätten er und andere junge Mönche sich unterhalten, wie schade es wäre, die Landwirtschaft aufzugeben. Da bot er, ein gelernter Bäcker, seinen Mitbrüdern und Oberen an, Landwirt zu werden.

Seither tauscht er oft den schwarzen Habit mit der Arbeitskluft. In solcher sitzt er an einem unbehandelten Holztisch in der Küche des Staudenhofes, gleich unter dem Herrgottswinkel, zwei Herz-Jesu-Bildern und einer Marienstatue. In den ersten Jahren habe er noch konventionell gewirtschaftet, sagt Frater Richard. Je öfter er aber in Seminaren und Diskussionsforen saß, je mehr er über kaputte Böden, Tiere in engen Ställen und giftige Pestizide hörte, desto größer wurden seine Zweifel, »ob man so dem Schöpfungsauftrag wirklich gerecht wird«. Der Wendepunkt, sagt Frater Richard, sei ein Vortrag über satellitengesteuertes Düngen gewesen. »Mir hat Angst gemacht, wenn man den Boden so vergewaltigt«, sagt er.

Öko-Landwirtschaft wurde damals von vielen als grüne Spinnerei abgetan, wohl auch in den Gängen der Plankstettener Abtei. Heute betreiben die Benediktiner nicht nur Öko-Landwirtschaft, sondern fahren auch Autos mit Rapsölantrieb. Sie heizen ihr Kloster mit Holz-Hackschnitzeln aus den Wäldern der Umgebung, backen Ökobrot und stellen Bio-Wurst und -Fleisch her. Sie betreiben einen Naturkostmarkt, und in der Klosterschenke werden nur aus Bio-Produkten gekochte Mahlzeiten serviert. Ebenso im Gästehaus, dem zweiten wirtschaftlichen Standbein neben dem Öko-Geschäft. Systematisch haben die Benediktiner ihr Kloster saniert und modernisiert, konsequent nach baubiologischen Grundsätzen, versteht sich. Prior Pater Beda sagt, das ganzheitliche Prinzip des ökologischen Wirtschaftens und Lebens habe als eine Form praktizierten Christentums die gesamte Abtei erfasst.

So ist das Kloster auch mehr denn je ein Unternehmen geworden, mit über 80 Angestellten – und wohl auch lukrativen Geschäften. Über genaue Erträge hül-

len sich alle in mönchisches Schweigen. 2006 seien die Umsätze der Kloster-
betriebe GmbH um 20 Prozent gewachsen, verrät immerhin deren Verkaufslei-
ter Ulrich Visschers. Er gehört zu den Profis von außerhalb, welche die Männer
Gottes engagiert haben. PR-Leute halfen ihnen, für ihre mittlerweile 450 Öko-
Produkte einen Werbeslogan zu kreieren: »Leben aus dem Ursprung.« Gut die
Hälfte der selbst erzeugten Bio-Ware wird über Natur- und Feinkostläden, Re-
formhäuser und kirchliche Einrichtungen innerhalb des Städtedreiecks Nürnberg-
Ingolstadt-Regensburg vertrieben. Den Rest braucht man für sich und die jährlich
etwa 20 000 Klosterbesucher.

Am Riedenburger Brauhaus, das mit Bio-Braugerste aus Plankstetten Bier im
Namen des Klosters braut, ist man mit zehn Prozent beteiligt. »Unser Vorteil ist,
dass die Kunden mit einem Kloster Werte wie Fairness, Ehrlichkeit, Redlichkeit
und Zuverlässigkeit verbinden«, sagt Visschers. Trotzdem müssen Qualität und
Preise stimmen.

Frater Bonifaz musste hart arbeiten, um das Backen mit Bio-Zutaten zu lernen.
Er steht in einer hochmodernen Backstube, an deren Wand ein Kruzifix hängt.
»Meine ersten Öko-Brötchen waren eine Katastrophe«, erzählt der Bäckermeis-
ter freimütig. »Weil Biomehl ganz anders reagiert als herkömmliches, wurden sie
viel zu hart und winzig«, sagt er. Heute hat Frater Bonifaz das Bio-Backhandwerk
im Griff. Nur mit den in seinem Orden verbindlichen, täglichen Gebetszeiten tut
er sich schwer, seit er jede Nacht ab halb ein Uhr in der Backstube steht. Aber da
seien die Mitbrüder großzügig. Schließlich sei für ihn »Arbeiten in unserer Öko-
Bäckerei auch ein Stück Gottesdienst«.

Evelyn Roll: »Tauchgang in die Freiheit«

SÜDDEUTSCHE ZEITUNG FÜR KINDER vom 3. Oktober 2010

Es ist eine mondhelle und stürmische Nacht, 22.30 Uhr am 8. September 1968. Ein Mann im Taucheranzug steht am Strand von Graal-Müritz. Er zieht Flossen an, setzt Brille und Schnorchel auf, dann nimmt er ein zehn Kilo schweres Gerät unter den Arm, das aussieht wie ein Torpedo mit Motor. Der Mann watet in die kalte Ostsee. „Du gucke ma', da jeht bei dor Gälte noch enor schwimm'", ruft ein Mann vom Zeltplatz. Dem Mann im Taucheranzug bleibt fast das Herz stehen. Sie haben ihn entdeckt. Aber er kann nicht mehr zurück. Wenn sie ihn erwischen, kommt er wieder ins Gefängnis. Diesmal wird es lebenslänglich sein.

Die DDR ist ein seltsames Land. Für alles ist gesorgt. Aber der Staatssicherheitsdienst („Stasi") kann alles und jeden rund um die Uhr beobachten und kontrollieren. Jeder Fluchtversuch ist lebensgefährlich. Bernd Böttger hat in seiner Werkstatt in Sebnitz bei Dresden einen Reparaturbetrieb für Autos. Nachts aber beschäftigt ihn die Frage, wie er aus der DDR fliehen kann. Er macht eine Taucherausbildung, absolviert die Prüfung zum Rettungsschwimmer und trainiert hart. Eines Tages wür-

de er über die Ostsee abhauen. Ein Unterwassermotor würde ihn in die Freiheit ziehen. Ein Zweitaktmotor, der einst ein Fahrrad angetrieben hat. Auf die Kurbelwelle dieses Motors setzt Bernd Böttger eine Schiffsschraube. Dann dichtet er den Motor mit Glasfasermatte und Polyesterharz ab. Als Benzintank baut er sich einen 40 Zentimeter langen, zigarrenförmigen Fiberglasbehälter. An das Gehäuse montiert er einen Bügel zum Festhalten.

Eiskalte Killer

Beim ersten Versuch erwischen sie ihn. Das ist im Herbst 1967 am Strand von Wismar. Weil er behauptet, er habe seine Erfindung nur ausprobieren, aber doch nicht fliehen wollen, stecken sie ihn für drei Monate ins Stasi-Gefängnis. Und er denkt: Jetzt erst recht. Als Bernd Böttger entlassen wird, baut er einen noch besseren Schwimm-Scooter. Und als er am 8. September 1968 die Stimme vom Zeltplatz hört, weiß er: „Es gibt kein Zurück mehr. Ich muss das 24 Seemeilen entfernte Gedser in Dänemark erreichen."

Er wirft sich mit dem Gerät ins kalte Meer und lässt sich ziehen, gerade so tief unter Wasser, dass er mit dem Schnorchel Luft holen kann. Gegen Mitternacht hört er Motorengeräusche. Er bekommt Todesangst. Er macht in die Hose. Er kann nicht mehr atmen. Er muss auftauchen. Dann sieht er die Umrisse

eines Küstenwachbootes. „Gleich werden sie schießen", denkt er. Er schaltet den Motor aus. Doch der Schatten entfernt sich wieder. Bernd Böttger wirft den Motor wieder an.

Um 4 Uhr sieht er Lichter am Horizont. Vor ihm taucht ein dänisches Schiff auf. Er ruft: „Hallo", er schreit, er brüllt. Sie holen ihn an Bord. Bernd Böttger ist frei. Die ganze Welt interessiert sich für ihn und das Fluchtgerät. Bernd Böttger produziert seinen Scooter nun in Serie. Heute gehört er zur Standardausrüstung von Rettungs- und Kampfschwimmern,

sogar in einem James-Bond-Film spielt er eine Rolle. Das Leben aber ist kein Film. Nicht immer gibt es ein Happy End. 1972 reist ein glücklicher Bernd Böttger nach Spanien. Er will dort eine Weiterentwicklung des Scooters testen. Er bekommt Besuch von neuen Freunden. Mit einem von ihnen geht er auf Tauchgang. Kurz darauf treibt Bernd Böttgers Körper tot im Wasser.

Seine Familie glaubt nicht an einen Unfall. Sie ist überzeugt, dass der neue „Freund" ein Auftragskiller der Stasi war. Der Fall ist bis heute nicht aufgeklärt.

Evelyn Roll

Flucht durch die kalte See: Mitten in der Nacht hat sich Bernd Böttger von einem kleinen Unterwassermotor in die Freiheit ziehen lassen. Bis heute wird seine Erfindung nachgebaut, wie man auf diesem Foto sieht.

Auf der Flucht:

Die Bürger der DDR durften nicht einfach in der Welt herumreisen oder wegziehen – eine Mauer und hohe Grenzzäune schlossen sie in ihrem eigenen Land ein. Manche, die unbedingt raus wollten, wagten deshalb die heimliche Flucht. Das war gefährlich: Wer erwischt wurde, kam ins Gefängnis oder wurde erschossen.

Mit dem Ballon

Zwei Familien sind mit einem Heißluftballon aus der DDR geflohen. Nachts sind vier Erwachsene und vier Kinder heimlich in die Gondel mit dem Ballon geklettert, den sie selbst gebaut hatten. Ihr Flug in die BRD dauerte eine halbe Stunde.

Unter der Erde

Was tun, wenn ein Teil der Familie in Westberlin lebt und der andere im Osten? Um von der einen Seite auf die andere zu kommen, haben DDR-Bürger heimlich 70 Tunnel unter der Mauer hindurch gegraben. So konnten sie entkommen.

Im Kofferraum

An der Grenze zwischen West- und Ostdeutschland wurden alle Autos streng kontrolliert. Trotzdem ist es Menschen gelungen, sich so geschickt unter der Kühlerhaube oder im Kofferraum zu verstecken, dass sie nicht gefunden wurden.

Durchs Meer

Mario Wächtler trainierte ein Jahr lang im Hallenbad, bevor er in die Ostsee stieg, um aus der DDR zu fliehen. 19 Stunden musste er schwimmen, bis eine Fähre ihn rettete. Viele versuchen übers Meer zu fliehen, 174 Menschen ertranken dabei. inra

Bernd Böttger erfand den Aqua-Scooter und floh damit über die Ostsee.
Später benutzte sogar James Bond das Gerät.

Es ist eine mondhelle und stürmische Nacht, 22.30 Uhr am 8. September 1968.
Ein Mann im Taucheranzug steht am Strand von Graal-Müritz. Er zieht Flossen
an, setzt Brille und Schnorchel auf, dann nimmt er ein zehn Kilo schweres Gerät
unter den Arm, das aussieht wie ein Torpedo mit Motor. Der Mann watet in die
kalte Ostsee. »Do gucke ma, da jeht bei dor Gälte noch enor schwimm«, ruft ein
Mann vom Zeltplatz. Dem Mann im Taucheranzug bleibt fast das Herz stehen.
Sie haben ihn entdeckt. Aber er kann nicht mehr zurück. Wenn sie ihn erwischen,
kommt er wieder ins Gefängnis. Diesmal wird es lebenslänglich sein.

Die DDR ist ein seltsames Land. Für alles ist gesorgt. Aber der Staatssicherheitsdienst (»Stasi«) kann alles und jeden rund um die Uhr beobachten und kontrollieren. Jeder Fluchtversuch ist lebensgefährlich. Bernd Böttger hat in seiner
Werkstatt in Sebnitz bei Dresden einen Reparaturbetrieb für Autos. Nachts aber
beschäftigt ihn die Frage, wie er aus der DDR fliehen kann. Er macht eine Taucherausbildung, absolviert die Prüfung zum Rettungsschwimmer und trainiert
hart. Eines Tages würde er über die Ostsee abhauen. Ein Unterwassermotor würde ihn in die Freiheit ziehen. Ein Zweitaktmotor, der einst ein Fahrrad angetrieben
hat. Auf die Kurbelwelle dieses Motors setzt Bernd Böttger eine Schiffsschraube.
Dann dichtet er den Motor mit Glasfasermatte und Polyesterharz ab. Als Benzintank baut er sich einen 40 Zentimeter langen, zigarrenförmigen Fiberglasbehälter. An das Gehäuse montiert er einen Bügel zum Festhalten.

Eiskalte Killer

Beim ersten Versuch erwischen sie ihn. Das ist im Herbst 1967 am Strand von
Wismar. Weil er behauptet, er habe seine Erfindung nur ausprobieren, aber doch
nicht fliehen wollen, stecken sie ihn für drei Monate ins Stasi-Gefängnis. Und er
denkt: Jetzt erst recht. Als Bernd Böttger entlassen wird, baut er einen noch besseren Schwimm-Scooter. Und als er am 8. September 1968 die Stimme vom Zeltplatz hört, weiß er: »Es gibt kein Zurück mehr. Ich muss das 24 Seemeilen entfernte Gedser in Dänemark erreichen.«

Er wirft sich mit dem Gerät ins kalte Meer und lässt sich ziehen, gerade so
tief unter Wasser, dass er mit dem Schnorchel Luft holen kann. Gegen Mitternacht hört er Motorengeräusche. Er bekommt Todesangst. Er macht in die Hose.
Er kann nicht mehr atmen. Er muss auftauchen. Dann sieht er die Umrisse eines Küstenwachbootes. »Gleich werden sie schießen«, denkt er. Er schaltet den

Motor aus. Doch der Schatten entfernt sich wieder. Bernd Böttger wirft den Motor wieder an.

Um 4 Uhr sieht er Lichter am Horizont. Vor ihm taucht ein dänisches Schiff auf. Er ruft:»Hallo«, er schreit, er brüllt. Sie holen ihn an Bord. Bernd Böttger ist frei. Die ganze Welt interessiert sich für ihn und das Fluchtgerät. Bernd Böttger produziert seinen Scooter nun in Serie. Heute gehört er zur Standardausrüstung von Rettungs- und Kampfschwimmern, sogar in einem James-Bond-Film spielt er eine Rolle. Das Leben aber ist kein Film. Nicht immer gibt es ein Happy End. 1972 reist ein glücklicher Bernd Böttger nach Spanien. Er will dort eine Weiterentwicklung des Scooters testen. Er bekommt Besuch von neuen Freunden. Mit einem von ihnen geht er auf Tauchgang. Kurz darauf treibt Bernd Böttgers Körper tot im Wasser.

Seine Familie glaubt nicht an einen Unfall. Sie ist überzeugt, dass der neue »Freund« ein Auftragskiller der Stasi war. Der Fall ist bis heute nicht aufgeklärt.

Flucht durch die kalte See: Mitten in der Nacht hat sich Bernd Böttger von einem kleinen Unterwassermotor in die Freiheit ziehen lassen. Bis heute wird seine Erfindung nachgebaut, wie man auf diesem Foto sieht.

Christiane Schlötzer: »Herkulestat«

SÜDDEUTSCHE ZEITUNG vom 16. Juli 2010

Ein Grieche zählt erstmals die Staatsdiener seines Landes.

Er könnte längst nach Hause gehen, sich ein schönes Leben auf einer Sonneninsel machen. Mit 72 Jahren hat Leandros Rakintzis auch das neue griechische Rentenalter schon um sieben Jahre überschritten. Der Mann aber hat eine Mission. Er ist der oberste Kontrolleur für den öffentlichen Dienst seines Landes, und in diesen Tagen hat er eher gute Laune. Weil Griechenland tut, was schon lange hätte getan werden müssen. Es zählt erstmals alle Staatsdiener.

Es ist tatsächlich kaum zu glauben, aber wie viele der etwas mehr als elf Millionen Griechen für ihren Staat arbeiten, und was sie alle überhaupt machen, ist bislang nicht bekannt. Rakintzis zumindest glaubt: »Man könnte auch mit der Hälfte der Leute auskommen.« Aber erst müsste man einmal wissen, wie viele es sind. 700 000 oder eine Million? Zwischen diesen beiden Zahlen liegen die Schätzungen.

Am ersten Tag brach gleich der staatliche Computer zusammen, als 200 000 Beamte sich beeilten, ihre Daten einzugeben. Kein Wunder: Wer sich nicht rechtzeitig meldet – also vor dem 23. Juli –, muss damit rechnen, dass er vorerst kein Geld mehr erhält.

Der aufgeblähte öffentliche Dienst ist eine der Hauptursachen für das horrende Haushaltsdefizit, das Hellas an den Rand des Bankrotts gebracht hat. Die EU und der Internationale Währungsfonds gewähren dem Land Milliardenkredite, verlangen dafür aber, dass es sich entsprechend anstrengt. Kontrolleur Rakintzis findet das richtig. In seinem neuesten Bericht hat er die Missstände im öffentlichen Dienst beschrieben. So nahm die Zahl der Angestellten der Athener Trambahn in der Zeit der konservativen Regierung zwischen 2004 und 2009 um 533 zu, das Streckennetz aber wuchs um gerade mal zwei Kilometer. Die Verantwortlichen der Straßenbahngesellschaft will Rakintzis nun vor Gericht bringen.

Staatsjobs wurden in Griechenland bislang, besonders vor Wahlen, wie Geschenkpakete verteilt, und zwar auf allen Ebenen. Wie »Feudalherrscher« hätten sich gerade Kommunalverwaltungen benommen, schimpft Rakintzis. Gegen die Rundumerfassung, die er plant, hatten staatliche Datenschützer zunächst Einwände erhoben, sie dann aber mit Auflagen genehmigt. Aus den Computerbögen wurden einige persönliche Fragen gestrichen.

Manche Staatsdiener hätten auch mehrere Jobs, sagt Lykurgos Liaropoüos, Ökonom an der Universität von Athen und Spezialist für das hochdefizitäre Gesundheitssystem.»Wir werden Leute entdecken, die Geld aus drei oder vier Quellen bekommen.« Andere wurden gar nicht bezahlt. Weil sie nur Kurzzeitverträge haben und angeblich seit Monaten auf ihr Gehalt warten, hinderten frustrierte Angestellte des Kultusministeriums in dieser Woche Hunderte Touristen an einem Besuch der Akropolis.

Jüngst erst wurde eine Gesundheitsbehörde abgeschafft, die nie existierte. Zumindest hatte sie keine Angestellten.

Überbesetzt seien vor allem Ämter, die gut bezahlen, sagt Rakintzis. Andernorts gebe es viel zu wenig Mitarbeiter – etwa auf einsamen Inseln, in den Grenzgebieten zur Türkei oder im Amt zum Schutz der Wälder. Die sozialistische Regierung will nun für je fünf Angestellte, die in Pension gehen, nur noch einen einstellen.

Rakintzis hat 28 Mitarbeiter, das ist wenig für die Kontrolle des ganzen Landes.

Der rundliche Mann sagt, in den 38 Berufsjahren als Richter habe er gelernt, »fast alles allein zu machen«. Er ist wirklich ein Vorbild.

Reto U. Schneider: »Am Rand der Welt«

NEUE ZÜRCHER ZEITUNG FOLIO vom Juli 2004

Selbst unter menschenfeindlichen Bedingungen ist ihr Leben mehr als ein Überleben. Ein Besuch bei den Bewohnern der nördlichsten Stadt der Welt.

Wer im Winter aus Qaanaaq wegwill, hat die Wahl zwischen zwei Maschinen: der Dash 7 von Air Greenland, die vom kleinen Flugfeld im Westen des Dorfs zweimal pro Woche Richtung Süden startet, und dem Atlas-Copco-Presslufthammer der Gemeindeverwaltung, mit dem auf dem Friedhof im Osten des Dorfs die Gräber aus dem Boden gemeisselt werden.

Die zum Sterben zu junge Frau, die heute zu Grabe getragen wird, hatte vor Jahren die erste Wahl getroffen. Sie lebte in Dänemark, wo sie nicht glücklich wurde.

Der Trauerzug besteht aus vier Geländeautos und einem Lieferwagen, die durch die weisspatinierte Mondlandschaft in Richtung Friedhof schleichen. Zuvorderst ein roter Toyota Landcruiser mit dem Sarg auf der Ladefläche. In Armlänge Abstand ein schlaksiger junger Mann, der ein weisses Kreuz trägt, hinter ihm die Mutter der Verstorbenen in den beinhohen weissen Robbenfellschuhen, die sie wohl auch schon an ihrer Konfirmation, der Hochzeit und an runden Geburtstagen getragen hat. Dann zwei Dutzend Verwandte und Freunde in wattiertem Stoff, dreilagigem Goretex oder Fell. Am Schluss die anderen Wagen, alle ohne Kennzeichen. Offiziell gibt es hier keine Strassen, und deshalb kann es für die Versicherung auch keine Autos geben. Verkehrsprobleme gehören zu den wenigen Problemen, die dieses Dorf nicht kennt.

Die Prozession begann bei der schlichten Holzkirche unter dem Geheul der 800 Schlittenhunde im Dorf, die sich bei Glockengeläut immer daran erinnern, dass sie vom Wolf abstammen. Sie zog am nördlichsten Spital der Welt vorbei, am nördlichsten Schulinternat und bog beim nördlichsten Altersheim der Welt in das kleine Strässchen zum Friedhof ab, der etwa einen Kilometer ausserhalb liegt. Die Leute haben kaum Spuren auf der dünnen Schneedecke hinterlassen. So weit nördlich ist es im Winter selbst dem Schnee zu kalt.

Am Meer unten, in der Nähe der Post, gibt es zwei Wegweiser, die in entgegengesetzte Richtungen zeigen: »København 5770 km«, »Nordpolen 1393 km«. Im Flur des einzigen Hotels hängt eine Autogrammkarte von Reinhold Messner. Qaanaaq ist die nördlichste Stadt der Welt. Viele Leute nennen dieses Dorf tatsächlich Stadt. Sie hat zwar nur 686 Einwohner, doch hier zählt relative Grösse: Im Umkreis von 700 Kilometern gibt es nichts Grösseres.

Die Beerdigung findet nicht weit vom 78. nördlichen Breitengrad entfernt statt, ganz oben auf dem Schulglobus, in unmittelbarer Nähe des Lochs, wo die Halterung in die Weltkugel greift. Selbst für grönländische Verhältnisse liegt Qaanaaq sehr weit im Norden.

Jetzt, Anfang März, nachmittags um vier, könnte man die Sonne eine Handbreit über dem Horizont sehen, wenn sich nicht eine Wolkendecke wie eine Milchglasscheibe unter den Himmel geschoben hätte. Schnee und Eis haben sich auf einen einheitlichen Grauton geeinigt. Hätte die Welt einen Rand, man wäre ihm hier ziemlich nahe.

Der britische Polarforscher George Strong Nares liess im 19. Jahrhundert die Rückenteile der Mäntel seiner Männer mit Bildern bemalen, damit sie auf ihrem Marsch die Augen vom monotonen Weiss ausruhen konnten. Die Augen der Trauergäste ruhen sich auf bunten North-Face- und Helly-Hansen-Jacken aus. Wie alle festlichen Anlässe in Qaanaaq kündigte sich auch das Begräbnis an der Pinnwand im Pilersuisoq an, dem örtlichen Supermarkt: Dort hängte die Familie der Verstorbenen eine handgeschriebene Einladung zur Abdankung zwischen die Jagdverordnung und den Aufruf der Anonymen Alkoholiker. Das Signal für den Lageristen, eine neue Kiste Plasticnelken aus dem Magazin zu holen.

Der Supermarkt verrät auf den ersten Blick nicht, dass auch er der nördlichste der Welt ist. Auf der Fläche eines halben Fussballfelds gibt es vier Sorten Knäckebrot, sieben Kisten Coca-Cola, Lamm aus Neuseeland, ein paar Flaschen Sauvignon blanc, eine Wand aus Fernsehern und Videogeräten, Kinderwagen, Lidschatten, Barbie-Puppen, Kühlschränke. Kühlschränke?

Entgegen allen Erwartungen muss kein Marketinggenie sein, wer in Grönland Kühlschränke verkaufen will. In fast allen der farbigen Holzhäuser Qaanaaqs gibt es einen, dazu eine Einbauküche, einen Fernseher und ein Sofa. Alles aus dem Pilersuisoq. Das Angebot ist erstaunlich breit für die wenigen Einwohner. Wem hier etwas fehlt, der kann in keinen anderen Laden gehen. Der nächste grössere findet sich erst wieder in Upernavik zwei Flugstunden weiter südlich. Es gibt Leute in Qaanaaq, die ihr Leben lang nie in einem anderen Laden eingekauft haben.

Die Hinweise auf die besondere geographische Lage des Supermarkts sind subtil: Die kleine Gemüseabteilung mit den schrumpligen Peperoni, die grosse Auswahl kanadischer Trapperstiefel, die zwei Dutzend Jagdgewehre zwischen Fischerschnur und Küchenmesser, das Hundefutter im Zwanzigkilopack, das Gestell mit den Plasticblumen für alle Gelegenheiten: Rosen für Hochzeiten, Nelken für Tage wie diesen.

Die Familie der Verstorbenen wollte, dass sie in Qaanaaq bestattet wird. Die Frau hatte sich mit 39 Jahren in Dänemark das Leben genommen. Alkohol sei im Spiel gewesen, erzählt man im Dorf. Fast immer ist Alkohol im Spiel, wenn etwas schiefgeht. Daran hat man sich in Grönland gewöhnt.

»Etwas muss ich Ihnen noch sagen«, hatte der Hotelbesitzer bei der kurzen Führung durchs Dorf gesagt, »Sie werden viele Betrunkene in den Strassen sehen.
Das ist normal hier.« Es klang wie ein Naturgesetz: Etwas muss ich Ihnen noch
sagen, Wasser gefriert bei null Grad.

Ob es die lange Polarnacht im Winter ist, das verschlossene Wesen der Leute im Norden, eine genetische Anfälligkeit oder die »Verlogenheit einer unverdau-
ten Zivilisation«, wie es der Polarforscher Knud Rasmussen ausdrückte: Alkohol
ist ohne Zweifel das grössßte Problem dieser Gesellschaft. Selbst an der Beerdigung torkelt einer in Eisbärhosen hinterher.

Die Schüler der siebten Klasse in Qaanaaq fragten ihre Lehrerin kürzlich, ob
sie auch schon einmal betrunken gewesen sei.

»Nur einmal« antwortete sie.

»Und was tun Sie denn sonst an Wochenenden?«

Man trinkt hier aus einem einzigen Grund: um betrunken zu werden. Die Fol-
gen werden von vielen Leuten akzeptiert wie eine Naturgewalt: Grönland, sagt
Smilla, die aus Qaanaaq stammende Heldin aus Peter Høegs Roman »Fräulein
Smillas Gespür für Schnee«, habe eine Verbrechensstatistik wie in Kriegszeiten.
Tatsächlich ist die Quote der Tötungsdelikte mehr als zwanzig mal so hoch wie
in Dänemark. In Qaanaaq gibt es seit kurzem ein Jugendhaus, in dem Kinder Zu-
flucht finden, wenn ihre Eltern nicht mehr wissen, was sie tun. Es ist, als sei der
Alkohol über diese sanftmütigen Menschen hereingebrochen wie ein böser Fluch,
von dem niemand weiss, wie er sich bannen lässt.

Doch aus der Kriminalstatistik gewinnt man leicht ein falsches Bild. Die Bewohner von Qaanaaq sind liebenswürdig und gastfreundlich, die Türen der Häuser offen. Kakuk, der für das Öllager zuständig ist, hat immer Zeit, überlässt den Gäs-
ten den besten Platz auf dem Sofa, bringt sofort Kaffee. Gideon, der Jäger, stellt
stolz seinen achtjährigen Sohn vor, zeigt seine Hochzeitsbilder, lässt den Frem-
den in seine Eisbärhose steigen. Carl, der dänische Automechaniker, der seit 18
Jahren in Qaanaaq lebt und mit einer Grönländerin verheiratet ist, sagt: »Hier
kümmern sie sich nicht darum, was morgen ist.« Man hört schon Kritik, aber er
fährt fort: »Davon könnten wir uns eine Scheibe abschneiden.« Fremde werden
von den Leuten auf der Strasse schüchtern angelächelt und von den Kindern zu
halsbrecherischen Schlittenfahrten eingeladen.

Das Grab für die junge Frau wurde schon vor Wochen ausgehoben. Mehrmals
fuhren ihre Angehörigen vergeblich die Holperstrasse zum Flughafen, um die Leiche in Empfang zu nehmen. Denn einem toten Passagier von Air Greenland geht
es nicht besser als einem lebenden. Ein dünner Flugplan und schlechtes Wetter
liessen die Reise Wochen dauern. Die staatliche Fluggesellschaft heisst im Volks-
mund Immaqa-Air. Immaqa für vielleicht.

Es hat sich hier noch nie gelohnt, langfristige Pläne zu machen. Ein harter Winter, ein guter Fang, brüchiges Eis, und plötzlich ist alles anders. Die Natur ist unberechenbar. Und auch wenn die Segnungen der Zivilisation die Zukunft vorhersehbarer machten, zieht sich immaqa als Grundhaltung durch das Leben der Grönländer. Werde ich heute einen Eisbären schiessen? Wird mein Computer morgen wieder laufen? Wird es nächste Woche schön sein? Immaqa.

Wer Grönland verstehen will, muss die Natur Grönlands verstehen, und das ist für Fremde fast unmöglich. Schon die Einteilung des Tages in Morgen, Nachmittag und Abend ist nicht selbstverständlich. Die Sonne geht im Winter vier Monate lang nicht auf und im Sommer vier Monate lang nicht unter. Dazwischen ist die Trennung zwischen Tag und Nacht so unscharf, dass man um sieben Uhr früh glaubt, die Sonne werde gleich aufgehen, und dann bis um elf darauf wartet. Auch die Übereinkunft, dass ein Jahr aus vier Jahreszeiten besteht, gilt nicht: Polargegenden kennen keine langsamen Übergänge zwischen Winter und Sommer. Um sich dem Rest der Welt anzupassen, hat man den Frühling als die Zeitspanne zwischen dem ersten Sonnenaufgang nach dem dunklen Winter und dem Einsetzen der Mitternachtssonne definiert mit dem Resultat, dass Frühling Anfang März bei minus 35 Grad ist.

Grönlands Nationalfeiertag markiert denn auch nicht eine gewonnene Schlacht, sondern den Tag, an dem die Sonne am höchsten steht. Die Abhängigkeit von Jahreszeiten und Wetter ist so stark, dass die Grönländer nie einer Wettervorhersage trauen würden. Aus gutem Grund: Für den Tag der Beerdigung waren minus 15 Grad und Sonnenschein gemeldet, jetzt ist es minus 21 und bedeckt.

Trotz der Wolkendecke ist die Sicht ausgezeichnet. Herbert Island, wo die Jäger auf Walrossjagd gehen, scheint so nah, als könnte man sie in einem Abendspaziergang erreichen. Herbert Island liegt zwanzig Kilometer entfernt, die klare Arktisluft lässt alles näher erscheinen. Auch die im Sommer von den Gletschern abgebrochenen Eisberge, die wie ungeschliffene Diamanten durchs Eis stossen.

Die Landschaft passt zur protestantischen Abdankung. Sie ist nicht traurig, aber von einer monumentalen Nüchternheit, die so schön wie einschüchternd ist. Es ist schwer zu ergründen, wie eine solche Umgebung das Denken der Menschen beeinflusst, aber eines ist sicher: Wer in Kopenhagen in einem billigen Aussenquartier wohnt, wird diese Aussicht vermissen.

Der leichte Wind bringt die 21 Grad minus in die Nähe jener Wetterverhältnisse, vor denen ein Anschlag im Hotel warnt: »Fleisch gefriert innerhalb von einer Minute.« Das scheint für die Hände des Pfarrers nicht zu gelten. Am Grab angekommen, öffnet er ohne Handschuhe die Bibel und beginnt daraus zu lesen. Das Gemurmel ist unter Kappe und Kapuze kaum zu hören. Nach zehn Minuten falten die Leute die Hände, so gut das mit Fausthandschuhen geht: »Ataatarput qilammiusutit, aqqit illernarsili« »Vater unser im Himmel, geheiligt werde Dein Name«. Bei Zeile fünf mussten sich die protestantischen Missionare etwas einfallen lassen. Die Leute, denen sie die Heilige Schrift brachten, kannten kein Brot. Also liessen sie sie beten »Unsere tägliche Nahrung gib uns heute«. Das Lamm Gottes erklärten sie den Polareskimo, die noch nie ein Schaf gesehen hatten, mit Gottes Robbenbaby.

Über die Köpfe der Betenden hinweg kann man weit draussen auf dem Eis sehen, wie der Bagger der Stadtverwaltung in den natürlichen Kreislauf des Wassers eingreift. Er bricht von einem Eisberg einen tischgrossen Brocken weg, den er vor einem der Wohnhäuser abladen wird. Die Bewohner lassen Stücke davon im Haus schmelzen. Zwanzig Franken kostet ein solcher Minigletscher vor der Tür. Für Brauchwasser wird das Eis beim Kraftwerk zentral geschmolzen und mit einem Tankwagen oder über eine beheizte Leitung zu den Häusern gebracht.

Wo die Temperatur nur für drei Monate im Jahr über null Grad klettert, wird alles Wasser bald wieder zu Eis. Vor jedem Haus breitet sich ein Delta aus gefrorenem Abwasser aus, in dem das geübte Auge den Speiseplan der vergangenen Woche erkennt und wann die Hausbewohner zum letzten Mal geduscht haben. Wasser aus Toiletten ist nicht dabei. Sie haben keine Wasserspülung, sondern sind mit Fäkalienbeuteln ausgeschlagen, die regelmässig zur Müllhalde gebracht werden.

Die Wasserversorgung ist teuer. Der Kubikmeter kostet hundert Franken, verkauft wird er für vier. Die Differenz zahlt der Staat. Grönland wurde 1953 von der Kolonie Dänemarks zu dessen nördlichster Provinz. Seit 1979 verwaltet es seine inneren Angelegenheiten selber. Ohne die 600 Millionen Franken, die jährlich von Dänemark nach Grönland fliessen, würde das Leben auf der Insel augenblicklich kollabieren. Das ist nicht die Schuld der Grönländer. Die Insel – grösser als Spanien, Frankreich, Deutschland und Italien zusammen – mit ihrem harschen Klima und ihren isolierten Siedlungen gibt einfach keine Lebensgrundlagen nach westlichem Zuschnitt für 56 000 Leute her. Die wenigen möglichen Einnahmequellen sind entweder bereits versiegt oder akut bedroht: Der Fellmarkt ist wegen der eigentlich gegen kanadische Jagdmethoden gerichteten Tierschutzkampagnen fast vollständig zusammengebrochen, der Tourismus darbt, unter anderem wegen exorbitant teurer Flugtickets, und auch die Fischbestände gingen in den letzten Jahren stark zurück.

Die Requisiten für das Leben in Qaanaaq werden im Winter eingeflogen und im Sommer mit dem Schiff gebracht. Das wichtigste: 1500 Kubikmeter Diesel, dazu Petrol und Benzin. Heizen, Strom erzeugen, Eis schmelzen: Für alles braucht es den Brennstoff. Das Einzige, was hier nicht direkt oder indirekt mit Erdöl betrieben wird, sind die Hunde. Die bekommen hin und wieder ein Stück gefrorene Robbe.

In Qaanaaq spielt sich eine merkwürdige Form subventionierter Planwirtschaft ab. Ob Mechaniker, Lehrerin oder Verkäufer: Fast alle sind sie auf irgendeine Weise beim Staat angestellt und reichen sich das Geld im Kreis herum weiter. Eine Tatsache, die den Mann vom Öllager nicht davon abhält, sich kältere Winter zu wünschen, damit die Leute mehr Öl bei ihm kaufen.

Wäre Grönland ein Unternehmen, man hätte es längst geschlossen und alle Grönländer entlassen. Aus wirtschaftlicher Sicht, das sagen selbst Einheimische, gibt es keinen Grund, auf dieser Insel zu leben, schon gar nicht in Qaanaaq. Viele zieht es deshalb ins Ausland, und Ausland heisst Dänemark, wo 12 000 Grönländer leben.

Doch das Verhältnis zwischen Dänen und Grönländern ist von der kolonialen Vergangenheit belastet. In Qaanaaq erzählen Grönländer Geschichten über Dänen, die bei der Vergabe einer guten Stelle bevorzugt worden seien. Und Dänen erzählen von Grönländern in Kaderpositionen, die bei schönem Wetter jagen gingen, anstatt zur Arbeit zu kommen. In der Schule, wo grönländische und dänische Lehrer zur Zusammenarbeit gezwungen sind, kommt es hin und wieder zu Gehässigkeiten. Als während der Dänischstunde Kinder im Gang lärmten, bat die dänische Lehrerin einen grönländischen Kollegen, sie zur Ruhe anzuhalten. Der sagte:»Ich werde nicht dafür bezahlt, den Dolmetscher zu spielen«, worauf sie zurückgab:»Und ich werde nicht dafür bezahlt, Grönländisch zu lernen.«

Dänemark gilt den Grönländern als das gelobte, verfluchte Land. Das Land, in dem das Leben einfacher und schwieriger zugleich ist. Wo es grosse Universitäten gibt, anspruchsvolle Arbeitsstellen und Strassencafés. Aber auch das Land, in dem man die Haustüren verschlossen hält, viel über Probleme redet und niemand sein Grab unter der Mitternachtssonne mit Blick auf Eisberge hat.

Das Grab der Frau ist das letzte in der vierzehnten Reihe. Beim nächsten Todesfall wird das Band aus Steinen, das den Friedhof begrenzt, drei Meter nach aussen verschoben werden müssen. Man stirbt jung in Qaanaaq. Kindergräber, wie sie in den vorderen Reihen zu finden sind, gibt es zwar kaum noch. Doch auffallend viele Leute zwischen 40 und 50 liegen hier, dazwischen 15-Jährige, 20-Jährige.

Das erste Grab an der gegenüberliegenden Ecke stammt aus dem Jahr 1953, als die Geschichte von Qaanaaq begann. Anfang 1953 lebten die 31 Familien, die den Ort gründeten, noch 100 Kilometer südlicher, bei einem Handelsposten, den der grönländische Polarforscher und Nationalheld Knud Rasmussen 1910 ins Leben gerufen hatte. Er nannte den Ort Thule. So hiess ein sagenumwobenes Land im hohen Norden, nach dem schon die Griechen gesucht hatten. In Thule konnten die Polareskimo Felle gegen Holz, Werkzeuge, Munition und Nahrungsmittel tauschen.

Im Zweiten Weltkrieg richteten die Amerikaner in Thule eine Wetterstation ein, die sie 1953 zu einem grossen Armeestützpunkt ausbauten. Der Ort liegt ziemlich genau zwischen New York und Moskau und bot den Amerikanern die Möglichkeit, ihre Verteidigungslinie 3000 Kilometer in Richtung Norden zu verschieben. Die Eskimofamilien, die im nahen Uummannaq lebten, wurden zum Sicherheitsrisiko, und so gab der damalige dänische Verwalter von Grönland ohne Rücksprache mit der Regierung in Kopenhagen sein Einverständnis, die Leute umzusiedeln.

Wer nicht freiwillig ging, dem drohte man, das Haus über dem Kopf abzureissen und am neuen Ort kein Ersatzhaus zu bauen. Der neue Ort hiess Qaanaaq. Für Europäer oder Amerikaner unterschied er sich kaum von Thule: einfach ein anderer Fleck am Meer in dieser unendlichen Ödnis. Doch für die Vertriebenen gab es einen gewaltigen Unterschied: Tiere. Thule war ein ausgezeichnetes Jagdgebiet gewesen. Robben und Eisbären in Hülle und Fülle. Von Qaanaaq aus musste man hingegen weit reisen, um zu jagen. Bis heute kämpfen Leute in Qaanaaq für Schadenersatz und die Rückkehr nach Thule. Im Moment ist die Klage beim Europäischen Gerichtshof für Menschenrechte in Strassburg hängig.

Einige sehen in der Vertreibung von 1953 die Ursache allen Übels. Doch eigentlich begann alles viel früher. Der Samen zur Degradierung der Eskimokultur wurde Anfang des 19. Jahrhunderts gelegt, als die Polareskimo anfingen, Nähnadeln gegen Eisbärfelle einzutauschen. Der grotesk ungleiche Tauschkurs war die direkte Folge einer Natur, die nicht viel mehr zu bieten hatte als Schnee, Eis und Tiere.

Die erstaunliche Lebensart der Eskimo ist nicht entstanden, weil es im Nationalmuseum in Kopenhagen noch leere Vitrinen gab, sondern weil die Menschen in Eis und Schnee irgendwie überleben mussten. Mit Kajaks aus Tierhäuten gingen sie auf Walfang, und aus den Walknochen bauten sie Hundeschlitten, mit denen sie im Winter zur Eiskante fuhren, wo sie nach Eisbären suchten. Die Fenster ihrer Hütten bestanden aus Robbendärmen, als Brennstoff für die Tranlampen diente das Fett der Tiere. Das war in Anbetracht der vorhandenen Materialien so genial wie der Bau einer Dampfmaschine in England. Doch warum sollte man später noch Robbendärme in die Fenster hängen, wenn es doch Glas gab? Mühsam kleine Mengen Tran aus Tieren gewinnen, wenn andernorts das Öl in unvorstellbaren Mengen einfach aus dem Boden sprudelte?

Die Eskimokultur wurde nicht so sehr Opfer hinterhältiger Eroberer oder einer unmenschlichen Kolonialmacht. Sie wurde Opfer des urmenschlichen Bedürfnisses nach einem einfacheren, bequemeren und sichereren Leben. Auf die Nähnadel folgten das Gewehr, Petrol, Arnold Schwarzenegger, Hip-Hop-Hose und Spaghetti bolognese aus der Büchse.

Während die Vertriebenen von Thule das Kommando des Militärstützpunkts kürzlich darum baten, ihren alten Friedhof besuchen zu dürfen, bestürmten ihre Enkel die Lehrer, einen Schulausflug zum »Top of the World Club« auf dem Armeegelände zu organisieren, zu der Soldatenbar mit einem Billardtisch, ein paar einarmigen Banditen und einer Disco. Wenn die Globalisierung eines sauber hinbekommen hat, dann überall auf der Welt dieselben gelangweilten 13-Jährigen mit Eminem-T-Shirts, einer universellen Abneigung gegen die Schule und dem schlurfenden Gang eines Zuhälters aus der Bronx.

Nach dem neuen grönländischen Lehrplan, der in diesem Sommer eingeführt wird, soll der Unterricht mehr Elemente aus der eigenen Kultur enthalten. Doch man hat Mühe, sich diese Jugendlichen beim Nähen von Fellstiefeln oder mit der Hundepeitsche auf dem Schlitten vorzustellen, wenn sie sich im Internet als SexyBoy und NaughtyGirl in den Chatrooms herumtreiben. Fragt man sie, was sie sich in Qaanaaq am meisten wünschen, sagen sie: mehr Leute. Ein Einziger kann sich vorstellen, auf die Jagd zu gehen, »aber nur in der Freizeit, wenn ich einen richtigen Beruf habe«.

Viele Leute sind bereits ins Dorf zurückgegangen, als drei Männer damit beginnen, das Grab zuzuschaufeln. Dann legen sie die Plastiknelken darauf und beschweren sie mit Steinen, damit der Wind sie nicht fortträgt. Morgen werden sie mit einer dünnen Schicht Schnee überzogen sein.

Es gibt noch zwei weitere Möglichkeiten, im Winter Qaanaaq zu verlassen: den Hundeschlitten und den Helikopter. Allerdings, wirklich weg kommt man damit nicht.

Savissivik liegt 200 Kilometer südlich von Qaanaaq: Das sind zwei Stunden im Helikopter oder vier Tage mit dem Hundeschlitten. Und just in dieser Siedlung, wo man drei Dutzend Häuser zwischen 200 Hunden verteilt hat, die in Gruppen an Holzpflöcken festgebunden sind, wird die Frage hinfällig, warum Menschen es auf sich nehmen, in einer derart feindseligen Natur zu leben.

Von den 80 Einwohnern sind 16 vollberufliche Jäger. Einer davon ist der 40-jährige Magnus Eliassen. Als Passagier auf seinem Schlitten bekommt augenblicklich ein schlechtes Gewissen, wer je die Frage erwog, was Menschen hier halten kann. Seit einer guten Stunde fahren wir durch Eisberge, so schön, man möchte jeden unter Denkmalschutz stellen. Mit ihren scharfen Kanten sehen sie von weitem aus wie gigantische Theaterkulissen, von nahem erinnern sie an gotische Kirchen, an überdimensionierte Termitenhügel und einer ans Finsteraarhorn.

Noch nicht einmal die Fürze der 14 Hunde, die vor dem Schlitten herhetzen, können die Romantik zerstören. Die drei Leithunde rennen vorne, die elf anderen in einem Fächer hinter ihnen her. Ständig wechseln sie die Position, einer drängt zwischen zwei andere, ein anderer lässt sich zurückfallen, bis der Strick ihn wieder mitreisst. Nach drei Stunden sind die Koppelleinen völlig verwickelt. Wir legen eine Pause ein und steigen auf einen Eisberg, um nach Eisbären Ausschau zu halten. Das Gebiet um Savissivik ist reich an Tieren. In diesem Winter haben die Jäger schon mehrere Bären geschossen. Wir sehen keinen.

Magnus Eliassen hat das Jagdhandwerk von seinem Vater gelernt. Im Sommer jagt er mit dem Kanu Narwale, im Winter mit dem Hundeschlitten Robben,

Walrosse und Eisbären. Die Jagd mit Motorschlitten ist verboten. Deshalb hat sich in Grönland, anders als in Alaska und Kanada, die Kunst des Hundeschlittenfahrens erhalten.

Die Fahrt geht der Küste entlang in Richtung Süden. Der Schlitten ist erstaunlich bequem. Eine Art Lattenrost aus Holz vier Meter lang und einen Meter breit mit Kufen aus Kunststoff. Darauf hat Eliassen unsere Schlafsäcke, Kocher, Proviant und sein Gewehr gebunden. Und darüber ein Karibufell, auf dem wir sitzen. Wie alle Jäger trägt Eliassen auf dem Eis immer die traditionelle Kleidung. Robbenlederschuhe mit einem Innenschuh aus Lammfell, die schweren Eisbärfellhosen und das gefütterte Oberteil aus Rentierfell mit Kapuze.

Ausser dass das Gewehr hinzukam, hat sich die Art der Jagd in den letzten Jahrhunderten kaum verändert. Eliassen hat weder eine Karte noch ein Funkgerät oder ein Handy mit dabei. Wenn er einer Eisbärspur folgt, kann es passieren, dass er wochenlang draussen bleibt.

Nach weiteren zwei Stunden Fahrt über das flache Meereis kriecht die Kälte in die Füsse. Wer friert, ist entweder dumm oder faul, schrieb der Survival-Spezialist Rüdiger Nehberg. Dumm, weil er nicht genug Kleider mitgenommen hat, faul, weil er sie nicht anzieht. Das stimmt nicht. Die traditionellen Kleider polstern so dick, dass sich beim besten Willen keine weitere Schicht darüber anziehen lässt. Dafür klärt sich überraschend die Frage, wie viel kälter minus 30 Grad als minus 15 sind. Der Unterschied liegt weniger in der Kälteempfindung als in der Zeit, bis man etwas gegen die Kälte unternehmen muss. Bei minus 15 Grad kann man stundenlang gemütlich auf dem Schlitten sitzen bleiben, bei minus 30 muss man alle Viertelstunden für fünf Minuten neben dem Schlitten herrennen, um sich aufzuwärmen.

Irgendwo, mitten im Weiss, hält Eliassen die Hunde an. Er nimmt die Schaufel vom Schlitten und beginnt zu graben. In einem Meter Tiefe stösst er auf einen Holzpflock, an dem eines der Netze befestigt ist, die er unter dem Eis ausgelegt hat und alle paar Wochen kontrolliert. Wie er die Stelle ohne erkennbare Orientierungspunkte wiedergefunden hat, bleibt sein Geheimnis. Er schlägt mit einer Eisenstange ein Loch ins Eis und zieht das Netz heraus. Zwei Robben haben sich darin verfangen. Sie sind ertrunken und bereits steifgefroren. Fünfzig Franken bekommt Eliassen pro Fell vom Staat.

Jetzt sind wir seit fünf Stunden unterwegs und treffen bei einer kleinen Jagdhütte ein, einem Bretterverschlag, der unser Nachtlager sein wird. Eliassen verteilt die Hunde in Gruppen rund um die Hütte. Sie würden uns vor herannahenden Eisbären warnen. Er zersägt eine der Robben und setzt den Primuskocher in Gang. Die Hunde bekommen rohe gefrorene Robben, für uns kocht er Robbenrippchen in starkem Salzwasser. Das Fleisch ist zart und schmackhaft – Lammkotelett mit einem Hauch Fischgeschmack. Mutig mache ich mich daran, das Fett zu essen, bis ich sehe, dass Eliassen selbst es wegschneidet. Innert Kürze steigt die Raumtemperatur von minus 30 Grad auf plus 30. Der Arktisschlafsack war eine Fehlinvestition. Wir schlafen abgedeckt in der Unterwäsche.

War früher alles besser? Damals, als noch alle Männer Jäger waren wie Magnus Eliassen?

Eliassen sieht tatsächlich aus wie eine Gestalt aus einem arktischen Märchen, und er jagt auch nach ähnlichen Methoden wie seine Vorfahren vor 500 Jahren, doch unter seinem Anorak trägt er ein Sweatshirt mit dem Aufdruck »American All Stars«, er lebt in einem gemütlichen Holzhaus mit Kanapee und gemusterten Tapeten, und seine Frau verdient als Verkäuferin im Laden etwas dazu.

Ethnologen neigen zur Meinung, dass Geld das Leben der arktischen Völker verdorben habe, dass diese Menschen früher glücklicher gewesen seien. Zu diesem »Glück« gehörte jedoch auch die ständige Gefahr, im Eis zu erfrieren, und der Brauch, Neugeborene zu töten, weil nicht genug zu essen für sie da war.

Eliassen jagt nicht mehr nur fürs Überleben. Er jagt auch für einen neuen Fernseher und die Thermostiefel von Baffin Technology. Doch wer wollte ihm das zum Vorwurf machen? Aus einem Walrossschädel lässt sich nun mal keine Sony-Playstation für seinen Sohn Carl schnitzen.

Carl ist 11 Jahre alt und will Schlagzeuger werden. Sein Vater sieht ihn in einem Bürojob. Dass er in seine Fussstapfen tritt und Jäger wird, möchte er nicht. Die Zukunftsaussichten seien zu unsicher. Die Regierung spreche von der Einführung von Fangquoten. Selbst ohne Beschränkung durch Quoten verdient Eliassen nur etwa 20 000 Franken pro Jahr, weniger als die meisten Angestellten.

Wird diese Art zu leben ganz verloren gehen?

»Wir werden immer jagen. Es gehört einfach zu unserer Kultur«, sagt Eliassen.

Jetzt ist niemand mehr am Grab der Frau in Qaanaaq. Das weisse Kreuz trägt keinen Namen. Die Verstorbene hiess Inuk. Inuk heisst Mensch. Gerade als das Gefühl aufsteigt, hier sei nicht nur ein Mensch begraben worden, sondern eine ganze Kultur, fährt auf dem Eis ein Hundeschlitten vorbei. Ein Jäger von Qaanaaq geht auf seine Tour.

Anja Treiber: »Ein ganz normaler Mensch – für anderthalb Stunden«

WEINHEIMER NACHRICHTEN vom 24. Dezember 2009

von unserem Redaktionsmitglied
Anja Treiber

Er sagt nicht viel, aber er ist präsent. Die Mitspieler richten immer wieder den Blick auf den dunkelhäutigen Mann im blauen T-Shirt. Anthony S. ist Passgeber, steht im Abwehrzentrum und sammelt die Bälle in einem Einkaufswagen ein. Während der anderthalb Stunden im Training des Vollzugs-Sportclubs (VSC) Mannheim ist Anthony S. Sportler. In den restlichen 22,5 Stunden ist er in der Justizvollzugsanstalt Mannheim inhaftiert – als Mörder.

Der große Schlüsselbund liegt schwer in den Händen von Hermann Freyer. In der IVA Mannheim zuständig für den Bereich Freizeit und Sport. Vom Haupttor der Justizvollzugsanstalt bis in die auf dem Anstaltsgelände gelegene Sporthalle des VSC Mannheim benutzt er ihn sechsmal. Immer wieder steckt Freyer den fast 20 Zentimeter langen Schlüssel in die schweren Stahltüren, dreht ihn zweimal im Schloss und schließt hinter sich wieder ab. Das Geräusch sich umdrehender und klimpernder Schlüssel ist allgegenwärtig im Mannheimer Gefängnis. Die Türen zu den kleinen Zellen, in denen zurzeit circa 700 Inhaftierte untergebracht sind, werden noch zusätzlich mit einem Vorhängeschloss gesichert.

Um kurz nach 17 Uhr wartet Anthony S. in Shorts und Basketballstiefeln mit den anderen Gefangenen seines Flur darauf, dass ein Wärter die Tür zum Zellentrakt öffnet. Um 17.15 Uhr beginnt mittwochs das Handballtraining in der VSC-Sporthalle. Für den US-Amerikaner, der vor seiner Verurteilung

Ausblick: Vom Zellenflur aus sehen die Gefangenen in den Innenraum, in dem der Wachturm steht. Auf der Freizeitkarte jedes Häftlings sind dessen verschiedene Termine vermerkt.

Baseball, Basketball und Football spielte, sind die Stunden in der Sporthalle die besten des Tages. „Wenn ich hier ohne Sport sein müsste, würde ich wahnsinnig werden. Das ist oft die einzige Gelegenheit, Druck abzulassen. Und Teamsport ist noch mal wichtiger. Da muss man andere unterstützen, man erfolgreich zu sein." Seit 14 Jahren ist er inhaftiert.

Der Alltag beginnt um 6 Uhr morgens mit dem Aufstehen, dann geht es zur Arbeit, die von einem halbstündigen Mittagessen auf der Zelle unterbrochen ist. Nach Feierabend gegen 14.30 Uhr ist eine Stunde Freigang auf

> „Im Sport lernen die Leute auch mit Niederlagen und Frustration umzugehen."
> ROMEO SCHÜSSLER, LEITER JVA MANNHEIM

dem Hof erlaubt, dann wartet das Abendessen. Ab 17.15 Uhr startet die „Freizeit". Anthony S. macht jeden Sport, den die IVA anbietet. Außerdem ist er Co-Trainer im Basketball. „Das baut auf und für die Moral ist es extrem wichtig, zu zeigen, was man kann."

Wer in die Halle kommt ist Spieler

Die Häftlinge betreten die Sporthalle durch den elektronisch gesicherten Eingang auf dem IVA-Gelände. Von den Zellen aus geht es durch den Keller über den Hof mit den Werkstätten in die helle Halle, die so gepflegt ist, wie kaum eine andere im Mannheimer Stadtbereich. Die Häftlinge reinigen die sanitären Einrichtungen und den Hallenboden.

Die gegnerische Mannschaft und Schiedsrichter, auf die das Team des VSC in der C-Klasse trifft, kommen durch den Halleneingang von der Herzogenriedstraße aus. Auch Handballer Simon Hofmann vom TSV Birkenau und Gottfried Merz vom Schachklub Weinheim haben schon beim VSC gespielt.

Nur Heimspiele

Wie wichtig der Kontakt nach außen ist, weiß Harald Häußer, einer der drei Freizeitbeamten der IVA. „Natürlich ist es ein Privileg, in einer Mannschaft zu spielen, die an ei-

Justizvollzug in Baden-Württemberg

■ **Mit 792 Plätzen in Mannheim** und 64 Untersuchungshaft-Plätzen in der Außenstelle Heidelberg ist die Justizvollzugsanstalt Mannheim die **größte in Baden-Württemberg** vor Heimsheim (761) und Freiburg (729). Die Belegungsquote in Mannheim liegt bei circa 90 bis 92 Prozent.

■ **2008** waren in Baden-Württemberg **17 761 Personen inhaftiert.** Statistisch gesehen ist dieser Stand der niedrigste in den letzten 20 Jahren. 1995 lag er bei 23 940. Der **Ausländeranteil** der Häftlinge liegt bei **32,8 Prozent.** Die **Beschäftigungsquote** in den Anstalts-Werkstätten liegt bei knapp **69 Prozent.**

■ Von den derzeit circa 700 Inhaftierten in Mannheim treiben **fast die Hälfte regelmäßig Sport.** 1981 wurde der **Vollzugs-Sportclub (VSC) Mannheim** von Mitarbeitern der JVA gegründet. 180 Häftlinge, 25 Beamte und eine externe Badminton-Abteilung sind darin als Mitglieder vereint.

■ Das Angebot umfasst zwei **Schach**teams, eine **Handball**-Mannschaft und zwei **Tischtennis** Teams des VSC Mannheim im **öffentlichen Spielbetrieb.** Außerdem bietet die JVA im Freizeitbereich **Softtennis, Basketball, Volleyball, Fußball und Kraftsport** an.

Bedrückend: Wenn sich die Zellentür schließt, öffnet sich das Bewusstsein.

„Wenn man erst einmal drin ist, ist es ein Spiel, wie jedes andere", sagt sie.

Das bestätigt Wolfgang Stein, Krankenpfleger auf der IVA und ehrenamtlicher Übungsleiter unter fast 300 Angestellten. „Wir in die Halle kommen, ist Spieler – egal welchen Eingang er nimmt. Vor Gegner gab es noch nie einen dummen Spruch, von unserem Team auch nicht. Und die Schiedsrichter kommen gerne", sagt Stein.

Für den VSC, in dem schon mal Häftlinge mit mannschaftlichem zusammenspielen,

> „Der Druck, den Häftlingen im Sport ablassen können, entlastet das ganze Haus."
> HARALD HÄUSSER, JVA-FREIZEITBEAMTER

gebe es kaum mehr Verwarnungen wie für jede andere Mannschaft auch.

Dass er schon einmal mit einem IVA-Angestellten gemeinsam im Team gespielt hat, war für Anthony S. schon befremdlich. „Man hat schon Angst, als jetzt Gleichgestellter eine Grenze zu überschreiten." Ähnlich sieht das auch Hermann Freyer. Der Mittelweg zwischen Distanz und Nähe sei schwer auszuloten. „Kumpanei gibt es nicht. Und wenn einer die Regeln überschreitet, darf er nicht mehr mitmachen." Sportzeug ist mit die härteste Strafe, die die Insassen treffen kann.

nem normalen Spielbetrieb teilnimmt – sieht man mal davon ab, dass wir nur Heimspiele haben. Aber unsere Spieler schauen sich auch viel vom Verhalten gegnerischer Teams ab. Das bringt sie weiter bei der späteren Wiedereingliederung in die Gesellschaft."

Lernen Regeln einzuhalten

Auf dieser Hoffnung fußt die Arbeit von Hermann Freyer, der seit 33 Jahren Beamter der IVA ist. Der Leiter und Freizeitbereich dort leiste. „Im Sport lernen die Spieler, sich an Regeln zu halten und dass man nur gemeinsam erfolgreich ist. Die Mitarbeit der Gefangenen ist wichtig, das Vertrauen muss da sein", sagt der Mann, der im Januar pensioniert und dann Vorsitzender des Vereins, werden wird. Mit diesem Konzept fährt Freyer gut. Er überträgt Häftlingen Verantwortung, wie im Kraftraum, wo Ahmed B. über die richtige Nutzung der Geräte wacht.

Schlüssel als Signal

Vor dem Raum im Flur des Kellers reicht es nach Schweiß, an drei Tischtennisplatten trainieren Männer jeden Alters für das nächste Punktspiel in der Kreisklasse C. Als sich der Schlüssel wieder zweimal im Schloss dreht, wissen sie, dass die anderthalb Stunden Freizeit vorbei sind.

Um 18.45 Uhr muss Anthony S. mit den anderen zurück auf seinen Flur, nimmt eine Dusche und geht in die Zelle. Um 21.30 Uhr wird die braune Stahltür abgeschlossen, ehe das Licht im Flur gelöscht wird – wie jeden Tag. Aber übermorgen wird die Skat-Endrunde ausgespielt, am Montag steigt das Volleyballturnier. Und damit kehrt ein Stück Normalität ein an diesem Ort, an dem es dieses Wort eigentlich gar nicht gibt.

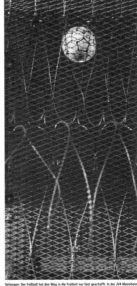
Gefangen: Der Fußball hat den Weg in die Freiheit nur fast geschafft. In der JVA Mannheim bestimmen Gitter, Zäune und Tore das Bild.

ⓘ DIE JVA IM INTERNET

Informationen über die Justizvollzugsanstalt Mannheim gibt es im Internet auf der Homepage www. **jva-mannheim.de.** Auf der Homepage des Rhein-Neckar-Fernsehens ist ein **Videoclip vom Spiel des SV Waldhof in der JVA** zu sehen: www.rnf.de/tags/show/Video/2735/SV+Waldhof

Sport im Strafvollzug: Mannheimer Häftlinge nehmen als VSC Mannheim im Handball, Tischtennis und Schach an öffentlichen Spielrunden teil/ Das Sportangebot in der JVA hat einen hohen Stellenwert.

Er sagt nicht viel, aber er ist präsent. Die Mitspieler richten immer wieder den Blick auf den dunkelhäutigen Mann im blauen T-Shirt. Anthony S. ist Passgeber, steht im Abwehrzentrum und sammelt die Bälle in einem Einkaufswagen ein. Während der anderthalb Stunden im Training des Vollzugs-Sportclubs (VSC) Mannheim ist Anthony S. Sportler. In den restlichen 22,5 Stunden ist er in der Justizvollzugsanstalt Mannheim inhaftiert – als Mörder.

Der große Schlüsselbund liegt schwer in den Händen von Hermann Freyer, in der JVA Mannheim zuständig für den Bereich Freizeit und Sport. Vom Haupttor der Justizvollzugsanstalt bis in die auf dem Anstaltsgelände gelegene Sporthalle des VSC Mannheim benutzt er ihn sechsmal. Immer wieder steckt Freyer den fast 20 Zentimeter langen Schlüssel in die schweren Stahltüren, dreht ihn zweimal im Schloss und schließt hinter sich wieder ab. Das Geräusch sich umdrehender und klimpernder Schlüssel ist allgegenwärtig im Mannheimer Gefängnis. Die Türen zu den kleinen Zellen, in denen zurzeit circa 700 Inhaftierte untergebracht sind, werden noch zusätzlich mit einem Vorhängeschloss gesichert.

Um kurz nach 17 Uhr wartet Anthony S. in Shorts und Basketballstiefeln mit den anderen Gefangenen seines Flur darauf, dass ein Wärter die Tür zum Zellentrakt öffnet. Um 17.15 Uhr beginnt mittwochs das Handballtraining in der VSC-Sporthalle. Für den US-Amerikaner, der vor seiner Verurteilung Baseball, Basketball und Football spielte, sind die Stunden in der Sporthalle die besten des Tages. »Wenn ich hier ohne Sport sein müsste, würde ich wahnsinnig werden. Das ist oft die einzige Gelegenheit, Druck abzulassen. Und Teamsport ist noch mal wichtiger, da muss man andere unterstützen, um erfolgreich zu sein.« Seit 14 Jahren ist er inhaftiert.

Der Alltag beginnt um 6 Uhr morgens mit dem Aufstehen, dann geht es zur Arbeit, die von einem halbstündigen Mittagessen auf der Zelle unterbrochen ist. Nach Feierabend gegen 14.30 Uhr ist eine Stunde Freigang auf dem Hof erlaubt, dann wartet das Abendessen. Ab 17.15 Uhr startet die »Freizeit«. Anthony S. macht jeden Sport, den die JVA anbietet. Außerdem ist er Co-Trainer im Basketball. »Das baut auf und für die Moral ist es extrem wichtig, zu zeigen, was man kann.«

Wer in die Halle kommt ist Spieler

Die Häftlinge betreten die Sporthalle durch den elektronisch gesicherten Eingang auf dem JVA-Gelände. Von den Zellen aus geht es durch den Keller über den Hof mit den Werkstätten in die helle Halle, die so gepflegt ist, wie kaum eine andere im Mannheimer Stadtbereich. Die Häftlinge reinigen die sanitären Einrichtungen und den Hallenboden.

Die gegnerische Mannschaft und Schiedsrichter, auf die das Team des VSC in der C-Klasse trifft, kommen durch den Halleneingang von der Herzogenriedstraße aus. Auch Handballer Simon Hofmann vom TSV Birkenau und Gottfried Mertens vom Schachclub Weinheim haben schon beim VSC gespielt. »Wenn man erst einmal drin ist, ist es ein Spiel, wie jedes andere«, sagen sie.

Das bestätigt Wolfgang Stein, Krankenpfleger an der JVA und einziger ehrenamtlicher Übungsleiter unter fast 300 Angestellten. »Wer in die Halle kommt, ist Spieler – egal welchen Eingang er nimmt. Vom Gegner gab es noch nie einen dummen Spruch, von unserem Team auch nicht. Und die Schiedsrichter kommen gerne«, sagt Stein. Für den VSC, in dem schon mal Häftlinge mit ihren Aufsehern zusammenspielen, gebe es nicht mehr Verwarnungen wie für jede andere Mannschaft auch.

Dass er schon einmal mit einem JVA-Angestellten gemeinsam im Team gespielt hat, war für Anthony S. schon befremdlich. »Man hat schon Angst, als jetzt Gleichgestellter eine Grenze zu überschreiten.« Ähnlich sieht das auch Hermann Freyer. Der Mittelweg zwischen Distanz und Nähe sei schwer auszuloten. »Kumpanei gibt es nicht. Und wenn einer die Regeln überschreitet, darf er nicht mehr mitmachen.« Sportentzug ist mit die härteste Strafe, die die Insassen treffen kann.

Nur Heimspiele

Wie wichtig der Kontakt nach außen ist, weiß Harald Häußer, einer der drei Freizeitbeamten der JVA. »Natürlich ist es ein Privileg, in einer Mannschaft zu spielen, die an einem normalen Spielbetrieb teilnimmt – sieht man mal davon ab, dass wir nur Heimspiele haben. Aber unsere Spieler schauen sich auch viel vom Verhalten gegnerischer Teams ab. Das bringt sie weiter bei der späteren Wiedereingliederung in die Gesellschaft.«

Lernen Regeln einzuhalten

Auf dieser Hoffnung fußt die Arbeit von Hermann Freyer, der seit 33 Jahren Beamter der JVA ist und den Sport- und Freizeitbereich dort leitet. »Im Sport lernen die Spieler, sich an Regeln zu halten und dass man nur gemeinsam erfolgreich ist. Die Mitarbeit der Gefangenen ist wichtig, das Vertrauen muss da sein«, sagt der Mann, der im Januar pensioniert und dann Vorsitzender des VSC Mannheim, einem eingetragenen Verein, werden wird. Mit diesem Konzept fährt Freyer gut. Er überträgt Häftlingen Verantwortung, wie im Kraftraum, wo Ahmed B. über die richtige Nutzung der Geräte wacht.

Schlüssel als Signal

Vor dem Raum im Flur des Kellers riecht es nach Schweiß, an drei Tischtennisplatten trainieren Männer jeden Alters für das nächste Punktspiel in der Kreisklasse C. Als sich der Schlüssel wieder zweimal im Schloss dreht, wissen sie, dass die anderthalb Stunden Freizeit vorbei sind.

Um 18.45 Uhr muss Anthony S. mit den anderen zurück auf seinen Flur, nimmt eine Dusche und geht in die Zelle. Um 21.30 Uhr wird die braune Stahltür abgeschlossen, ehe das Licht im Flur gelöscht wird – wie jeden Tag. Aber übermorgen wird die Skat-Endrunde ausgespielt, am Montag steigt das Volleyballturnier. Und damit kehrt ein Stück Normalität ein an diesem Ort, an dem es dieses Wort eigentlich gar nicht gibt.

12 ABC des Storytelling (Glossar)

Adam-und-Eva-Falle

»Fang immer bei den alten Römern an und gib stets, wovon du auch sprichst, die geschichtlichen Hintergründe der Sache«, schreibt Kurt Tucholsky in »Ratschläge für einen schlechten Redner« (1985: 291). Auch Journalisten erliegen oft der Versuchung, bei Adam und Eva einzusteigen.

Journalismus ist Gegenwart. Überlassen Sie die Vergangenheit den Historikern. Schreiben Sie aus der Gegenwart heraus und versuchen Sie Vergangenes aus dem, was Sie gerade beobachten, herauszulassen. Markieren Sie im Entwurfstext: Wie viel spielt in der Vergangenheit und wie viel in der Gegenwart? Dann korrigieren Sie zugunsten der Aktualität. Meiden Sie die Adam-und-Eva-Falle.

Andeutung

Englisch spricht man von »foreshadowing«. Das Wort bedeutet in diesem Zusammenhang, dass Schatten etwas ankündigen. Das Publikum hört Anzeichen, Anspielungen, die auf künftige, meist bedrohliche Entwicklungen hindeuten.

Das Orakel sagt voraus, dass Ödipus seinen Vater töten wird. Zu Beginn des Romans »Anna Karenina« wirft sich eine unbekannte Frau vor den Zug. Sie nimmt das Schicksal von Karenina vorweg, die ihr Leben am Ende des Romans ebenfalls unter den Rädern der Eisenbahn beendet.

Anekdote

Eine Anekdote ist eine kleine Geschichte. Sie enthält eine Entwicklung, manchmal auch die Geschichte in der Nussschale:

> »Meine ersten Öko-Brötchen waren eine Katastrophe«, erzählt der Bäckermeister freimütig. »Weil Biomehl ganz anders reagiert als herkömmliches, wurden sie bockelhart und winzig.« Heute hat Frater Bonifaz das Bio-Backhandwerk im Griff.

Die Botschaft kommt mit einem Zwinkern: Meister Bonifaz erobert sich das Handwerk zurück. Oder: Er hat aus dem Desaster gelernt. Heute sind die Brötchen gut (Uwe Ritzer in der SÜDDEUTSCHEN ZEITUNG).

Aristoteles

Aristoteles (384–322 v. Chr.) gilt als einer der großen Philosophen des Westens. Von ihm stammt die älteste erhaltene dramatische Theorie: Poetik. Das Werk ist nur unvollständig erhalten und nicht einfach zu interpretieren. Seine Poetik vermittelt »Einsichten in den Kern erfolgreichen Erzählens von Geschichten« und lässt sich »auf alle Formen der heutigen Dramatik übertragen«, schreibt Ari Hiltunen in »Aristoteles in Hollywood« (2001: 22). Er beruft sich in seinem Standardwerk der Dramaturgie auf den antiken Philosophen. Wesentliche Begriffe der Dramaturgie wurden von Aristoteles geprägt oder überliefert. Dazu gehört die *Katharsis*.

Ausleitung

Wir haben den Begriff Ausleitung geprägt, um zu betonen, dass mit langweiligen Einleitungen Hörer, Leser, User und Zuschauer vertrieben werden. Erst muss um die Aufmerksamkeit gekämpft werden. Erst dann ist es sinnvoll, die für das Verständnis nötigen Informationen nachzuliefern. Wenn Sie das Publikum gefesselt haben, können Sie zusätzliche Informationen auch in der Ausleitung liefern (siehe Story-Punkt).

Cliffhanger

Der Held hängt über einer steilen Klippe, versucht sich an Grasbüscheln festzuhalten und droht abzustürzen. Der Zuschauer fiebert mit, will wissen, wie es weitergeht, aber er muss warten. Spannung wird aufgebaut. Es folgt eine andere Szene, eine Werbepause, oder die Auflösung folgt in der nächsten Ausgabe der Zeitung oder Zeitschrift. Der Schriftsteller Thomas Hardy hat laut Wikipedia im Roman »A Pair of Blue Eyes« (1937) zum ersten Mal einen Helden an den Klippen Cornwalls über dem Kanal von Bristol hängen lassen. Zahlreiche Filme haben die Idee nachinszeniert.

Disperses Publikum

Die große Herausforderung für den Journalisten liegt darin, dass er seine Botschaften nicht einem klaren Zielpublikum mit ähnlichen Biografien, Vorstellungen und Interessen vermittelt. Vor dem Fernsehen sitzen der Polizist und die Psychoanalytikerin, der Putzmann und die Politikerin. Einem Massenpublikum eine Botschaft zu vermitteln, stellt hohe Ansprüche an das Storytelling. Der Begriff »disperses Publikum« stammt von Gerhard Maletzke. Ihm zufolge richtet sich Massenkommunikation an ein inhomogenes, unstrukturiertes Publikum. Es teilt keine gemeinsame Sitte, Tradition, Verhaltensregeln oder Riten.

Echoraum

Eine gute Geschichte hat mehrere Schichten. An der Oberfläche finden wir die aktuelle Erzählung. In einer tieferen Schicht schwingen ewige Themen mit. Das kann ein mythologisches Thema sein (siehe Heldenreise und Mythologem). Jon Franklin setzt auf Echos universeller Themen wie »die Liebe überwindet alles, Vernunft setzt sich durch, Vorurteile vernichten, Kinder reifen, Krieg zerstört« (Kramer 2007: 110).

Einschaltquote

Werbekunden, aber auch die Rundfunkanstalten wollen wissen, wie viele Leute am Radio und im Fernsehen eine Sendung verfolgen. Je größer die Zahl der Zuschauer, umso teurer die Werbung. Mit elektronischen Geräten wird aufgezeichnet, welche Sendungen die Leute verfolgen. Die Resultate werden hochgerechnet. Die Quote ermittelt, wie viele Zuschauer ein bestimmtes Programm verfolgten. Quoten werden von den Sendern ausgewertet. Sie erlauben Rückschlüsse darüber, ob eine Geschichte so erzählt wird, dass die Zuschauer dabeibleiben. Bei Mängeln im Storytelling zappen die Zuschauer auf einen anderen Sender.

Erzählerin, Erzähler

Die Erzählerin bietet eine Beziehung an, winkt ihr Publikum in die Geschichte, gibt Orientierung und ein Versprechen. Sie ist implizit oder explizit präsent. Implizit heißt, ihre Präsenz ist eingeschrieben in Beobachtungen, in einen Sprachstil, in die Tonalität. Die Autorin Elke Zanner zeigt sich im Ton ihres Porträts einer Passauer Wirtin:

> Hilde Steinhagen geht langsam und zur Seite geneigt. Das kommt davon, weil sie vor vielen Jahren mal mit ein paar Flaschen in der Hand die Treppe runtergefallen ist. Das hat ordentlich wehgetan, doch zum Arzt gegangen ist sie damals nicht.

Carolin Emcke wählt für ihre Reportage aus der irakischen Stadt Kirkuk im ZEIT-MAGAZIN die explizite Präsenz. So kann sie ihre Rolle und ihr Verhalten als Reporterin reflektieren und ihre Subjektivität transparent machen:

> Ich habe Samir Afif Ammar da sitzen gelassen, in seiner Zelle mit 40 anderen Häftlingen. Da wird er bleiben, ohne Besuch und ohne Anwalt, ich habe ihm nicht geholfen, ich bin nicht zum Polizeipräsidenten gegangen, um mich über die Folterungen zu beklagen, aus Angst, er würde dann erst recht misshandelt werden. Ich habe ihn nicht nach der Telefonnummer seiner Mutter gefragt, um ihr zumindest Bescheid zu geben, dass ihr Sohn noch lebt, aus Feigheit, ich würde dann nicht mehr distanziert und unbeteiligt sein.

Die explizite Präsenz der Reporterin macht den Text extrem eindringlich. Carolin Emcke hat für ihren Text »Der erste Schuss fällt nach fünf Minuten« den Deutschen Reporterpreis 2010 erhalten.

In den Medien Film und Radio kann der Erzähler ebenfalls explizit auftreten – als Ich- oder Wir-Erzähler. Implizit zeigt er sich in der Auswahl seiner Protagonisten, in der Atmo und in O-Tönen. Und im Schnitt.

Gerümpeltotale

Zu den häufigsten Fehlern beim Storytelling gehört das Erzählen aus der Totale, eben der Gerümpeltotale. Gerümpel heißt, es liegt viel überflüssiges, nicht brauchbares Material herum. Man will zu viel. Der Journalist ist auf der Jagd nach der Nahaufnahme, nach dem vielsagenden Detail, nach der spezifischen Szene. Er beobachtet genau wie Sherlock Holmes und überlässt es dem Publikum, seine Schlüsse zu ziehen. Welche Szene, welches Detail bringt das zum Ausdruck, was ich vermitteln will? Gefragt ist das Heranzoomen, der Fokus auf das Charakteristische (siehe Pars pro Toto). Der Amateur schwelgt in der Totale, der Profi konzentriert sich auf eine Szene, auf ein Detail. Ein guter Journalist ist Kind und Manager zugleich. Er fokussiert vorerst nicht und nimmt die Welt verspielt wie ein Kind wahr. Dann aber entscheidet er wie ein Manager hart und mutig, lässt vieles weg und wählt einen bestimmten Aspekt aus.

Heldenreise

The *Hero's Journey* ist ein Erzählmuster, das älter ist als Stonehenge und die Pyramiden. Man findet es in allen Kulturen. Die Menschen kennen es und verfügen über eine entsprechende Erwartungsstruktur, um neue Geschichten zu verstehen. Joseph Campbell (2009) hat dieses Urmuster, diesen Monomythos, identifiziert und in seinem Buch »Der Heros in tausend Gestalten« 1949 erstmals beschrieben (siehe Kap. 6). Teile dieser Erzählstruktur sind in vielen modernen Erzählungen zu finden. Kurzformel: Der Held wird zuerst zu Hause beschrieben, er bricht widerwillig auf, hat mehrere Prüfungen zu bestehen und bei der letzten Herausforderung kommt er fast um. Wichtig: Der Held wird durch seine Erfahrungen geläutert. Er wandelt sich. Das ist ein Merkmal einer guten Geschichte. Vogler (1987: 15) nennt Campbells Muster den »Geheimcode der Story« an sich.

Inkubation

Das lateinische Wort inkubare heißt übersetzt »bebrüten«. Im Zusammenhang mit Storytelling bezeichnet Inkubation eine Phase des kreativen Prozesses, nämlich das Ausbrüten einer Idee im Unbewussten. Von außen sieht die Inkubation aus, als geschehe nichts Konstruktives, innerlich ist sie häufig verbunden mit dem Gefühl der Ungeduld und Entmutigung. Das Unbewusste verarbeitet während einer Inkubationsphase die vorangegangene Denk- und Recherchearbeit und kreiert eine Idee zum Lösen der Aufgabe. Wer seinen Arbeitsprozess so anlegt, dass die Inkubation gut vorbereitet ist, kann auf ein kooperatives Unbewusstes zählen (siehe S. 157).

Katharsis

Eine Tragödie bringt Zuschauer in einen Zustand von Mitleid und Furcht, eine merkwürdige Mischung von Schmerz und Lust. Auf die Erregung folgt auf dem Höhepunkt der Handlung die Katharsis. Der Begriff stammt aus der Poetik von Aristoteles. Wörtlich übersetzt bedeutet Katharsis Reinigung. Je mehr Emotionen im Stück aufgebaut werden, um so größer ist auf dem Höhepunkt, bei einem Umschlag der Glücksumstände, die erlösende Wirkung. Die Spannung weicht und macht Raum für Läuterung der Seelen, für Jubel und Freude. Am größten ist die Anteilnahme der Zuschauer, wenn der Held, wie beispielsweise das Aschenbrödel in Grimms Märchen, unverdient leidet und erlöst wird. Am Schluss wird die bedrohte Grundordnung der Welt wieder hergestellt. Auf diesem Grundmuster sind auch James-Bond-Filme aufgebaut. Die Lehre für das Storytelling: Jede Geschichte, auch eine kurze Meldung, wird auf einen Höhepunkt hin geschrieben.

Körpertest

Christopher Vogler, Schüler von Joseph Campbell (siehe Heldenreise) und Drehbuchberater in Hollywood, empfiehlt den Körpertest, um herauszufinden, ob eine Erzählung funktioniert: »Gute Geschichten wirken mindestens auf zwei meiner Organe gleichzeitig. Vielleicht beginnt mein Herz schneller zu schlagen, würgt es mich in meiner Kehle aus Sympathie für den Tod eines Charakters. […] Je mehr physische Reaktionen ich fühlte, um so besser war die Story. Vielleicht müssten idealerweise alle Organe des Körpers durch eine gute Geschichte stimuliert werden. […] Mein Motto als Konsultant von Drehbüchern lautet wie folgt: Wenn es nicht mindestens zwei Organe meines Körpers berührt, ist das Drehbuch nichts wert« (Vogler 2007: 360, übersetzt von RW).

Konflikt

Konflikte erzeugen Spannung, weil sie Fragen aufwerfen und Leerstellen eröffnen. Wie ist es wirklich? Wer hat welche Gründe? Wie geht es weiter? Gibt es Sieger und Verlierer? Die Spielarten sind vielfältig. Häufig lassen sie sich einem von vier archaischen Grundmustern zuordnen: Der Mensch bekämpft einen menschlichen Gegner, er kämpft gegen die Natur, gegen die Gesellschaft – oder gegen sich selbst.

Kontrast

Wie passt zusammen, was als Kontrast erscheint? Wenn wir uns das fragen, sind wir dem Autor schon in die Falle gegangen – wir wollen mehr wissen. Wir lesen, hören, sehen weiter:

> Den geistlichen Herrn sieht man Richard Schmidt beileibe nicht an. Wie er über den Hof stapft, in Arbeitsstiefeln, Jeans, grauem Sweatshirt und einer dicken, rotkarierten Holzfällerjacke – das wirkt nicht spirituell, sondern zupackend und hemdsärmlig.

Was ist das für einer, dem man außen so gar nicht ansieht, wie fromm er innen ist? Was ist das für einer? Uwe Ritzer nutzt den Kontrast, um seinen Protagonisten in der SÜDDEUTSCHEN ZEITUNG interessant zu machen.

Kristallisationskeim

Wenn ein Forscher eine Flüssigkeit dazu bringen will, Kristalle zu bilden, braucht er *Kristallisationskeime*. Ähnliches geschieht im Prozess des Aufbaus der Aufmerksamkeit. Was können wir tun, damit die Aufmerksamkeit nicht flüchtig (oder eben flüssig) bleibt? Wir müssen dem Publikum einen Keim, einen Aufhänger, einen Punkt anbieten, um den sich das Interesse kristallisieren kann. Oder anders gesagt: Der Schauspieler, die Rednerin tritt auf die Bühne. In den ersten Sekunden entscheidet sich: Höre ich zu oder nicht? Wie wecke ich das Interesse? Forscher impfen Flüssigkeiten mit Kristallisationskeimen, um den Prozess in Gang zu bringen. Impfen Sie abstrakte Botschaften mit konkreten, greifbaren Minigeschichten.

Leerstelle

Der Autor schafft einen Spielraum und der Leser füllt ihn. Der Leser wird zum Koautor. Der Ausdruck stammt von Wolfgang Iser (1974). Er spricht von der Unbestimmtheits- oder Appellstruktur der Texte. »Bekannter Schweizer im Ausland gestorben« steht auf dem Kioskplakat des BLICK. Der Leser will wissen, wer's war, und kauft die Zeitung (siehe Kap. 5).

Leiter des Erzählers oder der Erzählerin

Wie schafft man es, abstrakte Themen in erzählbare Geschichten zu verwandeln? Die Leiter hilft, von der abstrakten Landwirtschaftspolitik zum Stall, zum Bauern und zur Kuh hinunterzusteigen (siehe Kap. 2). So wird das Publikum abgeholt.

Magische Momente

Authentische Szenen, emotionale Höhepunkte, die von der Kamera eingefangen werden können. Das sind magische Momente für Fernsehjournalisten und Dokfilmer. Marianne Pletscher filmt für ihre Sendung »Glück im Vergessen?« demenzkranke Menschen. Ein erkrankter Mann macht im Gespräch vor laufender Kamera seiner Ehefrau und Begleiterin spontan eine Liebeserklärung. Das ist ein magischer Moment. Man kann ihn nicht im Drehbuch planen.

Me too

Das Publikum hat das Gefühl: Das kenne ich auch – »me too«! Der Erzähler beschreibt eine Szene, ein Ereignis so griffig, dass Leser unmittelbar mitempfinden können. Unsere Erinnerung an den eigenen sinnlichen Eindruck geht in das Leseerlebnis ein:

> Anfang Mai haben wir endlich das ganze Osterzeugs weggeräumt. Die bunten Plastikeier wurden von den Zweigen im Vorgarten geholt, die Häschenschule ist von der Fensterbank in den Pappkarton zurückgewandert. Das leere Nest nebst grünem Papiergras verschwand in der Ostertüte.

Die Erfahrung der Leser verbindet sich mit der Erfahrung, von der Wolfgang Weisberber in ECHT erzählt. Das macht die Geschichte glaubhaft. Es entsteht ein Bündnis zwischen Autor und Leser.

Stefan Ulrich fährt mit uns an den Strand von Den Haag:

> Dort läuft der Schweizer Staatsanwalt jenen schmalen, feuchten Streifen zwischen Meer und Land entlang, wo der Fuß beim Joggen weder von Wellen erfasst wird, noch im trockenen Sand versinkt.

Die Suche nach diesem schmalen Streifen kennen wir alle. Wir wollen auch nicht einsinken beim Strandlauf. Die Kunst, emotionale Anteilnahme in Lesern zu erzeugen, hat wesentlich zu tun mit der Gabe, typische Alltagserfahrungen zu beschreiben.

Metapher

Eine Metapher ist ein bildlicher Ausdruck für einen Gegenstand, ein Geschehen oder eine Eigenschaft:

> Immer wenn es dem Land nicht besonders ging, war ja Franz Becken-
> bauer zur Stelle, eine Mensch gewordene Heilsalbe sozusagen.

Die Metapher drückt aus, wie sehr Beckenbauer immer wieder überhöht wurde – und was der Autor der SÜDDEUTSCHEN Holger Gertz darüber denkt. Er muss nicht schreiben: Herr Beckenbauer in seiner Omnipräsenz und vermeintlichen Omnipotenz geht mir furchtbar auf den Zeiger. Die Metapher leistet zweierlei: Gertz distanziert sich und bezieht Stellung.

Zum Erzählen gehört der Erzähler. Er zeigt sich oft und dabei subtil in der Sprache, im Stil. Wenn Sie werten wollen, ohne plump zu werden, suchen Sie eine Metapher.

Tun Sie das auch dann, wenn Sie einen komplexen, abstrakten Sachverhalt anschaulich machen wollen. Wie schreiben Sie über eine Einrichtung der Vereinten Nationen, über das Internationale Jugoslawientribunal in Den Haag? Stefan Ulrichs Text in der SÜDDEUTSCHEN ZEITUNG ist überschrieben »Ein Schiff mit Kurs Gerechtigkeit«. Die Metapher des Schiffs zieht sich durch den gesamten Text, Ulrich findet Entsprechungen für Bug, Steuerbord und Backbord, spricht von Freideck und Horizont, von Untiefen, Kompass und der Justizgaleere.

> Das Schiff hat mächtig Fahrt aufgenommen, und mittlerweile haben rund
> 1.248 Männer und Frauen aus etwa 82 Staaten darauf angeheuert. Es
> gibt viele Matrosen an Bord – Wachleute, Schreibkräfte, Rechercheu-
> re, Vermittler, Verwaltungsbeamte, Zeugenschützer oder Rechtsanwäl-
> te. Es gibt Kapitäne wie die forsche Chefermittlerin Carla Del Ponte und
> den honorigen Gerichtspräsidenten Claude Jorda. Und es gibt Helden.
> »Wir dürfen nie vergessen: die wahren Helden sind die Zeugen«, sagt
> Kevin Cullen, und niemand wird ihm da widersprechen wollen.

Die Schiffsmetapher hilft den Lesern, Informationen einzuordnen und trotz der Fülle der Aspekte den Überblick zu bewahren. Und sie bringt die Aura von Sehnsucht und Abenteuer ins Stück, die im Titel schon anklingt.

Mythologem

Ein Mythologem ist ein einzelnes Element oder Motiv aus der Mythologie. Kindermord ist so ein Mythologem. Es entstammt dem Mythos der Medea. Mythen sind Archetypen, dramatische Grundmuster von Geschichten. Wenn bei Erzählungen die Kraft solcher Urgeschichten mitschwingt, stoßen sie auf besondere Resonanz beim Publikum. Manchmal überlagern sich die Motive. Kathrin Geyh (2010) vergleicht in ihrem Buch »Das Helle braucht das Dunkle« den Film »Brokeback Mountain« über die Liebe zweier homosexueller Cowboys mit der biblischen Schöpfungsgeschichte und dem Sündenfall. James Joyce konstruiert den mythischen Bezug im Roman »Ulysses«. Er schildert einen Tag im Leben von Leopold Bloom in Dublin. Jedes Kapitel ist mit einem Gesang aus der »Odyssee« unterlegt.

Nieman Foundation

Die Nieman Stiftung an der Harvard-Universität fördert das Storytelling. Sie organisiert jedes Jahr eine Tagung. Jeweils 1000 Autoren und Redakteure diskutieren über die Kunst und das Handwerk von »narrative nonfiction«. Die Ergebnisse einer Tagung sind in Buchform erschienen (Kramer/Call 2007). Tom Wolfe, Gay Talese, Malcolm Gladwell und ein Dutzend Pulitzer-Preisträger geben ihre Erfahrungen mit dem Storytelling weiter. Das Buch ist eine der wichtigsten Publikationen zum Thema (www.nieman.harvard.edu/narrative).

Pars pro Toto

Ein Teil (lateinisch: pars) steht für das Ganze (toto). Das Teil kann ein Detail sein oder ein Ausschnitt. Das Wesentliche herauszufiltern und Unwesentliches wegzulassen ist für journalistisches Erzählen unerlässlich. Marco Wölfli – AARGAUER ZEITUNG – wählt für seinen Text über das künftige Dorfmuseum in Mumpf zwei Exponate, die das Charakteristische des Museums verdeutlichen.

> In der Fülle befinden sich auch echte Raritäten. Dazu gehört sicher die Kutsche, die als Leichenwagen diente. Geschichtsträchtig ist auch der einzige Wagen, womit während des Zweiten Weltkriegs Milch nach Säckingen transportiert wurde.

Schweizer Leser wissen diesen »pars« einzuordnen. Die Gemeinde Mumpf hat während der Nazi-Zeit Milch über den Rhein ins deutsche Säckingen geliefert. »Leichenwagen« und »Zweiter Weltkrieg« haben in dem Zusammenhang auch die Qualität von Reizworten.

Wenn Kollegen in den Redaktionen sagen: »Auf so wenig Platz kann ich nicht erzählen«, sagt Detlef Esslinger, leitender Redakteur und Volontärsausbilder bei der SÜDDEUTSCHEN ZEITUNG: »Mit dem Platzargument kommen immer nur schlechte Autoren. Gute machen Pars pro Toto.«

Perspektive des Erzählers

Erzählt man aus der Perspektive des lieben Gottes, der alles weiß? Oder nimmt man einen bestimmten Standpunkt ein, z. B. aus der Sicht einer Person, eines Kindes. Originelle Perspektivwechsel: Als die Elefantenkuh Sabu aus dem Zirkus Knie ausbüxte und allein durch Zürich spazierte, schilderte die NZZ AM SONNTAG die Flucht aus der Sicht des Elefanten. Weiter mit dem Euro oder zurück zur D-Mark? Diese Frage brachte DIE ZEIT dazu, ein Zwiegespräch zwischen Euro und DM zu publizieren.

Pop-up-Test

Es gibt Kinderbücher, die klappt man auf und es richten sich Figuren auf, die im geschlossenen Buch durch komplizierte Falttechnik verborgen waren: *Pop-up-Bücher*. Genau so sollten dem Publikum die Hauptfiguren einer Geschichte entgegenkommen. Protagonisten, die nur mit Namen, Doppelpunkt, Anführungszeichen und direkter Rede auftreten, sind für Leser schwer einzuordnen. Sie treten auf wie Stimmen aus dem Off. Anders machen das die Märchen. Die Figuren haben sofort eine Identität und prägen sich ins Gedächtnis ein: Rotkäppchen, Schneewittchen oder Zwerg Nase. Es gilt, die Figuren mit einer Eigenschaft zu skizzieren. Es kann auch ein charakteristisches Kleidungsstück sein: Der Mann mit der weißen Weste. So kennzeichnet Charles Dickens eine der Figuren in »Oliver Twist«.

Readerscan

Ausgewählte Leser haben einen elektronischen Stift in der Hand und markieren jene Stelle eines Artikels, bei dem sie aussteigen. Oft ist das schon nach wenigen Sätzen der Fall. Das zeigt die Anwendung von Readerscan. Erfunden hat sie Carlo Imboden. Damit können die Zeitungen ähnlich wie das Fernsehen mit der Einschaltquote, ermitteln, wie stark ihre Texte beachtet werden. Laut Imhof entscheidet der Leser in Sekundenbruchteilen. Was er nicht versteht oder nicht interessant findet, ignoriert er. »Falsches Storydesign vertreibt die Leser«, sagt Imhof (Jahrbuch 2009: 20). Genutzt werden jene Artikel, die als Geschichten weitererzählt werden können. Die Methode ReaderScan ist teuer. Sie hat laut Imboden einigen Zeitungen dazu verholfen, die Ansprache des Lesers zu verbessern und die Zeitungsarchitektur attraktiver zu gestalten.

Reizwort

Manche Worte wecken Erwartungen, Ahnungen und Neugier. »Wunder« ist so ein Wort, das eine wunderbare Geschichte verspricht:

> Die zwei kleinen Wunder werfen das Leben des ehemaligen Topmanagers um.

Wir lesen oder hören es und wollen wissen, was dahinter steckt, und folgen Heiner Effern in seiner sz-Geschichte. Das Wort »Wunder« eröffnet eine Leerstelle, genauso wie »Geheimnis«. Oder wie die »verschlossene Tür«:

> Da war diese verschlossene Tür, mehr als 46 Jahre lang. Wie die zu einem Keller, in dem sich etwas verbirgt, man aber nicht weiß, was es ist, weil man den Schlüssel nicht hat. Manchmal dringt Licht durch die Türritzen, manchmal hört man Geräusche.

Worum geht es? Claudia Fromme schreibt in der SÜDDEUTSCHEN ZEITUNG über eine von geschätzt 80.000 Intersexuellen, die nicht mit eindeutigem Geschlecht zur Welt kam, als Junge erzogen wurde und damit nicht klarkam. Mit 46 stieß die Protagonistin in ihren Krankenakten auf die Information, dass sie durch Operationen und Hormongaben zum Mann gemacht worden war.

Reporter-Forum

Das Reporter-Forum ist eine Initiative von Reportern, die sich 2007 in Hamburg formierte, um die Kultur des journalistischen Erzählens zu fördern. Das Reporter-Forum unterhält eine fabelhafte Homepage (www.reporter-forum.de), auf der sowohl gute, oft preisgekrönte Geschichten zu lesen sind als auch Texte und Interviews zum Handwerk des Erzählens. Das Forum organisiert jährlich einen Reporter-Workshop in Hamburg, Feedback-Seminare in mehreren Städten und vergibt seit 2009 einen Reporterpreis. Die Keimzelle des Reporter-Forums bildeten GEO- und SPIEGEL-Reporter. Auf der Homepage des Forums steht der Satz:

> »Zeitungen und Magazine können nur überleben, wenn in ihnen gute Geschichten erzählt werden.«

Schrotflintenregel

Wenn am Anfang eines Stückes eine Schrotflinte über dem Kaminsims hängt, muss spätestens am Ende des dritten Aktes damit geschossen werden. Die Anweisung stammt von Anton Tschechow. Der Dramatiker verlangt, dass jedes Detail im Rahmen einer Geschichte Arbeit verrichten müsse (Kramer/Call 2007: 236). Alles andere sei wegzulassen.

Spannung

»Wenn eine versteckte Bombe unter einem Tisch, an dem mehrere Leute frühstücken, plötzlich explodiert, ist dies ein Schreck und unterhält 20 Sekunden lang; wenn der Zuschauer die Lunte jedoch lange brennen sieht und die Figuren nichts davon ahnen, ist dies Suspense und fesselt fünf oder zehn Minuten lang.« So hat

Alfred Hitchcock, »Master of Supense«, gemäß Wikipedia den Aufbau von Spannung geschildert. Der Zuschauer weiß mehr als der Protagonist, er sieht seinen Helden ins Verderben rennen und möchte ihn warnen. Suspense strahlt für Hitchcock auch der Sexappeal von Grace Kelly aus: »Auch wenn ich mich auf der Leinwand mit Sex befasse, vergesse ich nie, dass der Suspense die Hauptsache ist. Wenn der Sex zu dick aufgetragen ist, gibt es keinen Suspense mehr« (Truffaut 2003: 220). Marilyn Monroe und Brigitte Bardot verkörpern diese Spannung nicht. Ihnen »konnte man den Sex vom Gesicht ablesen«, meinte Hitchcock.

Schlüsselerlebnis

Menschen erzählen ihr Leben als eine Folge von Wendepunkten. Ein Wendepunkt ist eher ein äußerer Anlass, eine äußere Veränderung. In der Regel aber natürlich verbunden mit einem inneren Erleben, einem Schlüsselerlebnis.

> »Can I help you, Sir?« Die Frage der Stewardess auf dem United-Airlines-Flug von New York nach Chicago hat sich in James Makawas Erinnerung eingebrannt. »Ich war 17 Jahre alt und kam aus Simbabwe, einem Land, in dem damals noch Apartheid-Gesetze herrschten. Und dann sagt eine weiße Frau Sir zu mir.« Seine sonst so kräftige Stimme bebt auch noch nach so vielen Jahren, wenn er erzählt, wie er damals fast in Tränen ausgebrochen ist. »Ich konnte es nicht glauben und blickte auf den Sitz neben mir. Doch die Stewardess sagte: »Ich spreche mit Ihnen, Sir.« Es war die unglaublichste Erfahrung, endlich wie ein Mensch behandelt zu werden.

Wieland Schneider schreibt so in der PRESSE AM SONNTAG über den Medienmacher James Makawa. Der verließ mit 17 seine Heimat Simbabwe, in der Krieg und Rassismus herrschten. Heute ist er gefeierter Medienmacher und trägt mit Projekten wie »The Africa Channel« zu einem neuen Bild Afrikas bei. Die Anrede »Sir« ist für ihn ein Schlüsselerlebnis und mehr. Es ist der Auftakt zu seiner Heldenreise, eine Weissagung für den weiteren Lebensweg.

Spiegelneurone

Hirnforscher machen die Spiegelneurone dafür verantwortlich, dass wir uns in die Lage anderer versetzen können. Es sind Nervenzellen des Gehirns, die im Körper Handlungen oder Empfindungen steuern. Sie werden auch aktiv, wenn wir eine Handlung oder Empfindung anderer beobachten. Deshalb können uns gute Filme, tolle Texte, spannende Sendungen überhaupt emotional mitnehmen. Wir fühlen nicht nur, was wir selbst erleben, wir können dank der Spiegelneurone auch fühlen, was wir medial vermittelt erleben. Journalisten können durch gelungene Beschreibungen die Spiegelneurone ihres Publikums aktivieren. Das gefühlte Miterleben macht Geschichten spannend und eindrücklich.

Story-Punkt

Am Anfang mit der Tür ins Haus fallen, in medias res gehen, mit einem Appell an die Emotionen, an die Amygdala, das emotionale Zentrum im Hirn. Es gilt, ohne Einleitung direkt zur Sache zu kommen. Erst mit Erlebnisdramaturgie die Aufmerksamkeit des Publikums gewinnen, dann die nötigen Erläuterungen liefern. Der Story-Punkt soll auf der Emotionsachse (siehe Grafik Kap 2.2) hoch oben sein und Lust machen, in die Geschichte einzusteigen.

Subtext

Der Subtext ist das, was zwischen den Zeilen steht. Der Gegensatz zum Subtext ist die explizite Aussage. Beides hängt zusammen: Der Subtext enthält einen Kommentar, eine Deutung des explizit erzählten Geschehens.

Wenn z. B. Sabine Brandi eine Fahrt frühmorgens in ihrer Dortmunder U-Bahn beschreibt (siehe Kap. 11), ist das die ausgesprochene Ebene der Handlung. Im Subtext sagt sie etwa: »Es ist etwas Seltsames und Besonderes, wie das Missgeschick einer alten Dame die abweisende Stimmung unter Fahrgästen plötzlich in eine Verschwörung verwandeln kann.«

Symbol

In der Dichtung ist das Symbol ein »sinnlich gegebenes und fassbares, bildkräftiges Zeichen«. So sagt es das Sachwörterbuch der Literatur. Das bildkräftige Zeichen schmückt auch journalistische Texte:

> Am Ringfinger ihrer rechten Hand trägt sie einen goldenen Ring – mit ihm begann ihr Leben als Nonne. Und mit ihm verschwand der Name Ursula Tinner in ihrer Familie.

Ein Symbol, das einen Wendepunkt markiert und in einem unerwarteten Kontext auftaucht. Ja, auch eine Nonne trägt einen Ehering. Die Nonne versteht sich als Braut Christi. Sie erhält einen neuen Namen, ihren Nonnennamen. Im ST. GALLER TAGBLATT schafft Martina Kaiser Aufmerksamkeit über das Symbol Ring. Sie verdichtet, worum es geht. Der Ring funkelt als Lichtreflex auf der Geschichte.

Vergleich

Der Vergleich erhöht die Anschaulichkeit. Norbert Rief schreibt in der PRESSE AM SONNTAG über Dauercamper in Tulln bei Wien:

> Zu sagen, die Zeisels leben in einem Wohnwagen, ist, als würde man sagen, die Königin von England lebe in einem Haus. Beide Aussagen stimmen zwar, treffen die Realität aber nicht einmal annähernd.

Der Autor pointiert und spitzt zu. In einem Essay für die SÜDDEUTSCHE ZEITUNG räsonierte Andreas Bernard über das Phänomen der Intimrasur. In seiner Jugend stellten Schamhaare ein Zeichen von Erwachsenwerden dar und wurden mit Stolz getragen. Offenbar hat sich da etwas geändert. Bernard kommt zu dem Schluss:

> Das Rasurdiktat scheidet die Generationen wie den Menschen vom Affen.

Im Vergleich bringt der Erzähler seine Haltung zum Ausdruck.

Versprechen

Jeder Anfang enthält ein Versprechen, explizit oder implizit. Und sei es nur mit einer Andeutung. Wenn Karin Steinberger so einsteigt …

> Natürlich erinnert er sich.

… dann erwarten wir, dass sie uns erzählt, wer sich warum und woran erinnert. Und wir ahnen, dass es sich nicht um eine Banalität handeln wird. »Natürlich erinnert er sich« ist ein implizites Versprechen. Es weist auf einen Wendepunkt im Leben des Protagonisten Karl Merk hin, auf den Tag, als er mit den Händen in die Häckselmaschine geriet und beide Arme verlor.

Das Publikum erwartet, dass das Stück im Ganzen einlöst, was der Anfang verspricht. Deswegen ist streng verboten: Leser neugierig zu machen und die Neugier nicht zu befriedigen, oder: mit interessanten Protagonisten aufzumachen und sie fallenzulassen, oder: ein Thema aufzublähen und für den Verlauf kein Futter mehr zu habennicht tragfähig darzustellen.

Wendepunkt

Der Wendepunkt ist eine zentrale Stelle in der Kurve einer Geschichte oder in einer Lebensgeschichte. Eine Veränderung, eine Wandlung tritt ein. Warum ist der Wendepunkt so wirkungsvoll? Die Psychologin Kate McLean hat sich 134 Lebensgeschichten erzählen lassen. Und herausgefunden, dass Menschen die eigene Biografie in der Regel als Abfolge von Wandlungen rekonstruieren. Die Biografie wird so zur Geschichte von Todesfällen, unverhofften Karrieresprüngen oder Wohnortwechseln (Developmental Psychology, Bd. 44, 2008).

Uwe Ritzer erzählt die Geschichte von Kloster Plankstetten in der SÜDDEUTSCHEN ZEITUNG als Abfolge von *Wendepunkten*:

> Frater Richard erzählt, eines Tages hätten er und andere junge Mönche sich unterhalten, wie schade es wäre, die Landwirtschaft aufzugeben. Da bot er, ein gelernter Bäcker, seinen Mitbrüdern und Oberen an, Landwirt zu werden.

Wendepunkt Nummer eins: Bruder Bäcker wird Bruder Landwirt. Es folgt Wendepunkt zwei: Bruder Landwirt stellt um auf Bio:

> In den ersten Jahren habe er noch konventionell gewirtschaftet, sagt Frater Richard. Je öfter er aber in Seminaren und auf Diskussionsforen saß, je mehr er über kaputte Böden, Tiere in engen Ställen und Pestizide hörte, desto größer wurden seine Zweifel, »ob man so dem Schöpfungsauftrag wirklich gerecht wird«. Der Wendepunkt, sagt Frater Richard, sei ein Vortrag über satellitengesteuertes Düngen gewesen. »Mir hat Angst gemacht, wenn man den Boden so vergewaltigt«, sagt er.

Plankstetten ist heute einer der größten Biobauernhöfe Bayerns.

Von Wendepunkten im Leben anderer hören und lesen wir gern. Wir finden darin ein Muster unseres eigenen Erlebens. Und wie habt ihr euch kennengelernt? Diese Story hat jedes Paar schon Dutzende Male erzählt.

Wortspiel und Wortschöpfung

Wortspiele und Wortschöpfungen schaffen Aufmerksamkeit – und sie kommentieren das Geschehen. So werden Autoren spürbar:

> Ihr Händedruck ist fest, ihr Deutsch tulpenrein.

Königin Beatrix der Niederlande ist die Heldin des Textes von Siggi Weidenmann in der SZ. So pointiert wie der Einstieg ist der ganze Text.

> Mesut Özil, der Mann mit Migrationsvordergrund

– formuliert Christof Kneer in der SZ, nachdem der Fußballer Mesut Özil, gebürtiger Gelsenkirchener, sich für die deutsche Nationalmannschaft, nicht für die türkische entschieden hat. Und dann in einem Qualifikationsspiel gegen die Türkei ein wichtiges Tor für Deutschland geschossen hat. Migrations*vordergrund*, weil die Medien weniger über seine Fußballkünste als über den »Verrat« an seiner türkischen Heimat berichteten.

Anhang

Dank

Ein Buch zu schreiben ist vergleichbar mit einer Heldenreise. Haben die Helden den Ruf gehört und von Mentoren ermutigt die Schwelle überschritten, begegnen ihnen Herausforderungen und Verbündete (siehe Kap. 6.8). Auch Krisen gab es, sie seien hier nicht näher beschrieben. Wir danken unseren Mentoren, Verbündeten und Wegbegleitern:

- Lektor Rüdiger Steiner, der Marie Lampert gecastet und zusammen mit Rolf Wespe losgeschickt und begleitet hat;
- Mentor und Wegweiser Peter Züllig, der die Storykurve und die grafische Darstellung der Bauformen entwickelt hat und uns erlaubt hat, sie zu übernehmen und weiterzuentwickeln;
- Michael Haller für Diskussionen über Storytelling und den Hinweis auf die Nieman Stiftung;
- für das Zuspielen von Beispieltexten und Unterlagen: Sandro Furlan, Andreas Dietrich, Carola Holler, Thomas Kropf, Mirko Marr, Pamela Pozzi, Roman Mezzasalma, Hans Ruoff, Svetlana Savina und Joseph Trappel;
- für Gespräche und Textbeiträge: Domenika Ahlrichs, Sabine Brandi, Detlef Esslinger, Sylvia Egli von Matt, Barbara Hardinghaus, Monika Held, Marianne Pletscher, Elisabeth Wasserbauer und Peter Züllig;
- für Textbeispiele: Sabine Brandi, Monika Held, Erwin Koch, Reto Schneider, Anja Treiber;
- fürs Gegenlesen in Teilen: Uwe Stolzmann, Aglaia Wespe, Lisa Dätwyler, Yvonne Dziabel, Jasmin Gruber, Patrick Grüter, Claudia Hedinger, Nicole Krättli, Claudia Mascherin, Michael Mettler, Manuela Morgenthaler, Bettina Pflaum, Haike Schattka, Lukas Schnyder, Andrée Stössel;
- Rolf Wespe dankt dem MAZ, der Schweizer Journalistenschule und seiner Direktorin, Sylvia Egli von Matt, für seinen Weiterbildungsurlaub, in dem er sich der Arbeit am Buch widmen konnte;
- den Kolleginnen und Dozenten des MAZ, der Schweizer Journalistenschule, für eine Fülle von Anregungen;
- für Kochkunst und Unterkunft: Agatha Fausch, Heidi Fausch, Eckhart Liss;
- für Mac-Service unterwegs: Luzius Wespe, Heinz Gras, Barbara Kopp;

- für die Grafiken und Tabellen: Ruth Schürmann;
- für die Hilfe über die letzte Schwelle – Lesen des Entwurfes, Ermunterungen und Feedback: Alexandra Stark, Ina Brückel, Bernd Merkel, Marlene Lampert, Heiner Käppeli und Angelika Overath;
- den schreibenden und sendenden Kollegen und Kolleginnen, die trotz strenger Arbeitsbedingungen, mitunter spärlichem Feedback und mäßigem Honorar immer wieder wunderbare Stücke unter die Leute bringen;
- Ihnen, liebe Leserin und lieber Leser, fürs Interesse;
- und wenn Sie Lust und Zeit haben: Wir sind interessiert an Feedback, Kritik und Ideen zur Weiterentwicklung des Storytelling:
  rolf.wespe@gmail.com
  marie.lampert@t-online.de

Literatur

Aristoteles (1994): Poetik, Stuttgart

Aschinger, Richard/Campiche, Christian (2010): News-Fabrikanten. Schweizer Medien zwischen Tamedia und Tettamanti, Zürich

Benjamin, Walter (1991): Der Erzähler. Betrachtungen zum Werk Nikolai Lesskows (1936/37), in: Gesammelte Schriften, Frankfurt

Benke, Dagmar (2002): Freistil. Dramaturgie für Fortgeschrittene und Experimentierfreudige, Köln

Berzbach, Frank (2010): Kreativität aushalten. Psychologie für Designer, Mainz

Bichsel, Peter (1997): Der Leser. Das Erzählen. Frankfurter Poetik-Vorlesungen, Frankfurt

Bleicher, Joan Kristin/Pörksen, Bernhard (Hrsg.) (2004): Grenzgänger. Formen des New Journalism, Wiesbaden

Blum, Roger/Bonfadelli, Heinz/Imhof, Kurt/Jarren, Ottfried (Hrsg.) (2011): Krise der Leuchttürme öffentlicher Kommunikation. Vergangenheit und Zukunft der Qualitätsmedien, Wiesbaden

Boynton, Robert S. (2005): The New New Journalism. Conversations with America's best nonfiction writers on their craft, New York

Buzan, Tony/Buzan, Barry (1997): Das Mind-Map Buch. Die beste Methode zur Steigerung Ihres geistigen Potenzials, Stuttgart

Campbell, Joseph (1987): Der Held mit den tausend Gesichtern, Frankfurt

Clark Roy, Peter (2009): Die 50 Werkzeuge für gutes Schreiben. Handbuch für Autoren, Journalisten & Texter, Berlin

Egli von Matt, Sylvia/Gschwend, Hanspeter/Peschke, Hans-Peter/Riniker, Paul (2008): Das Porträt, Konstanz

Fey, Ulrich/Schlüter, Hans-Joachim (2006): Reportagen schreiben. Von der Idee bis zum fertigen Text, Berlin

Franck, Georg (1998): Ökonomie der Aufmerksamkeit, München

Frey-Vor, Gerlinde/Siegert, Gabriele/Stiehler, Hansjörg (2008): Mediaforschung, Konstanz

Genazino, Wilhelm (2006): Die Belebung der toten Winkel, München

Gesing, Fritz: (2005): Kreativ Schreiben. Handwerk und Techniken des Erzählens, Köln

Geyh, Kathrin (2011): Das Helle braucht das Dunkle. Der biblische Sündenfall in »Brokeback Mountain«, Konstanz

Gilbert, Daniel (2008): Ins Glück stolpern. Suche dein Glück nicht, dann findet es dich von selbst, München

Haas, Hannes (1999): Empirischer Journalismus. Verfahren zur Erkundung gesellschaftlicher Wirklichkeit, Wien

Haller, Michael (2008): Die Reportage, Konstanz

Häusermann, Jürg (2005): Journalistisches Texten, Konstanz

Held, Monika/Lampert, Marie (2001): Werkstatt Kreatives Schreiben, Medium Magazin, Salzburg

Herbst, Dieter (2008): Storytelling, Konstanz

Hermann, Kai/Sprecher, Margrit (2001): Sich aus der Flut des Gewöhnlichen herausheben. Die Kunst der Großen Reportage, Wien

Herrmann, Friederike (Hrsg.) (2006): Unter Druck. Die journalistische Textwerkstatt. Erfahrungen, Analysen, Übungen, Wiesbaden

Hiltunen, Ari (2001): Aristoteles in Hollywood, Bergisch Gladbach

Iser, Wolfgang (1974): Die Appellstruktur der Texte: Unbestimmtheit als Wirkungsbedingung literarischer Prosa, Konstanz

Jahrbuch für Journalisten 2009, Salzburg

Jahrbuch 2010. Qualität der Medien. Schweiz – Suisse – Svizzera, Zürich

Iser, Wolfgang (1984): Der Akt des Lesens. Theorie ästhetischer Wirkung, München

Knauss, Sibylle (1995): Schule des Erzählens. Ein Wegweiser, Frankfurt

Kramer, Mark,/Call, Wendy (2007): Telling true stories. A nonfiction writer's guide, London

Lämmert, Eberhard (1955/2004): Bauformen des Erzählens, Stuttgart

Lampert, Marie (1992): Erzählfilme. Eberhard Fechner und seine Arbeitsweise, Medium, Jg. 22, H. 4, S. 24 ff.

Lampert, Marie (2007): Werkstatt Storytelling, Medium Magazin, Salzburg

Leanne Shel (2009): Say it like Obama. The power of speaking with purpose and Vision, New York

Loetscher, Hugo (1983): Der Waschküchenschlüssel und andere Helvetica, Zürich

Luik, Arno (2009): »Wer zum Teufel sind Sie nun?« Sechzig Jahre Bundesrepublik. Gespräche über uns, München

Lyon, Elisabeth (2003): A Writer's Guide to Nonfiction. London

Lyon, Elisabeth (2004): A writer's Guide to Fiction, New York

McClanahan, Rebecca (1999): Schreiben wie gemalt. Ein Workshop für die Kunst der Beschreibung. Frankfurt

Message, Internationale Zeitschrift für Journalismus; Medienpraxis (2007): Werkstatt I/2007, Die Macht des Erzählens, Hamburg

Morgenstern, Soma (2001): Kritiken, Berichte, Tagebücher, Lüneburg

Nadolny, Sten (2001): Das Erzählen und die guten Ideen. Die Göttinger und Münchener Poetik-Vorlesungen, München

Overath, Angelika (2010): Alle Farben des Schnees. Senter Tagebuch, München

Perrin, Daniel (2001): Wie Journalisten schreiben. Ergebnisse angewandter Schreibforschung, Konstanz

Rauter, Ernst August (1978): Vom Umgang mit Wörtern, München

Rico, Gabriele L. (1996): Garantiert schreiben lernen. Sprachliche Kreativität methodisch entwickeln. Ein Intensivkurs auf der Grundlage der modernen Gehirnforschung, Reinbek

Riehl-Heyse, Herbert (2008): Das tägliche Gegengift. Reportagen und Essays 1972–2003, München

Schnibben Cord (2010): Wegelagerer. Die besten Storys der Spiegel-Reporter, Frankfurt

Schweizer Radio DRS (2011): Leitfaden der Nachrichtenredaktion (Entwurf, unveröffentlicht) Bern

Schwiesau, Dietz/Ohler, Josef (2003): Die Nachricht, München

Sittner, Gernot (Hrsg.) (2007): Süddeutsche Zeitung. Die Seite drei. Reportagen aus fünf Jahrzehnten, München

Spitzer, Manfred (2002): Lernen. Gehirnforschung und die Schule des Lebens, Heidelberg/Berlin

Steiner, Verena (2009): Exploratives Lernen, Zürich

Talese, Gay (2009): Frank Sinatra ist erkältet. Spektakuläre Storys aus vier Jahrzehnten, Berlin

Tobias, Ronald B. (1999): 20 Masterplots. Woraus Geschichten gemacht sind, Frankfurt

Tolstoi, Leo (1968): Anna Karenina, Band 3, Zürich

Topiwala, Gita (2009): Das Andockmodell. Zur Verständlichkeit eines neuen Nachrichtenmodells. Lizentiatsarbeit Fribourg CH

Truffaut, François (2003): Mr. Hitchcock, wie haben Sie das gemacht?, München

Tucholsky, Kurt (1985): Gesammelte Werke, hrsg. von Mary Gerold-Tucholsly und Fritz J. Raddatz, Band 8, Hamburg

Vogler, Christopher (1987): Die Odyssee des Drehbuchschreibers, Frankfurt; Englisch: Vogler Christopher (2007): The writer's journey.Mythic Structure for writers, Studio City

Wenders Wim (1997): The Act of Seeing. Essays and Conversations, London

Wolfe, Tom (1973): The New Journalism, New York

Zindel, Udo/Rein, Wolfgang (2007): Das Radio-Feature, Konstanz

Züllig, Peter (o. J.): Ausbildungsunterlagen des Schweizer Fernsehens, nicht publiziert.

Züllig, Peter (1998): Geschichten erzählen. Vorlesung an der Universität Freiburg (CH), Manuskript, nicht publiziert

Links

www.abzv.de

Portal Storytelling mit Textanalysen und Interviews

www.storytelling.mazblog.ch

Blog des MAZ – Die-Schweizer Journalistenschule

www.reporter-forum.de

Ein Muss für Reportageleser, Schreiber und Theoretiker. Beeindruckende Texte, handwerkliche Tipps, fabelhafte Workshops.

www.narrativedigest.org

Nieman Narrative Digest: Noch eine Seite für Geschichtenerzähler, verantwortet von der Nieman Foundation for Journalism an der Harvard University.

www.drehscheibe.org

Eine Plattform für den Austausch von Themen und Ideen für Lokaljournalisten.

www.leichtlesbar.ch/html/fleschformel.html

Geben Sie einen Text ein. Die Flesch-Formel rechnet ihnen aus, wie verständlich er ist.

Index

Personenindex

Z
Zanner, Elke 237
Zons, Achim 89
Züllig, Peter 21, 36

Sachindex

Die Begriffe mit fetten Seitenzahlen werden im Glossar erklärt.

UVK:Weiterlesen

Praktischer Journalismus

Claudia Mast (Hg.)
ABC des Journalismus
Ein Handbuch
11., überarbeitete Auflage
2008, 700 Seiten
45 s/w Abb., gebunden
ISBN 978-3-86764-048-0

Michael Haller
Recherchieren
7. Auflage
2008, 338 Seiten, broschiert
ISBN 978-3-89669-434-8

Jürg Häusermann
Journalistisches Texten
3., überarbeitete Auflage
2011, 262 Seiten
15 Abb. s/w, broschiert
ISBN 978-3-86764-000-8

Volker Wolff
**ABC des Zeitungs- und
Zeitschriftenjournalismus**
2006, 374 Seiten, broschiert
ISBN 978-3-89669-578-9

Martin Ordolff
Fernsehjournalismus
2005, 412 Seiten, broschiert
ISBN 978-3-89669-457-7

Klicken + Blättern

Leseprobe und Inhaltsverzeichnis unter

www.uvk.de

Erhältlich auch in Ihrer Buchhandlung.

UVK
UVK Verlagsgesellschaft mbH

Journalistik

Journalistik Journal http://www.journalistik-journal.de

Heft 1/2011

Journalismus und Nationalsozialismus

Das Wechselverhältnis zwischen Journalismus und Nationalsozialismus kennt viele Facetten. Die neue Schwerpunktausgabe des *Journalistik Journals* (JoJo) verbindet zwei verschiedene Herangehensweisen: Welche Entwicklung hat der Journalismus in der Zeit des Nationalsozialismus durchgemacht? Und wie berichten Journalisten heute über die NS-Zeit? Beiden Problemfeldern gewinnen die Autorinnen und Autoren der JoJo-Ausgabe 1/2011 unerwartete Aspekte ab. Dabei zeigt sich, dass sie gar nicht so leicht zu trennen sind – und gerade dort, wo das nicht gelingt, wird die Aktualität der Thematik deutlich.

Vorschau

Die nächste Ausgabe des *Journalistik Journals* diskutiert aktuelle Entwicklungen im Themenfeld „Medien und Sport". Das Heft erscheint im Oktober 2011.

Bestellung

Institute, Redaktionen und Verbände erhalten das Journalistik Journal kostenlos. Gerne nehmen wir Sie in unseren Verteiler auf. Bitte schicken Sie eine E-Mail an: info@halem-verlag.de

Versandkosten bei Einzelbezug: 6 Euro pro Jahr (2 Ausgaben)

Herausgeber

Institut für Journalistik
Technische Universität Dortmund
Prof. Dr. Susanne Fengler

Redaktion

Institut für Journalistik
Technische Universität Dortmund
Emil-Figge-Str. 50
44221 Dortmund
tobias.eberwein@tu-dortmund.de

Publizistische Ziele

Das *Journalistik Journal* soll die journalistische Berufspraxis mit der Journalistik-Wissenschaft in Verbindung bringen. Es stellt Ansprüche an den Journalismus und macht auf seine Probleme aufmerksam: Wo fehlt es an Öffentlichkeit, wo wird sie falsch hergestellt? Über die Problemanzeige hinaus versteht es sich als Forum für fundierte Lösungsvorschläge und Innovationsanregungen. Kommunikationswissenschaftler und Journalisten sind um Mitarbeit in diesem Sinne gebeten.